माई हार्ट से

संजय सिंह और प्रकाश गोयनका

डायमंड बुक्स

www.diamondbook.in

प्रकाशक: डायमंड पॉकेट बुक्स (प्रा.) लि.
X-30, ओखला इंडस्ट्रियल एरिया, फेज-II
नई दिल्ली- 110 020
फोन : 011-40712100
ई-मेल : sales@dpb.in
वेबसाइट : www.diamondbook.in
संस्करण : 2016
मुद्रक: रेप्रो नॉलेजकास्ट लिमिटेड, ठाणे

My Heart Say
By : Sanjay Singh & Prakash Goenka

समर्पण

यह पुस्तक पापा श्रवण कुमार गोयनका एवं मम्मी श्रीमती मुन्नी देवी को समर्पित है, जिन्होंने हर कदम पर मुझे सहारा दिया, मेरा मार्गदर्शन किया। उनके सहयोग के बिना मेरे लिये यह पुस्तक लिखना संभव नहीं हो पाता।

अपनी बात...

देश-विदेश में अनेक कवि सम्मेलनों में हिस्सा लेने के कोई एक साल बाद आज मैं अपने शहर झुन्झुनू लौटा था। मेरे पहुंचने से पूर्व शायद कोई तूफान कोहराम मचाकर जा चुका था, ऐसे संकेत मुझे रास्ते में दिखे।

'गाड़ी तेज चलाओ, राधेश्याम। एक अर्से बाद घर लौट रहा हूं। अब सब्र नहीं होता।' मैंने ड्राइवर से कहा।

कवि सम्मेलनों में भाग लेने के कारण मैंने न जाने कितने शहरों का भ्रमण किया था। नये-नये लोगों और वहां की संस्कृति से परिचय हासिल किया। तात्पर्य यह कि मैंने घाट-घाट का पानी पिया, पर अपने शहर लौटने की खुशी की बात ही निराली है।

'जरा गाड़ी रोक लो।' रास्ते में आये एक बड़े बंगले को देखकर मैंने ड्राइवर को आदेश दिया।

यह बंगला मेरे अजीज मित्र कबीर का है, जो बंगले के बाहर ही लॉन में कुर्सी पर बैठे चाय की चुस्कियों के साथ अखबार पढ़ रहे थे। बंगला चाहे कितना ही बड़ा क्यों न हो, घर के बाहर कुर्सी डालकर अखबार पढ़ने का मजा ही अलग है। मैं कबीर से मिलने का लोभ नहीं रोक सका।

'अरे ज्ञानप्रकाश, ...तुम कब लौटे?' कबीर ने अखबार टेबल पर रखते हुए मेरा स्वागत किया।

'बस लौट ही रहा था। तुम्हें देखा तो रुक गया।' मैंने बढ़कर हाथ मिलाया।

'अच्छा किया, मित्र। आओ बैठो।' उसने कुर्सी की ओर इशारा किया और अपनी पत्नी सुमित्रा को आवाज लगाकर एक प्याला चाय और लाने को कहा।

कबीर मेरे बचपन का मित्र है। यों तो हमारी मित्रता सालों पुरानी है, पर जहां तक विचारों की बात है, तो हमारे विचार कभी एकमत नहीं रहे। खासतौर पर मेरा कविता लिखना, उसे पसंद नहीं था, पर अब ऐसा नहीं था।

'क्यों कबीर, अब क्या कहना है मेरी लेखनी के बारे में? वैसे तुम्हारे बेटे ने तो झंडे गाड़ दिये भई। हम तो कुछ भी नहीं अब उसके आगे।' मैंने खुशी जताई।

'मैं जानता था कि कोई कुछ कहे या न कहे, तुम जरूर टांट कसने से बाज नहीं आओगे। लेकिन कुछ भी कहो, सच में... मुझे अपने दोनों बेटों पर गर्व है।

तुम्हें दिख नहीं रहा है, मेरा सीना चौड़ा हो गया है पहले से।' कबीर ने अपना सीना फुलाते हुए कहा।

'अरे मैं टांट नहीं कस रहा। वैभव ने इतनी कामयाबी हासिल की है। तुम्हारी बात से मैं सहमत हूं। आखिर टीवी तो मैं भी देखता हूं, जिससे तुम्हारे बेटों की सफलता के बारे में जानकारी मिली।' मैंने जवाब दिया।

सुमित्रा भाभी चाय ले आयी थीं। उन्होंने चाय और एक प्लेट में बिस्किट मेज पर रख दिये। मैंने बिस्किट उठाया और चाय में डुबोकर विचारों में खो गया...।

'क्या सोच रहे हो ज्ञान! बिस्किट तो बिलकुल गल चुका है।' कबीर ने मेरी आंखों के आगे चुटकी बजायी।

'हां, कबीर! यही सोचने लगा था कि तुम्हारे बेटे ने जमीन से आसमान का सफर तय किया। लोग उसकी खुलकर तारीफ करते हैं। उसकी कहानी रेडियो और टीवी पर भी आ चुकी है, पर मैं चाहता हूं कि एक पिता अपने बेटे की सफलता को किस नजरिये से देखता है, उसे मैं सुनूं। एक पिता से बेहतर जानकारी और किससे मिल सकती है।'

'यार बताओ, इसकी शुरुआत कैसे हुई... मुझे पूरी कहानी बताओ।' मैंने चाय का प्याला सिप करते हुए पूछा।

'ज्ञान तुम यह तो जानते ही हो कि वैभव बचपन से ही सबसे अलग था। उसकी बुद्धि और विवेक कमाल का था। एक तो वह गलत सोचता नहीं था, दूसरे किसी प्रकार की गलती को बर्दाश्त नहीं कर सकता था। उसकी नन्हीं आंखों ने कब बड़े-बड़े सपने देखने शुरू कर दिये, मुझे तो पता ही नहीं चला।' कबीर बताने लगा था।

'समय बीतता रहा। मैं अपने व्यवसाय के कारण घर का ठीक से ध्यान नहीं रख पाया। सुमित्रा उसकी प्रगति के बारे में मुझे बताती थी। उसने न केवल खुद अपना व्यक्तित्व बुलंद किया, बल्कि समाज की कुरीतियों के खिलाफ संघर्ष भी किया। वह हजारों लोगों की प्रेरणास्रोत भी बना। बढ़िया बात यह भी कि अपनी इस यात्रा के दौरान उसने हमें एक सुंदर और सुशील बहू भी दी।'

'हां ठीक कहते हो कबीर! यार मैंने अब तक तो न जाने कितनी कविताएं लिखीं है। पर अब मुझे वैभव की कहानी बहुत प्रेरित कर रही है। मैंने उसके ऊपर लिखने की ठान ली है। इसकी शुरुआत वहीं से होगी, जहां से वैभव ने समाज को नई दिशा देना शुरू किया, जहां की मिट्टी भी उस पर गर्व महसूस करती है और वो शुरुआत होगी राजस्थान से... ।

–संजय सिंह/ प्रकाश गोयनका

आमुख

राजस्थान ऐसा राज्य है, जहाँ मिट्टी भी उड़ती है, तो आसपास की हवा सुगन्धित हो उठती हैं। राजस्थान अपने ऐतिहासिक स्थलों और रेगिस्तान के लिए जाना जाता है। राजस्थान की मिट्टी में न जाने कितने शूरवीरों ने जन्म लिया और इस देश का मान-सम्मान बढ़ाया।

इसी मिट्टी में एक लड़के का जन्म हुआ, जिसका नाम था वैभव अग्रवाल। हमारे देश में एक कहावत है कि पूत के पांव पालने में ही दिख जाते हैं। वैभव के साथ भी कुछ ऐसा ही था। उसकी बातें हमेशा उसकी उम्र से बड़ी लगती थी। उसकी आंखों में बड़ों के लिए इज्जत और आँखों में सम्मान होता। स्वभाव से विनम्र, खुशमिजाज और सबके साथ शालीनता से पेश आना, उसकी खूबी थी।

उसके पिता का अच्छा कारोबार था। सफल व्यापारी थे। वह चाहते थे कि वैभव प्रबंधन की डिग्री लेकर उनका कारोबार बढ़ाये। दूसरी ओर वैभव की सोच कुछ और ही थी। उसका मन तो समाज की कुरितियों को देखकर दुखी रहता था। उसने निश्चय किया कि वह इन सामाजिक कुरितियों को दूर करने की कोशिश करेगा। इसके लिए उसने लेखन को अपना पेशा बनाने की ठान ली और घर-परिवार से बगावत कर दिया। अपना घर छोड़कर अपने सपनों की दुनिया, मुंबई पहुंचा। उसे लगा कि यदि उसकी कहानी पर फिल्म बनती है तो उसका मकसद पूरा हो सकता है, क्योंकि फिल्मों का प्रभाव समाज पर सबसे अधिक होता है।

मुंबई उसके लिए एक अनजाना शहर था, जहां उसे कोई नहीं जानता। उसमें जोश जरूर था, पर अनुभव कतई नई। मुंबई पहुंचते ही उसके संघर्ष का दौर शुरू होता है। जल्द ही उसने टीवी और फिल्मों के लिए कहानियां

लिखने का सिलसिला शुरू करता है। उसकी लेखनी में दम था लिहाजा उसे एक फिल्म लिखने का प्रस्ताव मिला। उसने दिन रात मेहनत कर स्क्रिप्ट लिखी और जब वह स्क्रिप्टवाली फाइल अपने फिल्म निर्माता को देने के लिए निकला तो एक के बाद एक कर ऐसे हालात पैदा होते गए कि उसकी आंखों के सामने अंधेरा छा गया। जब उसे होश आया तो उसकी हाथों में हथकड़ियां थीं और वह खुद हवालात में। उस पर एक युवा साथी लेखक की हत्या का आरोप था। सारे सूबूत उसके खिलाफ थे। क्या वैभव इस संगीन आरोप से निकल पाएगा? उसके सपने सच होंगे, उसे कुछ भी नहीं पता कि आगे क्या होगा...।

माई हार्ट से

'ऐसा नहीं हो सकता। मैं जानती हूं कि वह निर्दोष है।'

'क्यों नहीं हो सकता...? सारे सुबूत चीख-चीख कर कह रहे हैं कि वही अपराधी है।'

'नहीं, वह ऐसा नहीं कर सकता...। उसका रिकार्ड बहुत साफ है, अपराध तो छोड़ो वह चींटी भी नहीं मार सकता।'

'हा... हा....। चींटी नहीं मार सकता। तुम कैसे कह सकती हो कि अच्छे रिकार्ड वाला व्यक्ति अपराधी नहीं हो सकता।'

'सक्सेना सर, मैं उसे अच्छी तरह जानती हूं, वह ऐसा कर ही नहीं सकता। वह तो बहुत ही भला और नेक इंसान है।'

'अच्छा...। किसी भी नेक इंसान के हाथ के निशान छुरे पर नहीं होते। ...और यह वहीं छुरा है जिससे कत्ल हुआ है।'

'क्या छुरे पर हाथ का निशान ही किसी को कातिल साबित करने के लिए पर्याप्त है। यह कोई साजिश भी तो हो सकती है।'

'साजिश...। यह कोई साजिश नहीं है। कातिल ने पुलिस के सामने खुद बयान दिया है कि छुरे पर मिले हाथ के निशान उसी के हैं।' सक्सेना साहब ने अपनी नजर का चशमा उतार कर मेज पर रखा।

सक्सेना साहब की उम्र कोई 60 साल के आसपास थी। वह आपराधिक मामलों के जानेमाने वकील थे जो दिल्ली हाईकोर्ट में प्रैक्टिस करते थे। उन्होंने अपने जीवन में कत्ल से संबंधित अनेक केस लड़े हैं। वह अपने फन के उस्ताद वकील थे जिसे बार एसोसिएशन के सभी सदस्य जानते और उनका सम्मान करते थे। सैकड़ों मुकदमें उन्होंने जीते थे। हालांकि उन्होंने अपने जीवन में यह जानते हुए भी कुछ अपराधियों को बचाया भी, पर इसके लिए पेशे के दांवपेंच के अलावा कुछ साक्ष्य भी मददगार रहे थे। ...पर यह केस तो बिलकुल साफ

था। उनके चेहरे से साफ नजर आ रहा था कि इस केस में कोई दम नहीं है और कातिल के बचने का कोई रास्ता नहीं है।

सक्सेना के सामने श्रुति नामक की युवा लड़की थी जिसने अभी छह माह पहले ही एलएलबी की डिग्री ली थी और किसी जानकार के मार्फत उनके ऑफिस में इंटर्नशिप के लिए आयी थी। हालांकि वह एक बुद्धिमान और ऊर्जा से भरपूर लड़की थी, पर सक्सेना को बहुत अच्छी तरह मालूम था कि कोर्ट में मुकदमे जोश से नहीं बल्कि साक्ष्य के आधार पर जीते जाते हैं। उन्हें लग रहा है कि श्रुति उनका समय खराब कर रही है। इसलिए उसके बेतुके तर्कों पर गुस्सा आ रहा था।

'...लेकिन सर, आपने तो सिखाया है कि हर अपराध के पीछे मकसद... जी कोई ठोस वजह का होना जरूरी होता है। इस केस में....।' श्रुति का उत्साह कम होने का नाम नहीं ले रहा था।

'हां वह तो है, यहां पर भी मकसद साफ है। वह क्या नाम बताया अभियुक्त का...।' सक्सेना ने उससे नजरें मिलाई।

'जी, सर! वैभव..., वैभव नाम है उसका।'

'हां तो कत्ल की वजह साफ है। तुम्हीं ने तो बताया है कि वैभव नाम का राइटर है जो टीवी और फिल्मों के लिए कहानियां लिखता था। उसने बड़ी मेहनत से एक फिल्म के लिए कहानी लिखी थी, जिसे उस कातिल ने चुरा लिया था। वैभव को जब इसका पता चला तो वह बदला लेने के लिए उसके घर गया। वहां दोनों में झगड़ा हुआ और गुस्से में उसने चोरी करने वाले दूसरे लेखक का खून कर दिया।' सक्सेना ने अपने रिवाल्विंग चेयर को घुमाकर अपनी बूट के पास किया और फीते बांधने लगे।

यह श्रुति के लिए संकेत था कि वह उससे आगे बात करने में कोई रुचि नहीं रखते और उसे उनके चैंबर से निकल जाना चाहिए। पर वह किसी भी हालत में इस बात को स्वीकार करने के लिए तैयार नहीं थी कि वैभव ने दूसरे लेखक जिसका नाम विजय था, का कत्ल कर दिया है।

'सर देखिये, इसमें और क्या रास्ता निकल सकता है, आपने तो कई केस सुलझाएं हैं। आपका तो बड़ा नाम है।' वह मिन्नतें करती दिखी जो इस बात का परिचायक था कि यह मामला कुछ विशेष है और भविष्य की होने वाली वकील साहिबा के लिए नाजुक भी। उसने अपने सूट की सलवटों को दुरुस्त करते हुए आशाभरी नजरों से सक्सेना को देखा।

सक्सेना का एक सहायक और दूसरा एक साथी वकील इस बहस को मूक होकर सुन रहे थे। वकील को भी श्रुति की बातों में कोई दम नहीं दिख रहा था। रात के नौ बजने वाले थे। आफिस संभालने वाला सहायक एक पहाड़ी नौजवान था। आमतौर पर ऑफिस आठ बजे रात तक बंद हो जाता था पर आज श्रुति की बहसबाजी के कारण खुला था। उसे चार किलोमीटर दूर साइकिल चलाकर जाना था जहां वह रहता था। वहां जाकर अपने लिए रोटियां भी बनानी थी। वह चाह रहा था कि कैसे भी यह कहानी खत्म हो और वह चैंबर बंद करके निकले।

'अच्छा सर, क्या इतना पर्याप्त है कि हथियार पर किसी के हाथ के निशान से उसे अपराधी मान लिया जाएगा। भले ही वह व्यक्ति यह मानता हो कि यह उसके ही हाथ के निशान हैं।' श्रुति ने दलील रखी।

'क्या बात है श्रुति, ...तुमने क्या नकल करके एलएलबी की डिग्री ली है। तुम्हें इतना नहीं मालूम कि कत्ल की ठोस वजह, हथियार की बरामदगी और उस पर अपराधी के हाथों के निशान.... यही नहीं पुलिस ने उसे घटनास्थल से रंगे हाथों गिरफ्तार किया है। इतना पर्याप्त है विजय को 302 के तहत सजा दिलाने के लिए... समझी और अब जाओ आज। कोई और बात होगी तो हम कल करेंगे।' यह कहते हुए सक्सेना साहब अपने चैंबर से बाहर निकलकर अपनी होंडा कार की ओर बढ़ते चले गए।

***

वैभव अपने उम्र के लड़कों से भिन्न दिखता था। उसकी सोच सबसे जुदा थी। वह अपने और परिवार से अलग अपने आसपास रहने वाले लोगों की जीवनशैली और सामाजिक विषमताओं को देखकर बेचैन हो जाता था। हमारे हाथों की लकीरें दूर से दिखने में एक जैसी होती हैं, लेकिन सबकी तक़दीर अलग-अलग होती है।

जब वह 11वीं कक्षा में था, तब उसके स्कूल में 'बेटी बचाओ' नामक एक जागरूकता बढ़ाओ कार्यक्रम हुआ। इस कार्यक्रम में स्कूल के सभी बच्चों के साथ उनके अभिभावक भी इकट्ठा हुए। उसके स्कूल ने बड़े उत्साहपूर्वक इस कार्यक्रम का आयोजन किया था। इसमें मुख्य अतिथि के रूप में क्षेत्रीय विधायक को आमंत्रित किया गया था लेकिन विधानसभा में होने वाली बैठक के कारण उन्होंने कार्यक्रम में आने से मना कर दिया था।

यह कार्यक्रम समाज में बेटी की जरूरत और उसे बचाने के लिए किया

गया था। इस कार्यक्रम की शुरुआत स्कूल के प्रिंसिपल ने एक छोटे से भाषण के साथ की....

'पूरी दुनिया में महिला दिवस मनाया जाता है। कहीं सेमिनार के जरिये तो कहीं रैलियों के माध्यम से महिला सशक्तिकरण की बात होती है। हर साल महिला दिवस के दिन लम्बे-चौड़े भाषण दिए जाते हैं। यह जताने के लिए कि महिलाओं और बेटियों की कितनी चिंता है। अखबारों व टीवी चैनलों में विज्ञापन दिए जाते हैं। यानी रस्म अदायगी के सारे जुमले आजमाये जाते हैं। प्रधानमंत्री से लेकर मुख्यमंत्री और मंत्री से लेकर सांसद, विधायक और अधिकारी सभी लोग महिला और बेटी की चेतना के गीत गाते हैं। ...और फिर साल के 365 दिनों में सब कुछ वैसे ही होता है, जैसा होता आया है।

वही बलात्कार, कन्या भ्रूण हत्या और दहेज़ उत्पीड़न। पुरुष प्रधान समाज रोजमर्रा की जिन्दगी पर यूं ही आगे बढ़ता रहेगा। सवाल उठता है कि क्या साल में एक दिन महिला सशक्तिकरण के गीत गाने से समाज की मानसिकता में बदलाव ला पाना संभव है? क्या बेटियों को ऐसे बचाया जा सकना संभव है?

क्या एक दिन के सरकारी जलसे सदियों से दिमागों में बैठी हमारी सोच को बदल पाएंगे? हर कोई जानता है कि इन सवालों का जवाब 'ना' ही है। आज भी हमारे देश में बेटियों के जन्म को शुभ नहीं माना जाता, आज भी बेटियों को बेटे के समान दर्जा नहीं दिया जाता। क्यों...?

हमें समाज को सिखाना होगा कि बेटे और बेटी में कोई भेदभाव नहीं रखना चाहिए...।

शांत माहौल था, प्रिंसिपल साहब की आवाज गूंज रही थी। सभी ध्यान से सुन रहे थे। वैभव भी बड़े गौर से सुन रहा था।

वैभव को भी इस कार्यक्रम में एक कविता सुनानी थी जिसे उसके टीचर ने मान लिया था। मौका मिलते ही वह मंच पर जा खड़ा हुआ और बेटियों के लिए एक छोटी-सी कविता सुनायी-

'बेटियां समंदर से गहरी सोच रखती हैं,
दिल में अपने बेशुमार प्यार रखती हैं।
आदर करती हैं, सबका सम्मान करती हैं,
हर दर्द सहती हैं, पर कभी बयां नहीं करती हैं।
हर रिश्ते में मिठास लाती हैं बेटियां,

अपनी ख्वाशों को भुला के जीती हैं बेटियां।
क्या कहूं, बस इतना समझ लो,
पिता की अर्थी को कन्धा और चिता को आग भी देती हैं बेटियां।
बेटों से कम नहीं हैं बेटियां,
अपना हर फर्ज निभाना जानती हैं बेटियां ।।'

उसकी कविता ने सभी सुनने वालों की आंखें नम कर दी। सभी प्रशंसा में जोर-जोर से तालियाँ बजाने लगे थे। वैभव की कविता को खूब सराहा गया।

हर इंसान में छुपा हुआ हुनर होता है, लेकिन वह उसको पहचान नहीं पाता है। कहते हैं पत्थर को भी मूर्ति का रूप हथौड़े की चोट से मिलता है। वैभव में हुनर छुपा हुआ था, लेकिन अभी वह अपने आप को नहीं समझता था। दोस्तों के बीच शायरी और ग़ज़ल पढ़ना उसकी आदत थी। ऐतिहासिक स्थलों पर घूमना, पहाड़ों पर जाकर बैठना उसको बेहद पसंद था, लेकिन जिसके सपने आसमान को छूने के हो वह भला धरती पर कब तक खेलेगा।

***

समय अपनी गति से चलता रहा। समय बीतते कहाँ देर लगती है। वैभव अब कॉलेज में पहुंच चुका था।

कहते हैं कि इंसान की किस्मत जब चमकती है, तो वह कहां से कहां पहुंच जाता है। वैभव की किस्मत ने उसकी जिन्दगी में दस्तक देने का फैसला कर लिया था। उस दिन 26 जनवरी था। पूरा देश गणतंत्र दिवस समारोह मना रहा था।

शहर विधायक को पारिजात पार्क में ध्वजारोहण के लिए आमंत्रित किया गया था। विधायक की प्रतिष्ठा कुछ खास नहीं थी। उसने अपने इलाके की जरूरतों को पूरा करने के लिए कोशिश नहीं की थी जिससे लोग ने अपने एक भी वादे को वास्तविकता में तब्दील नहीं किया और आज फिर से बड़ी-बड़ी बातों से जनता को लुभा रहा था।

वैभव स्वभाव से बहुत सरल था, लेकिन गुस्से को नियंत्रण करना वह नहीं जानता था। उसे विधायक की बातें सुनकर गुस्सा आ गया और विरोधस्वरूप देखते-ही-देखते वैभव मंच पर पहुँच गया। वैभव ने जो भी कहा, शायद आप भी उसकी बातों से इत्तेफाक रखेंगे।

'स्वच्छ और स्वर्णिम भारत के सपने सब देखते हैं, पर खूबसूरत भारत बनाता कौन है। राजनीति बुरी है, दलदल है, हम सब कहते हैं, लेकिन उस

दलदल को साफ़ करने उतरता कौन है।

कितने नेता आये, कितने गये, वादे किये, कसमें खाई, सब भूल गये।

एक नेता के ऊपर हम सब विश्वास करते हैं, खुद कुछ करें, खुद पर विश्वास करें, ऐसा कौन है। इतिहास के पन्नों को पलट कर देखो, गरीबों की आँखों के सूखे हुए आँसुओं को देखो।

कैसी यह राजनीति है। कोई किसी का नहीं है, चुनाव जीतने के बाद नेता यहाँ अपने बाप का भी नहीं है। राजनीति के दलदल में फंसा है आज देश सारा, फिर भी हम गर्व से कहते हैं–

सारे जहां से अच्छा, हिंदुस्तान हमारा।।

उसके अलावा भी वैभव बोलता गया था। उसे चुप कराने के लिए दोस्तों को उसे मंच से हटाना पड़ा। इस कार्यक्रम की खबर दूसरे दिन स्थानीय अखबारों में छपी। इससे जहाँ एक ओर वैभव को घर पर माँ–बाप की डांट का शिकार होना पड़ा, जबकि दूसरी ओर कॉलेज में इसकी खूब चर्चा हो रही थी।

हर कोई कह रहा था, 'ये वैभव के सिर्फ अल्फाज नहीं है, बल्कि सच्चाई है।'

'आपकी यह सोच आपको बहुत आगे ले कर जाएगी, ऐसी सोच की इस देश को बहुत जरूरत है, विशेषकर युवा पीढ़ी को। जो बदल तो रही है, पर आसमां को छूने के चक्कर में धरती से जुदा भी हो रही है।' प्रिंसिपल ने वैभव से कहा।

वैभव ने तभी फैसला किया कि वह कॉलेज की पढ़ाई पूरी करने के बाद लेखक बनेगा। अब वह अपने आप को जान गया था। वह जान गया था कि लेखक ही समाज का दर्पण होता है, समाज की विसंगतियों और बुराइयों को दूर करने के लिए अब वह किताबें लिखेगा।

वैभव अब अपनी मंजिल को पहचान गया था, लेकिन सफ़र से अभी अंजान था। फूलों की सेज पर काफी सोया, काँटों की राह पर चलना अभी बाकी था।

सपना... सपना क्या है ? हर इंसान को सोने के बाद सपने आते हैं, कभी अच्छे सपने आते हैं, तो कभी बुरे सपने आते हैं। लेकिन हमारे वास्तविक जीवन में इन सपनों का कोई अस्तित्व नहीं होता, ना ही ये सपने हमारे जीवन में कोई समानता रखते हैं। ये बिलकुल अर्थहीन प्रतीत होते हैं।

सपने वे होते हैं, जो हमें खुली आँखों से नजर आते हैं, सपने वो होते हैं जो हमें सोने की इजाजत भी नहीं देते। पलकें जरूर बंद होती हैं, लेकिन बंद आंखें भी उन सपनों को निहारती रहती हैं।

सपनों को हक़ीकत का रूप जरूर मिलता है, लेकिन तब जब इंसान खुद को उन सपनों से रूबरू कर लेता है। कोई इंजीनियर बनकर अपना नाम रोशन करना चाहता है, तो कोई MBA करके विदेश में नौकरी पाने का ख्वाब सजा लेता है। किसी को कुछ तो किसी को कुछ।

अपने सपने को पूरा करने की ललक उनमें ऐसी होती है कि वे दिन-रात अपने सपने को पूरा करने के लिए दौड़ते हैं। कभी-कभी तो वो खुद को इतना स्थिर बना लेते हैं, जैसे पाषाण की कोई मूरत हो।

बिलकुल बाहरी दुनिया से अलग, स्वप्न में मग्न।

इसी प्रकार माँ-बाप के भी कुछ सपने होते हैं। उनका प्राथमिक सपना होता है कि उनके बच्चे उनका नाम रोशन करें। कंधे-से-कंधा मिलाकर अपने पिता के कारोबार को आगे बढ़ायें। माँ-बाप अपना पेट काट कर अपने बच्चों का पेट भरते हैं अपने सपनों का गला घोंट कर अपने बच्चों की हर ख्वाहिशों को पूरा करते हैं। और बदले में वे हमसे कुछ ज्यादा नहीं माँगते। वे बच्चों की आंखों में खुद के लिए सम्मान देखना चाहते हैं। वे यही चाहते हैं कि उनके बच्चे उन्हें बुढ़ापे में दो वक्त की रोटी के लिए मोहताज ना करें। उनका यही सपना होता है कि बुढ़ापे में उनकी औलाद उन्हें सहारा दे। वह चाहते हैं कि जिन अँगुलियों को पकड़कर कभी चलना सीखा था, अब वे उनकी देखभाल करें। चंद अल्फाज युवा पीढ़ी के नाम-

आपको अपने सपने में हकीकत का रूप जरूर दिखेगा,
केवल तब, जब आपको अपने माँ-बाप में भगवान दिखेगा।
वक्त भी करवट बदलेगा,
सपने कभी आँखों से ओझल भी होंगे।
बुलंद हौसले और आसमां की चाहत होगी जिसकी,
सपने सिर्फ उसी के पूरे होंगे।
तू तो राही है........कदम बढ़ा, बस चलता जा,
मंजिल खुद एक दिन तेरे कदम चूमेगी।।

***

कॉलेज का अंतिम दिन था। कॉलेज छोड़कर जाने वाले विद्यार्थियों के लिए विदाई समारोह आयोजित किया गया था। मंच सजा हुआ था। अतिथियों के लिए कुर्सियां लगी हुई थी, जिन पर कॉलेज के चेयरमैन मोदी जी, प्रिंसिपल एम.एम.ढ़ाका आदि अपना स्थान ग्रहण कर चुके थे। इस समारोह में सांस्कृतिक कार्यक्रम भी होना था। मंच के बायीं ओर एक कमरा था, जहाँ जूनियर कक्षाओं के कलाकार अपनी प्रस्तुति का इंतजार कर रहे थे।

वैभव अपने साथियों के साथ दूसरे फ्लोर पर बैठा था, जहाँ से उसे ग्राउंड फ्लोर स्पष्ट नजर आ रहा था। मंच की साज-सज्जा सामने विद्यार्थियों के लिए रखी कुर्सियां। आगे की कुर्सियों पर कॉलेज के अन्य शिक्षक और उनके पीछे अभिभावक गण बैठे थे।

कार्यक्रम शुरू हुआ। सांस्कृतिक कार्यक्रम में समूह नृत्य बहुत शानदार था। कलाकार विद्यार्थियों ने देशभक्ति पर आधारित गीत के लिए अच्छी तैयारी कर रखी थी। उनकी प्रस्तुति दर्शकों को बहुत पसंद आ रही थी। सांस्कृतिक कार्यक्रम के बाद पुरस्कार वितरित किये गये जिससे प्रतियोगियों का आत्मविश्वास बढ़ा तथा कार्यक्रम का एक सुखद समापन हुआ। सभी के लिए भोजन की व्यवस्था भी की गयी थी। सभी के चेहरे फूल की तरह खिले हुए थे। सबने मिलकर कॉलेज के इस आखिरी दिन को हँसी-खुशी जिया।

अपने देश में एक नियम और भी है 'लेडिज फर्स्ट'। इसलिए खाने के लिए पहले लड़कियों को लाइन से भेजा गया। लड़कियों के बाद हम लोगों का भी नंबर आ गया। पकवानों और मिठाइयों की खुशबू हवाओं में घुल रही थी। वैभव भी अपने दोस्तों के साथ खाने पर टूट पड़ा। इस बीच वैभव की नजर एक लड़की पर पड़ी। जो कुछ दूरी पर अकेली खड़ी थी, लेकिन उसको पहचान पाना मुश्किल था, क्योंकि उसने चेहरे को दुपट्टे से ढक रखा था।

वैभव ने अपने स्थान से हटकर उस लड़की को देखने की कोशिश की, पर दुपट्टे के कारण चेहरा ठीक से दिखायी नहीं दिया। इससे उसके अंदर उसे देखने की कशिश और बढ़ गयी। उसकी आँखों में एक अजीब-सी चमक दिख रही थी। वह उस लड़की के पास जाकर उसे देखने और उससे बात करने को उत्सुक था। ऐसा सोचकर वह थोड़ा झिझका, वहां बहुत भीड़ थी। हॉल में साथियों के अलावा उसके शिक्षक और दूसरे स्टाफ भी थे, पर उसने सभी को अनदेखा कर दिया। अब क्या था...। वह अपनी प्लेट के साथ लड़की की

तरफ कदम बढ़ाए।

'एक्सक्यूज मी', वैभव ने बड़ी विनम्रता के साथ कहा।

'यस...',

'सब लोग इस समय लंच कर रहे हैं, आप नहीं कर रहीं हैं... क्या मैं जान सकता हूँ कि आप लंच क्यों नहीं कर रही हैं' वैभव ने उस लड़की से पूछा।

'जी, मेरा आज उपवास है।' उस लड़की ने कहा।

'ओह! अच्छी बात है... लेकिन आप अपनी पसंद का कुछ ले सकतीं हैं। यहां मिठाइयां भी हैं।' वैभव ने उसे उत्साहित किया।

'हां मिठाइयां तो हैं, ...पर कुछ लेना नहीं चाहती।' उसने संकोच के साथ वैभव को देखा।

'अच्छा... माफी चाहता हूं कि जब आपको कुछ खाना नहीं था, तो यहां क्यों आयीं, सॉरी...।' उसने पूछा।

'जी... मैं आना तो नहीं चाहती थी पर क्लासमेट्स के आग्रह के कारण यहां आ गयी।' उसने सफाई दी।

'देखिये मेरा नाम वैभव है... क्या मैं आप का नाम जान सकता हूँ।' वह अपनी उत्सुकता नहीं रोक सका।

'क्यों, मेरा नाम क्यों पूछ रहे हैं?' उसने अपने चेहरे से दुपट्टा हटाकर सवाल किया। वह बड़ी आंखों वाली एक सुंदर लड़की थी।

'नहीं... बस ऐसे ही पूछ रहा था। अगर नहीं बताना है तो कोई बात नहीं। दरअसल यह संयोग ही है कि हम एक ही कॉलेज में हैं, लेकिन पहली बार मिल रहे हैं।' उसने धीमी आवाज में कहा।

'हां, इसे संयोग ही कहा जा सकता है।' उसने मुस्कराते हुए कहा।

'वैसे भी इंसान की फितरत ही ऐसी है, जहाँ कुछ समझ न आए, वहाँ संयोग को आधार बना लेते हैं ...और खूबसूरत लड़कियां अकसर कम बोलतीं हैं।'

'अरे ज्योति, तुम किससे बात कर रही हो।' उसकी तीन सहेलियां वहां आ गईं थीं।

'अरे वाह! तुम वैभव से बात कर रही हो। मैं आपको जानती हूं। हमने आपके बारे में काफी सुना है, बेधड़क बोलते हैं आप...।' ज्योति की दोस्त

ने कहा।

'बदनाम तो मैं नाम से ही हूँ, फिर भी बता दीजिये, क्या सुना है?' वह मुस्कराया।

'जी नहीं, हमने तो बस यही सुना है कि आप बहुत अच्छे शायर हैं, क्या आप कुछ सुनाना पसंद करेंगे।' दूसरी लड़की ने अपनी जुल्फें झटकते हुए कहा।

'इस वक्त तो...'

'कुछ तो सुना ही दीजिए, कोई छोटी सी रचना ही सही...।' ज्योति ने वैभव की बात को काटते हुए कहा। कॉलेज में वैभव के ये शायद आखिरी शब्द थे-

'न मैं शायर हूँ, न ही मैं शायरी सुनाता हूँ।
दिल में जो अल्फाज है, आज होठों से बताता हूँ।
नजरों से दूर हम पहले भी थे, नजरों से दूर आज फिर जा रहे हैं।
सिर्फ नजरों से दूर जा रहे हैं, दिल से नहीं।
दिल में ख्वाब हजारों हैं, हम तो मीठी यादें लिए जा रहे हैं।'

लड़कियों ने वैभव की तारीफ में तालियां बजायीं।

'हुनर है, देखते हैं, फिर कब नाम सुनते हैं आपका।' ज्योति ने मुस्कुराते हुए कहा।

वैभव के लब खामोश थे, लेकिन आँखें बता रही थी कि उसको भी उस दिन का इंतजार रहेगा।

***

वैभव नहाकर बाथरूम से बाहर निकला तो देखा कि डायनिंग टेबल पर नाश्ता सजा हुआ था। गर्म-गर्म समोसे की खुशबू और जलेबी की मिठास वैभव के कमरे में आ रही थी। उसके पापा कबीर वहीं बैठे थे, जबकि मम्मी किचन में टोस्ट तैयार कर रहीं थीं।

'अरे वाह!, सुबह-सुबह जलेबी और समोसे कहां से आ गए।' उसने पूछा।

'मनोज बाहर गया था तो ले आया है...। कपड़े चेंज करके आ जाओ।'

'अरे कपड़े तो बाद में भी चेंज कर लूंगा, पहले समोसे...।' उसने तौलिया कुर्सी पर ही रखकर समोसे का एक बड़ा टुकड़ा मुंह में रख लिया।

'वाह! मजा आ गया'। वैभव ने समोसे का आनंद लेते हुए कहा।

'क्या सोचा है अब, मेरा मतलब आगे क्या करने का इरादा है?' कबीर ने उसकी ओर देखा।

'अभी तो दो समोसे और खाने का इरादा है।' उसने हंसते हुए जवाब दिया।

'मजाक हम बाद में भी कर सकते हैं।' कबीर ने कहा।

'जी पापा...।' उसने विनम्रतापूर्वक कहा।

'मैं चाहता हूँ...। अब तुम अपना सामान पैक करो और आगे की पढ़ाई के लिए सूरत जाओ और...'

'क्यों पापा?... आप मुझे घर से निकाल रहे हैं क्या...?' वैभव ने अपने पूछा।

'हे भगवान! फिर से मजाक, कब सुधरेगा तू।' कबीर ने कहा।

'सुधर गया तो इन चेहरों पर हँसी कैसे लाऊंगा।' वैभव ने अपनी मम्मी से गले लगते हुए कहा।

उसकी मम्मी सुमित्रा एक प्लेट में टोस्ट लेकर किचन से वहां आ गयी थी।

'अरे गीला तौलिया किसने कुर्सी पर रखा है। तुम लोगों ने घर का कबाड़ा करके रखा है। जहां देखों, वहीं कपड़े बिखरे रहते हैं।... और तुमने अपने कपड़े ठीक से क्यों नहीं पहने हैं। तुम तो हमेशा मेरा काम बढ़ा देते हो...। सुमित्रा बड़बड़ाई।

'बेटा, तुम अब बड़े हो गये हो तुम्हारा कॉलेज भी ख़त्म हो गया है। मैं चाहता हूँ, तुम अब आगे की सोचो। मौज-मस्ती के दिन अब बीत चुके हैं। बचपन चला गया... अब बचपना भी छोड़ दो। इसलिए मैं चाहता हूँ कि तुम सूरत जाओ और वहां अच्छी तरह से मन लगाकर आगे की पढ़ाई के बारे में सोचो।' सुमित्रा की बातों को अनसुना करते हुए कबीर ने कहा।

'पापा! क्या आप चाहते हैं कि मैं नौकरी करूँ।' उसने पूछा।

'नहीं... नौकरी क्यों करोगे?'

'फिर?'

'मैं चाहता हूँ तुम मेरा कारोबार संभालो, लेकिन उसके लिए पर्याप्त अनुभव और मानसिक विकास होना बहुत जरूरी है, तुम सूरत जाओगे। वहां के माहौल में रहोगे और एमबीए की पढ़ाई के समय तुम्हें व्यापार की अच्छी जानकारी होगी। जिसका उपयोग तुम हमारा कारोबार बढ़ाने में कर सकोगे। इसलिए मैं

यह चाहता हूँ कि तुम अपना कारोबार सँभालने से पहले एमबीए की पढ़ाई करो।' कबीर ने अपने अनुभव के आधार पर सुझाव दिया।

अपने पिता के शब्दों को सुनकर वैभव खामोश रह गया। वह कुछ देर तक चुपचाप बैठा रहा। समोसे और जलेबी से उसका ध्यान हट गया था।

'क्या हुआ? तुम चुप क्यों हो?' कबीर ने पूछा।

'पापा! मेरा भी एक सपना है, लेकिन आपकी सोच से थोड़ा अलग है। मैं कुछ और करना चाहता हूं या यूं कहें कि बनना चाहता हूं...।'

'सपना...., कैसा सपना?' वैभव के पिता ने वैभव से पूछा।

'मैं... मैं लेखक बनना चाहता हूँ।' वैभव ने अपने दिल की बात कही।

'क्या कहा? क्या बनना चाहते हो? मैं कुछ समझा नहीं।'

'पापा, पापा... मैं लिखना चाहता हूँ। ...और मैं चाहता हूँ जो मैं लिखूं उसपर फिल्में बने और थियेटर के बड़े पर्दे पर मेरा नाम आये। मेरे नाम से उपन्यास आये। मैं अपना नाम अखबारों की सुर्खियों में देखना चाहता हूँ।' वैभव ने बड़े उत्साह से कहा।

'लेकिन क्यों? इन सबकी जरूरत क्या है, तुम कारोबार को आगे बढ़ाओगे, तब भी तो समाज में तुम्हारा नाम ऊँचा होगा, तुम्हारी एक पहचान बनेगी।'

'लेकिन....'

'लेकिन क्या...? क्या मैंने कारोबार में अपनी पहचान नहीं बनाई।'

'बनाई है... बहुत बनाई है, बचपन से सुनता आ रहा हूँ कि तुम्हारे पापा ने कितना संघर्ष किया है और आज क्या से क्या बन गये। एक दिन था, जब घर में खाने को दाने नहीं थे। आपने कभी हार नहीं मानी, आपने हमेशा अपनी जिंदगी में सही फैसले लिए। भैया भी अपनी पढ़ाई पूरी करने के बाद आपके साथ दिन-रात मेहनत कर रहे हैं। जब भी मैं लोगों से आपकी तारीफ सुनता हूँ तो मुझे अपने आप पर बहुत गर्व होता है कि मैं आपका बेटा हूँ।'

'फिर तुम इससे अलग क्यों सोचते हो...' कबीर को उसकी बात समझ नहीं आ रही थी।

'पापा आप अभी बढ़िया तरीके से कारोबार चला रहे हैं। फिर भैया भी हैं आपका सहयोग करने के लिए....। मैं सोचता हूं कि अपने लिए कोई दूसरी लाइन देखूं.... मैं लिखना चाहता हूं, समाज के लिए.. देश के लिए...।' वह अपने फैसले पर दृढ़ था।

'मुझे तुम्हारा फैसला समझ नहीं आ रहा है...?' कबीर को उसकी बात पसंद नहीं थी।

'मैं नहीं चाहता कि लोग यह कहें कि बाप ने अपनी मेहनत से कारोबार खड़ा किया और एक दिन मैंने चाबी संभाल ली। इस व्यवसाय को आपने जमाया और भैया ने आगे बढ़ाया है। इसमें मेरा कोई योगदान नहीं है। मैं अपनी शुरुआत नये सिरे से करना चाहता हूँ, नई लाइन में जाना चाहता हूं और आत्मनिर्भर बनना चाहता हूँ और अपना सपना पूरा करना चाहता हूँ। मैं मुंबई जाना चाहता हूँ।' वैभव ने अपनी योजना बताई।

'पागल हो गये हो तुम, लेखक बनना चाहते हो। मुंबई जाना चाहते हो। क्या करोगे तुम वहां? जिस शहर की कभी हमने शक्ल भी नहीं देखी, उस शहर में अपनी कामयाबी के झंडे गाड़ना चाहते हो। तुम जानते हो ना हमारे खानदान का दूर-दूर तक इस फिल्मी दुनिया से कोई रिश्ता नहीं है।'

'और जाओगे किसके पास? कौन है वहां...? जो तुम्हारा ख्याल रखेगा।'

'आपने भी तो अकेले ही अपने काम की शुरुआत की थी, मैं भी अकेला ही करूंगा।'

'तुम सच में पागल हो गये हो, पराये शहर में जाना चाहते हो। आखिर क्या रखा है उस शहर में?'

'वह शहर सपनों को हक़ीकत से मिलाता है, जिन आँखों में सपने होते हैं, उन सपनों को मंजिल तक ले जाता है। बहुत बड़ा दिल है उस शहर का, सबको अपना बना लेता है। मुझे पता है मेरे सपने भी मुंबई जाकर ही पूरे होंगे।' वैभव ने आशाभरी आवाज में कहा।

'लेखक बनोगे, कहानियाँ लिखोगे, कितनी कहानियां लिख लोगे- 2, 4, 10 फिर.... । कितनी कल्पनाएं कर लोगे और आखिर मिलेगा क्या इस काम से? औकात क्या है लेखकों की?' कबीर के चेहरे पर साफ नाराजगी थी।

'क्या कुछ नहीं होता लेखक के पास, पर उनको दुनिया जानती है। लेखक तो समाज का दर्पण होता है, जो समाज की कुरीतियों और अच्छाइयों को, सभी के आगे रखता है। प्लीज पापा मुझे जाने दीजिये। मैं अपनी जिन्दगी को एक दिशा देना चाहता हूँ, अपने दम पर कुछ बनकर दिखाना चाहता हूँ। प्लीज पापा....।' वैभव ने भावुक होते हुए कहा।

'एक सफल कारोबारी बाप का सपना होता है कि उसका बेटा बड़ा होकर

उसका कारोबार संभाले। उसको और उसे तरक्की के रास्ते पर ले जाये। यह सब जो है, वह भविष्य में तुम दोनों भाइयों को ही तो सम्भालना है। फिर ये सब करने की क्या जरूरत है... भूल जाओ यह सब।' कबीर ने समझाते हुए कहा।

'हाँ पापा... मुझे पता है ये सब हमें ही करना है, लेकिन सच बताऊं पापा, ये सब पाकर भी मुझे खुशी नहीं मिलेगी। मैं अपने सपनों को सच कर लूँगा, तभी मुझे खुशी मिलेगी। ...मम्मी कहिये ना पापा को।' वैभव ने अपनी मम्मी को अपने पक्ष में लेने की कोशिश की।

'बेटा। सब कुछ तो है, यहाँ। हमारे पास किस चीज की कमी है।' सुमित्रा ने भी वैभव को समझाने की कोशिश की।

'कमी? कमी तो है ना...। सिर्फ एक कमी है यह, मैं अपना सपना पूरा नहीं कर पाऊँगा। आज तक आपने मेरी हर इच्छा पूरी की है, बस एक इच्छा और पूरी कर दीजिये।' वैभव ने आशा भरे शब्दों में कहा।

'मैं तुम्हारी हर इच्छा पूरी कर सकता हूँ, लेकिन जिद नहीं और ऐसी जिद तो कभी नहीं।' कबीर कुर्सी छोड़कर खड़े हो गए।

'और.... यदि यह मेरी आखिरी इच्छा हो तब भी नहीं...?' वैभव बुदबुदाया।

इस जवाब से कबीर का गुस्सा और बढ़ गया। उन्होंने आगे बढ़कर वैभव के गाल पर थप्पड़ जड़ दिया... । घर का माहौल एकदम शांत हो गया। सुमित्रा आँखें फाड़ कर देख रही थी। वह कुछ बोलना चाहती थी, लेकिन अपनी जुबान पर अंकुश लगा लिया। वैभव की आँखों में आंसू आ गया था और वह बिना हिले अपनी मम्मी को ताकने लगा।

'सामान पैक कर अपना और दफा हो जा यहां से।' कबीर ने अपने माथे को सिकोड़ते हुए गुस्से में कहा।

'वैभव, चले जाना मुंबई, पापा राजी हो गये हैं।' सुमित्रा ने वैभव की पीठ पर हाथ फेरते हुए कहा।

'आप मुझसे बहुत प्यार करते हो, देखना एक दिन मैं आपका नाम आसमान की बुलंदियों तक पहुंचा दूंगा।' वैभव ने कहा और अपने कमरे में चला गया।

'मुझे हाथ नहीं उठाना चाहिए था वैभव पर, उससे कहना कि जितने पैसे चाहिए मैं उसे दूंगा।' उसके जाने के बाद कबीर को पछतावा हुआ। उन्होंने सुमित्रा के कंधे पर हाथ रखते हुए हताशा दिखायी।

कबीर पास में रखे सोफे पर ढ़ेर हो गये। सुमित्रा कुछ देर वही खड़ी रही।

फिर वह वैभव के कमरे में चली गयी।

'मनोज को आ जाने दो, फिर तुम्हारा रिजर्वेशन करवाते हैं और वहां पर अपनी सेहत का ख्याल रखना। मैं आंवले का मुरब्बा बना दूंगी, अपने साथ लेते जाना, गर्मी में अच्छा होता है और वहां पर किसी से झगड़ना मत। बस मुझे तो एक बात की फिकर हो रही है तू रुकेगा कहां और....।'

'मम्मी इसकी चिंता तुम मत करो। वहां पर किसी का पेइंग गेस्ट बन जाऊंगा या किराये पर रूम ले लूँगा और आजकल तो खाने की कोई दिक्कत है ही नहीं। टिफिन या फिर पीजी में तो बना बनाया खाना मिलता है।' वैभव उत्तेजित होते हुए अपनी मम्मी की बात काटते हुए बोला।

'बस चुप कर! मुझे पता है बाहर कैसा खाना मिलता है।' सुमित्रा ने जमीन पर गिरा उसका शर्ट हैंगर पर टांगते हुए कहा।

'ये लो पापा, गुप्ता अंकल ने 60 हजार का चेक दिया है।' कमरे में घुसते हुए मनोज ने कहा।

लेकिन कबीर ने कुछ जवाब नहीं दिया। उनके चेहरे पर तनाव व्याप्त था। मनोज शांत होकर पापा को देखने लगा, तभी सुमित्रा उसके पास पहुंची।

'मम्मी क्या हुआ, पापा बोल क्यों नहीं रहे?' मनोज ने अपनी मम्मी से पूछा।

'कोई बात नहीं मनोज, रुको मैं तुम्हारे लिए पानी लाती हूं।' सुमित्रा ने अपने बड़े बेटे का स्वागत किया।

'क्या हुआ मम्मी, यहां कुछ ठीक नहीं लग रहा है, पापा भी टेंस हैं...?' मनोज ने पानी का गिलास लेते हुए मम्मी से पूछा।

'कुछ नहीं, वैभव मुंबई जा रहा है, यह बात मेरी समझ से परे है। उसकी योजना मुझे पसंद नहीं है, लेकिन चलो... फिलहाल उसे जाने दो। मैंने उसे जाने को कह दिया है, उसका रिजर्वेशन करवा दो।' जवाब कबीर ने दिया।

वैभव दरवाजे के पास खड़ा था। उसने जैसे ही पापा की बदली हुई टोन सुनी, वह झट से कबीर के पास आ गया और उनके गले लग गया। मनोज को वैभव के सपने के बारे में पता था, इसलिए उसे इस फैसले पर कोई आश्चर्य नहीं हुआ। वह तो हमेशा वैभव को प्रोत्साहित करता रहता था।

मनोज ने मुंबई के लिए रिजर्वेशन करवा दिया। वैभव की सोमवार को दोपहर दो बजे झुन्झुनू से ट्रेन थी। समय बीतते कब देर लगती है। तैयारी होने

लगी। सोमवार को सुमित्रा और मनोज उसका समान पैक कर रहे थे। कबीर मुंबई और वहां के अपने कांटेक्ट्स के बारे में वैभव को बता रहे थे।

मनोज ने वैभव के बैग गाड़ी में रखा और सभी वैभव को छोड़ने रेलवे स्टेशन के लिए निकले। मनोज गाड़ी चला रहा था और कबीर और सुमित्रा वैभव को छोटे बच्चे की तरह समझा रहे थे। यह बात भी सही है, चाहे कितने ही बड़े हो जाओ, लेकिन माँ-बाप के लिए बच्चे, हमेशा बच्चे ही होते हैं।

सभी रेलवे स्टेशन पहुंच गये। उस समय रात के आठ बजे थे और बांद्रा टर्मिनस को जाने वाली सुपरफास्ट ट्रेन प्लेटफार्म पर लगी हुई थी। मनोज ने निर्धारित बोगी में वैभव की सीट के नीचे उसके बैग रख दिए। ट्रेन चलने में अभी कोई 25 मिनट का समय था, लिहाजा वैभव अपनी मां सहित सभी लोगों से विदाई लेने में मशगूल था। उसे सभी ने यात्रा संबंधी सुझाव दिए। उससे अलग होते समय उसके परिजनों की आंखें नम थी। अब ट्रेन चलने वाली थी।

कुछ क्षण बाद ट्रेन के सायरन की आवाज आयी तो आसपास हलचल मच गयी। अपने लोगों को विदा करने वाले लोग विदा हो रहे थे। ट्रेन चल दी तो वैभव दरवाजे पर खड़ा था।

'बेटा पहुँचते ही फ़ोन करना और अपना ख्याल रखना।' सुमित्रा ने चलते-चलते भारी आवाज में कहा, वह यह बात पहले भी कई बार कह चुकी थी। विदा करते समय उसकी आँखों में आंसू छलक आये।

दरवाजे पर ही खड़े वैभव ने अपनी मां की स्थिति को देखी तो उसकी आँखों में भी आँसू छलक आये। उसकी आंखे धुंधला गयी थी। ट्रेन की स्पीड धीरे-धीरे तेज होती गयी। वह दरवाजे पर खड़ा अपने घरवालों को तब तक ताकता रहा जब तक उसके मम्मी-पापा और भाई लुप्त नहीं हो गए।

***

बोगी यात्रियों से पूरी तरह भरी हुई थी। वैभव को सभी अनजान और पराये लोगों की भीड़ लग रही थी जिसमें उसने खुद को अकेला पाया। जब हम अकेले होते हैं, तो जाहिर है बीते दिनों की यादें खुली आँखों के सामने घूमने लगती है। वैभव भी यादों में डूब गया। उसके दिल में खुशी थी, लेकिन उसकी आँखों में अपनों से दूर होने के आंसू थे। वह काफी देर तक मायूस बैठा रहा।

रात के 11 बज गये थे। बोगी के सभी यात्री लगभग लेट चुके थे। बोगी की अधिकांश लाइटें बंद हो चुकी थीं। सन्नाटे में ट्रेन की पटरियों पर चलने

की तेज आवाज आ रही थी। डिब्बे में सभी सो गये थे, लेकिन वैभव को नींद नहीं आ रही थी। वह करवटें बदलते हुए सोने की कोशिश कर रहा था। जब काफी देर बाद भी उसे नींद नहीं आयी तो वह उठ बैठा।

उसने अपने बैग से डायरी निकाली और लिखा–'जीते तो सब हैं, पर यह जीना वाकई कोई जिन्दगी होती है? मेरे ख्याल से तो नहीं। पढ़ाई, शादी और फिर बच्चों की जिम्मेदारियां.... एक इंसान की जिन्दगी बस इसी चक्की में पीस कर रह जाती है। मैं अपनी जिम्मेदारियों से भाग नहीं रहा, लेकिन पहले जिम्मेदारी उठाने के काबिल तो बन जाऊं। मेरी सोच से आज कोई सहमत नहीं था, लेकिन एक दिन इस सोच पर सभी को अभिमान होगा। बहुत आगे निकल आया हूँ, जैसे बहुत कुछ पीछे छोड़ आया हूँ।

मुंबई....।

एक शहर, जो जाने कितने दिलों पर राज करता है। अरमान पल रहे हों जिनके दिलों में, यह उसी को आवाज देता है। एक भीड़ हर रोज, इसकी चौखट पर आती है और डूबते सूरज के साथ वह लोगों में मिल जाती है।

ये शहर देता बहुत है। किसी को आसमां पर बैठा देता है, तो किसी को ताज भी पहना देता है। और जब लेने पर आता है, तो वजूद तक छीन लेता है। जिसको हवा लगी यहाँ की, वह सब कुछ भूल जाता है। जिसके सीने में जुनून दिखा, उसके जुनून को इस शहर ने पूरा किया। जिसने सब कुछ पाया, उसने सब कुछ भुला दिया। इस शहर ने किसको क्या से क्या बना दिया।

यहाँ बेशुमार पब्लिक दौड़ती है। पानी की तरह पसीना बहता है, फिर भी ना जाने क्या है इस शहर में, जो हर कोई यहाँ आने को तरसता है। वक्त नहीं है... पर वक्त के साथ चलना पड़ता है। पाना है कुछ तो बहुत कुछ खोना पड़ता है। कागज की प्लेन बहुत उड़ाई बचपन में, हक़ीकत में उड़ना है, तो इस शहर में आना पड़ता है। जैसे सोने को इंतजार सच्चे सुनार की होती है, वैसे ही इस शहर को इंतजार है, सच्चे हुनर का।

बहुत सुना है... मुंबई के बारे में। जितनी बड़ी इमारतें हैं इसकी उतना ही बड़ा दिल है। कुछ लेता है तू तो बदले में बहुत कुछ देता भी है। एक सुन्दर-सा ख्वाब वैभव ने भी अपनी आँखों में सजा लिया, तू ही करेगा पूरा... बस तेरी और कदम बढ़ा दिया।'

वैभव ने अपनी डायरी बंद की। अब तो नींद भी दस्तक देने लगी थी और वैभव की आँख लग गई।

***

'कृपया सभी यात्री ध्यान दें, झुन्झुनू से बांद्रा टर्मिनस आनेवाली 12980 अप सुपरफास्ट ट्रेन प्लेटफॉर्म नं. 3 पर पहुँच चुकी है।'

वैभव ने प्लेटफार्म पर उतरते ही रेलवे की प्रसारित होने वाले संदेश को सुना। वह अपने दोनों बैग लिए दरवाजे से बाहर निकलकर खड़ा हो गया। उस समय दोपहर के ढ़ाई बज चुके थे। उसे लेने के लिए कोई आने वाला नहीं था और न ही उसे कहीं जाने की जल्दी थी। उससे एक के बाद एक दो कुलियों ने सामान लेकर बाहर चलने के लिए पूछा, लेकिन उसने उन्हें मुस्कराते हुए उन्हें मना कर दिया। उसके पास एक बैग छोटा था, जिसे वह कंधे पर रखने वाला था। दूसरा बड़ा और भारी था, लेकिन उसमें पहिये लगे हुए थे। वह कुछ देर तक मुंबई के प्लेटफ़ॉर्म का नजारा देखने लगा। लोगों की अफरातफरी, भीड़ और जल्दी से आगे निकलने की होड़। हर कोई भागता नजर आया।

कुछ मिनट के अंतराल के बाद लोगों की भीड़ और शोर-शराबा कम हुआ। तो उसने अपने कंधे पर छोटा बैग रखा और धीरे-धीरे चलकर स्टेशन के बाहर आ गया। बाहर भी खूब चहल-पहल थी। ट्रैफिक का इतना शोर उसने झुन्झुनू में नहीं देखा था। बाहर निकलकर वह पार्किंग के पास एक चायवाले के पास रुका। वैभव को रेलवे स्टेशन के बाहर आये 10 मिनट से ज्यादा हो गए थे। उसने सोचा कि 1150 किलोमीटर लम्बी यात्रा की थकान को दूर करने के लिए एक कप चाय पीनी चाहिए। साथ ही उसी चायवाले से किसी होटल का पता मालूम किया जा सकता है। अभी वह सोच ही रहा था, तभी उसे झटका लगा और वह संतुलन खो बैठा। अचानक किसी ने उसकी जेब मार ली थी।

'अरे चोर.... चोर। पकड़ो-पकड़ो...।' वह संभलते हुए जोर-जोर से चिल्लाया।

कुछ ही दूरी पर एक लड़की अपनी स्कूटी की डिग्गी में कुछ सामान रख रही थी। उसने वैभव की आवाज सुनी और अपनी ओर भागते एक लड़के को देखा। पास आने पर उसने लंगड़ीमार कर उसे गिरा दिया। वैभव भागकर वहां पहुंचा और चोर से अपना पर्स छीन लिया। शोर सुनकर आसपास के कुछ और लोग वहां एकत्र हो गए। उन्होंने उस झपटमार लड़के को घेर कर पिटाई

शुरू कर दी।

'साहब मुझे छोड़ दो, मुझे जाने दो बहन जी।' वह लड़का गिड़गिड़ा रहा था।

'क्यों जाने दे तुझे..., तुझे तो जेल भेजना चाहिए।' उस लड़की ने उसे फटकार लगाते हुए कहा।

उस लड़के की उम्र मुश्किल से 25 साल होगी, रंग गेहुँआ। दिखने में वह हट्टा-कट्टा, लेकिन मामूली कपड़े पहने हुए था। उसके चेहरे पर तेज और आँखों में लाचारी दिखाई दे रही थी। वैभव खड़ा होकर उसे घूर रहा था और मन-ही-मन सोच रहा था कि इसकी क्या मज़बूरी थी, यह मेहनत-मजदूरी करके कोई काम क्यों नहीं करता है।

'तेरी वजह से आज एक शरीफ आदमी खुलेआम लुट गया होता। तुम रुको, अभी मैं पुलिस बुलाती हूँ।' लड़की ने उसको फटकारते हुए कहा।

'नहीं। रुकिये आप, इसकी कोई जरूरत नहीं है।' वैभव ने कहा।

'क्यों ? इसने आप की जेब मारी है और आप कह रहे हो...।' भीड़ में से किसी ने कहा।

'इसने पर्स ही चुराया है, कोई खून नहीं किया। कोई बात नहीं और यह भी इसकी कोई मजबूरी होगी। इसके जैसे पता नहीं कितने होंगे, जिन्हें कोई काम नहीं मिलता, फिर ये लोग क्या करें....? इनके पास अपना पेट भरने के लिए एक ही उपाय बचता है, चोरी करना।' वैभव ने उन लोगों से कहा कि वे उसे छोड़कर वहां से जाएं।

भीड़ को वैभव की बात सुनकर हैरत हुई, लेकिन जब शिकायतकर्ता को ही कोई आपत्ति नहीं तो फिर क्या बात...। वे खिसकने लगे।

'जाओ भई आप लोग जाओ...।' उसने बाकी बचे लोगों को भी वहां से हटाया।

'उठो। देखो चाहे कोई भी मज़बूरी हो, लेकिन चोरी करना तो गलत बात है। यह भी एक अपराध है और तुम तो जवान हो, कोई काम-धंधा क्यों नहीं करते। वैसे मेरे पर्स में ज्यादा कुछ पैसे भी नहीं है, लेकिन इसमें मेरे मम्मी-पापा की फोटो हैं, जो इस अनजान शहर में अकेले मेरे साथी हैं। अगर मैं आपको जेल भिजवा दूं तो तुम दो दिन बाद फिर छूट कर फिर से यही काम करोगे। इसलिए मैं तुम्हें छोड़ रहा हूँ, लेकिन एक बात कहूँ- भगवान ने हर इंसान

को दो हाथ और दो पैर दिए हैं ताकि इंसान अपनी मेहनत से कमा कर खा सके। इसलिए अपना कोई काम ढूंढ लो, क्योंकि इज्जत का खाओगे तो इज्जत मिलेगी।' वैभव ने उसे प्रेम से उस लड़के को समझाया।

लड़का चुपचाप उसकी बात सुनता रहा। उसने कहा कि वह वैसा ही करेगा, जैसा वैभव ने कहा है और वहां से चला गया।

'ऐसे लोग भाषणों से नहीं सुधरते। ऐसे ही जाने दिया, उसको दो-चार हाथ और रखते और पुलिस वाले को सौंप देते।' उस लड़की ने वैभव से कहा।

'चलो कोई नहीं, वैसे भी मारने से कोई नहीं सुधरता।'

'इस शहर में नये हो क्या?' लड़की को वैभव का व्यवहार कुछ अलग लगा। उसने सीधे पूछ लिया।

'हाँ, अभी-अभी झुन्झुनू से आयी ट्रेन से उतरा हूं।' वह मुस्कराया।

'तो सबको रास्ता दिखाने आये हो, उनका भला करने आये हो क्या?' लड़की ने भी हल्की-सी मुस्कान के साथ कहा।

'यह तो मालूम नहीं कि मैं किसका भला कर सकता हूं, पर कैसा शहर है आपका, देखो न! आते ही कैसा स्वागत हुआ है मेरा। बाय द वे..., मदद करने के लिए शुक्रिया।' उसने पूरी औपचारिकता से कहा।

'शुक्रिया की कोई बात नहीं। यह सब अचानक हो गया। वह पॉकेटमार कर मेरे पास से भाग रहा था।' लड़की ने कहा।

'फिर भी आपका शुक्रिया... यदि आपने मदद नहीं की होती तो इस अनजान शहर में मुझे दोहरी मुसीबत का सामना करना पड़ता।'

'दोहरी मुसीबत कैसी..., मैं समझी नहीं।' उसके चेहरे पर आश्चर्य के भाव थे।

'दरअसल बात यह है मैडम की इस शहर में रहने के लिए मेरा कोई ठिकाना नहीं है। न कोई जान-पहचान वाला। ऐसे में मेरा पर्स चुरा लिया जाने वाला था। यह मेरे लिए दोहरी मार पड़ती। वैसे क्या मैं आपका नाम जान सकता हूं।'

'श्रुति... श्रुति नाम है मेरा, वैसे किस तरह का ठिकाना चाहिए आपको? और आपका शुभ नाम क्या है?' उसने पूछा।

'मुझे वैभव कहते हैं। फिलहाल तो मुझे रहने के लिए जगह खोजनी है।' उसने कहा।

‘ओह.. इस मामले में मैं आपकी मदद कर सकती हूं। तुम मेरे साथ चलो , मुझे एक अच्छे रूम के बारे में मालूम है, जो मेरे घर के बगल में है। मैं तुम्हें कमरा दिला सकती हूँ।’ श्रुति ने अपनी स्कूटी की ओर इशारा करते हुए कहा।

‘यह तो बहुत ही अच्छी बात है, लेकिन... मैं और मेरा सामान?’ उसे लग रहा था कि लड़की को दिक्कत हो सकती है।

‘अब देखो मैनेज कर सकते हो। बड़ा वाला बैग अपने पैरों पर रख लो। मेरी स्कूटी पर बैठ जाओ। रहने के लिए रूम चाहिए ना..., मैं दिलाती हूँ।’ श्रुति ने मुस्कराते हुए कहा।

‘तो तुम लेखक बनने के लिए आये हो।’ श्रुति ने रास्ते में वैभव से पूछा।

‘हाँ कुछ ऐसा ही समझो।’

‘क्या लिखते हो आप?’

‘हाँ लिखता तो बहुत कुछ हूं, पर कुछ ऐसा लिखना चाहता हूँ कि हर दिल रो पड़े, जो लोगों के सीधा दिल को छू जाए। बाय द वे आप करती क्या हो?’ उसने पूछा।

‘मैं वकील हूँ, लेकिन अफसोस मुझे आज तक कोई केस नहीं मिला है।’

‘चिंता मत करो। जो काम देर से होते हैं, वह निश्चित ही अच्छे होते हैं।’

‘हाँ। जो तुम आ गये हो, सभी का भला करने।’ श्रुति ने हँसते हुए कहा।

‘लो... पहुँच गये हम, आओ मेरे साथ।’ श्रुति ने अपना हेलमेट रखते हुए कहा।

उसकी स्कूटी हाइवे को छोड़कर सांताक्रूज इलाके की गलियों से गुजर रही थी। कई मोड़ जाने के बाद स्कूटी नवयुग कॉलोनी में घुसी और एक मकान के पास जाकर रुक गयी। श्रुति ने उसे उतार कर पार्किंग में अपनी स्कूटी खड़ी की और वैभव को अपने साथ आने का संकेत किया।

वैभव श्रुति के साथ-साथ हो लिया।

‘दादी... दादी...।’ श्रुति ने एक घर में घुसते हुए आवाज लगाई।

‘क्या हुआ बेटा।’ दादी कहते हुए बाहर आई।

‘दादी आपने कहा था न कि कोई किरायेदार चाहिए।’

‘अच्छा कौन है ये लड़का।’ दादी ने श्रुति से पूछा।

‘मैं राजस्थान से आया हूँ दादी और मेरा नाम वैभव है। मैं उपन्यास लिखता

हूँ।' वैभव ने अपना परिचय दिया।

'अच्छा तो श्रुति तुम इसे लेकर आयी हो। तुम कहती हो तो मैं इसे कमरा दे देती हूं। हाँ.... तो बेटा तुम इस सामने वाले कमरे में अपना सामान रख दो।' दादी ने कमरे की ओर इशारा करते हुए कहा।

'दादी! वैसे आप इसका किराया क्या लेंगी?' उसने पूछा।

'बेटा जो अपना मन करे, वह दे देना।' दादी ने कहा।

'दादी, पैसों के लिए किरायेदार नहीं रखती। इनके बच्चे विदेश में रहते हैं और दादी यहाँ अकेली हैं बस। समझे।' श्रुति ने कहा।

'कोई बात नहीं दादी, मैं आपके पोते जैसा ही हूँ।' वैभव ने मुस्कराते हुए कहा।

दादी मुस्कराई, वैभव के सर पर हाथ रखा और बोली– 'बेटा कुछ खाओगे।'

'दादी भूख तो लगी है, लेकिन अभी नहीं खाऊंगा।' वैभव ने मुस्कराते हुए कहा।

मैं अभी शरबत बना लाती हूँ। बेटा श्रुति, आप भी बैठो। दादी ने कहा और रसोई में चली गई।

***

'हेलो मैम। मे आई कम इन। मैं एक राइटर हूँ, मेरा नाम वैभव है और एक स्क्रिप्ट लेकर आया हूँ और मैं मिस कपूर से मिलना चाहता हूँ। वैभव ने विनम्रतापूर्वक कहा।

'अपॉइंटमेंट है आपके पास?' रिसेप्शन डेस्क पर बैठी एक आकर्षक लड़की ने पूछा।

'नहीं। अपॉइंटमेंट नहीं है मेरे पास। मैं स्क्रिप्ट राइटर हूं, आप मुझे मैम से मिलवा दीजिये, उन्हें मेरी स्क्रिप्ट जरूर पसंद आयेगी।' उसके मन में घबराहट थी।

'ठीक है, आप बैठो, मैं मैम से बात करती हूँ।' लड़की ने पेशेवर मुस्कान के साथ कहा और अपने कंप्यूटर पर उलझ गयी।

उसने करीने से सजा रिसेप्शन का वेटिंग एरिया देखा जहां दो सोफा पड़े थे। उनके बीच एक सेंटर टेबल और कोने में एक फ्लावर कोन लोगों को

आकर्षित कर रहा था। वैभव एक सोफे पर बैठ गया, जहां पहले से ही उसकी ही उम्र का एक युवक बैठा था।

वह रिसेप्शन और उसके बगल से अंदर जाने वाले रास्ते की व्यस्तता देखने लगा। कुछ लोग आ-जा रहे थे। वह लोगों का बात करने का तरीका और उनके हाव-भाव देखने लगा। उसके मन में बहुत से सवालों ने घर कर लिया था। वह अपने आप से सवाल-जवाब कर रहा था कि यदि उसकी स्क्रिप्ट मैडम को नहीं पसंद आयी तो क्या होगा। दूसरे क्षण वह पूरी तरह से काल्पनिक दुनिया में लुप्त हो गया। उसकी स्क्रिप्ट हिट हो गयी। उस पर फिल्म बन रही है। वह बहुत बड़ा लेखक बन गया और लोगों की भीड़ उसके पीछे थी। कोई मुझसे ऑटोग्राफ तो कोई मेरे साथ फोटो ले रहा है। मैं कुछ ऐसा लिखूंगा, जिससे मेरा नाम हर किसी की जुबां पर होगा।

फोन की घंटी बजने से उसका ख्याली विमान धरातल पर उतरा। उसे रिसेप्शनिस्ट बुला रही थी। वह लगभग एक घंटे से इंतजार कर रहा था। अपने सपनों को याद करके वह झेंप गया।

'वैभव जी! आपको मिस कपूर बुला रही हैं।' रिसेप्शनिस्ट ने फोन रखते हुए कहा और अंदर जाने का इशारा किया।

यह सुन कर वैभव की खुशी का कोई ठिकाना नहीं था।

'शुक्रिया।' वह लड़की को देखकर मुस्कराया।

रिसेप्शनिस्ट ने उसकी ओर कोई ध्यान नहीं दिया। वह अपने काम में मशगूल थी।

वैभव मिस कपूर के केबिन में पहुंचा तो बहुत उत्साहित था। उसके हृदय की धड़कन बढ़ गयी थी। उसकी आँखों में विश्वास की चमक छलक रही थी। मिस कपूर ने अपने टेबल के सामने पड़ी कुर्सी पर उसको बैठने का इशारा किया।

'आप क्या लिखते हो?' मिस कपूर ने पूछा।

'मैं कहानियाँ, कविताएं और ग़ज़ल लिखता हूँ।' वैभव ने धीमे शब्दों में कहा।

'किस प्रकार की स्टोरीज लिखते हो आप?'

'लव स्टोरी, सैड स्टोरीज और रोमांस और एक्शन से भरपूर स्टोरीज... सबकुछ लिखता हूँ।'

'मुझे अपनी कोई स्क्रिप्ट दिखाओ।'

वह इसके लिए तैयार होकर आया था। उसने अपने बैग की चैन खोली और मिस कपूर के हाथों में अपनी एक कहानी का सारांश थमा दिया। वैभव की खुशी का कोई ठिकाना नहीं था। उसे लग रहा था कि चंद मिनटों में उसके सपने पूरे होने वाले हैं। उसके चेहरे पर सारे संसार की खुशियाँ उमड़ आयी थी। वह मन-ही-मन सोच रहा था कि झट अभी घर पर फोन करके बता दूँ। उसने अपने मन से ही खुद को उस चीज के लिए काबिल समझ लिया था, जिसके लिए वह मुंबई आया था।

मिस कपूर थोड़ी देर तक उसकी स्क्रिप्ट पढ़ती रहीं। इस बीच वैभव उनके चेहरे पर आ रहे उतार-चढ़ाव को पढ़ने की कोशिश कर रहा था।

'आपकी पटकथा में इतना दम नहीं है, जितना आप सोच रहे हो।' मिस कपूर ने अपना चश्मा हटाते हुए उससे सीधे नजरें मिलाते हुए कहा।

उसे कुछ समझ नहीं आया कि इस पर क्या प्रतिक्रिया दे। वह आँखें फाड़े के उन्हें देखता रहा।

'आप जा सकते हो। वैसे आप थोड़ा लम्बा लिखते हो। छोटी और रियलिस्टिक स्टोरी की हमें आवश्यकता होती है। मेरे हिसाब से आपको एपिसोड लिखने चाहिए।'

मिस कपूर की आवाज सुनकर वह हताश हो गया। उसके सपनों का महल गिर चुका था। उसे यह दुनिया पराई लगने लगी। वह अन्दर से टूट-सा गया था। उसे मुंबई आकर पता चला था कि असफलता क्या होती है और उसका सामना कैसे करते हैं। वह मायूस हो गया और वहाँ से उठकर बाहर सड़क पर निकल आया। वहीं पास में पेड़ की छांव में पड़े एक बेंच पर आकर बैठ गया। उसके शरीर में कोई हलचल नहीं हो रही थी, मानो उसकी नसों का खून सूख गया हो।

वह तो उम्मीद कर रहा था कि मिस कपूर को स्क्रिप्ट को बहुत पसंद आएगी। उसने अपनी ओर से बहुत अच्छी कहानी उन्हें पढ़ने के लिए दी थी। वह तो स्वीकृति की आशा में बेतहाशा दौड़ना और चिल्लाना चाहता था- देखो, मैंने मेरा सपना हक़ीकत में बदल दिया, ...लेकिन उसकी उत्साह पर पानी फिर चुका था। इसके बावजूद उसकी आँखों में आशा की किरण थी।

वैभव कुछ देर तक वहां बैठा रहा। उसे सही स्थिति का भान होने में थोड़ा

वक्त लगा। संभलने के बाद उसने टैक्सी ली और वापस अपने रूम के लिए चल दिया। घर आकर उसने अपना बैग टेबल पर रखा और बिस्तर पर ढेर हो गया। उसको एक अजीब-सी थकान हो रही थी, उसने अभी तक अपने जूते भी नहीं खोले थे। वह लेटा हुआ करवटें बदल रहा था और चलते हुए पंखे की तरफ ताक रहा था।

फोन की घंटी बजी। उसने फोन में देखा कि दूसरी ओर श्रुति थी। उसने अपने को संभाला।

'हाँ श्रुति, बोलो।' उसने फोन उठाया।

'कैसी रही आपकी मीटिंग... क्या रहा परिणाम?'

'कुछ नहीं यार, बस यूं ही, उन्होंने कहा इतना अच्छा नहीं लिखते हो।'

'कोई बात नहीं। आप फिर से कोशिश करना...।'

'हां ठीक है...।' उसने गहरी सांस ली। उसका मन किसी से भी बात करने को नहीं कर रहा था।

'सुनो वैभव, आज शाम को मैं आपका बाहर थडी पर इंतजार करूंगी।'

'क्यों, किसलिए... ?'

'अरे, हम साथ में चलेंगे घूमने, ओके बाय।'

'अरे सुनो, ... सुनो। आज नहीं, फिर कभी...।'

'नहीं आज ही, आपका इंतजार करूंगी।' कहकर उसने फोन रख दिया था।

***

वैभव को मुंबई आये हुए कुछ ज्यादा दिन नहीं हुए थे, लेकिन उसके साथ श्रुति की नजदीकियां काफी बढ़ गयी थी। ...श्रुति किसी राजकुमारी से कम नहीं थी। उसके मांसल, स्वस्थ, सुगठित अंगों में मानो यौवन लहरें मार रहा हो। लगभग साढ़े पांच फुट की लंबाई लिए हुए उसकी गोरी त्वचा एक नजर में सामने वाले को रोक लेती थी। चेहरा गोल था, कपोल फूले हुए और बड़ी-बड़ी आँखें। वक्ष का आकर्षक उभार और मनमोहक हंसी किसी का दिल चुराने वाली थी। 20 साल की श्रुति की वाणी सारे संसार के संगीत का आनंद प्रदान करने वाली थी।

दूसरी ओर वैभव भी कम नहीं था। मजबूत कदकाठी का गबरू जवान था। 21 साल के इस राजस्थानी जवान के बाल घुंघराले थे। गेहुंआ रंग और छः फुट

की लम्बाई वाले इस युवक के चौड़े कंधे थे। उसके चेहरे पर हल्की दाढ़ी भी खूब फबती थी। कसरती शरीर का यह जवान लड़कियों में खूब लोकप्रिय था। हर कोई उसके साथ समय बिताने में खुशी महसूस करता था। कुल मिलाकर श्रुति और वैभव की जोड़ी किसी सुपरहिट फिल्म के नायक-नायिका जैसी ही थी।

शाम के 6 बजे थे। सूरज ढलने को बेताब था। ढलते सूरज का दिलकश नजारा समुद्र में प्रतिद्वंद्वित होकर लोगों के दिल में सीधे उतर रहा था। वैभव और श्रुति दोनों मैरिन ड्राइव बीच पर साथ बैठे थे। वह अब शांत था हालांकि श्रुति के आमंत्रण के बावजूद वह बाहर आना नहीं चाहता था। उसका खराब मूड श्रुति के सान्निध्य में कुछ-कुछ सुधर गया था। श्रुति अपने घुटनों पर सर रखकर वैभव की तरफ देख रही थी।

'ऐसे उदास होने से कुछ नहीं होगा। ये मुंबई है और किसी एक के इंकार करने से आपकी स्क्रिप्ट बेकार तो नहीं हो गई ना। यहाँ ऐसे बहुत से डायरेक्टर हैं, किसी को तो तुम्हारी स्क्रिप्ट जरूर पसंद आयेगी।' श्रुति ने उसे दिलासा दिया।

'हाँ। लेकिन कब, जब मेरे पास यहां रुकने के लिए पैसे ख़त्म हो जाएंगे। मैं अब अपने पापा से कोई पैसा नहीं लेना चाहता। उनके पैसों से अपनी हर ख्वाइशें पूरी कर ली, अब अपने पैसों से अपनी जरूरतें पूरी करना चाहता हूँ।' वैभव ने गंभीर शब्दों में कहा है।

'तुमने ही मुझे कहा था न, कि जो काम देरी से होता है, वह निश्चित ही अच्छा होता है। रही बात पैसों की तुम छोटे-मोटे एपिसोड लिखने लग जाओ, पैसों की समस्या सुलझ जाएगी और धीरे-धीरे बड़े ऑफर भी मिलेंगे।'

'मेरी आँखों में देखो वैभव। आसमान को पाने चले हो ना... कूदोगे.... तो गिर जाओगे। सीढ़ियों से जाओगे तो धीरे-धीरे एक दिन अपनी मंजिल तक जरूर पहुँच जाओगे।' उसने आगे कहा।

वैभव हल्की-सी मुस्कराहट के साथ अपना मुंह फेर लिया।

'इधर देखो, वैभव। पब गये हो कभी?' श्रुति मुस्करायी।

'नहीं।'

'क्या मेरे साथ चलोगे?' उसने धीरे से पूछा।

'नहीं..., मैं शराब नहीं पीता।'

'हाँ। मैं तो जैसे पीती हूँ। मैं भी नहीं पीती, थोड़ा मूड सही हो जाएगा। बस इसलिए पूछ रही हूँ।'

'तुम कहती हो तो, चलो।' वैभव ने कहा।

वे अपनी स्कूटी से आधे घंटे में सांताक्रूज एयरपोर्ट के रास्ते में पड़ने वाले एक पब पहुँचे। जब दोनों अंदर हाल में पहुंचे तो हिंदी गानों का शोर और रंगीन प्रकाश की चमक के साथ नृत्य करते युवा दिख रहे थे। अभी रात जवान नहीं थी, लिहाजा थोड़ी चहल-पहल कम थी।

श्रुति, वैभव का हाथ पकड़े आगे चल रही थी। वैभव ऐसी जगह पहली बार आया था। ऐसा उसने सिर्फ फिल्मों में देखा था। यहाँ लोग लड़कियों की कमर पकड़कर थिरक रहे थे। कुछ के हाथ में शराब से भरा काँच का गिलास था। वैभव को ये सब विचित्र सा लग रहा था। दोनों कुछ देर तक तो एक ओर खड़े थे। लोगों को नृत्य करते देखकर गानों के तेज स्वर के बीच वे भी भीड़ में थिरकने लगे।

'एक बात पूछूं आप से।' श्रुति वैभव के करीब आकर बोली।

'हाँ पूछो।'

'तुम जैसे नजर आते हो क्या वाकई वैसे हो।' उसने वैभव के कान के पास आकर बोला।

वैभव को उसकी गर्म सांसें महसूस हो रही थी। उसके कान भी गर्म होने लगे थे। वह आनंद के सागर में हिलोरे लेने लगा था। अगर उसके बस में होता तो वह घड़ी को वही रोक देता। उसने श्रुति की कमर पर हाथ रखकर अपनी ओर खींचा तो वह पास खिंची आई। उस पल के साथ वह गद्‌गद हो गया था।

'वैभव, मैंने कुछ पूछा है।' उसने अपनी बात दोहराई।

'मतलब। मैं समझा नहीं।'

'मेरा मतलब.... कहीं इस मासूम से चेहरे के पीछे कोई और चेहरा तो नहीं, जिसे आप इस सादगी के पीछे छुपा रहे हो।' उसने वैभव की आँखों में देखते हुए बोली।

'तुम्हें क्या लगता है? कैसा हूँ मैं?' वैभव उसके बालों से खेलते हुए पूछा।

'अच्छे हो... तभी तो मैं तुम्हारे साथ हूँ। लेकिन किसी को इतना भी सीधा नहीं होना चाहिए कि वह खुलकर जी भी न सके।' वह मुस्करायी।

'हे बेबी! ...जरा-सा डांस हमारे साथ भी कर लो। हम जैसे बाहर से हैं,

वैसे ही अन्दर से हैं।' एक शराबी ने श्रुति के कंधे पर हाथ रख दिया। वह कुछ देर से उनकी बातें सुन रहा था।

उसकी यह हिमाकत वैभव बर्दाश्त नहीं कर सका। मासूम सा दिखने वाले वैभव की आँखें गुस्से से लाल हो गयी। उसने शराबी की कॉलर पकड़ी और उसे तीन-चार थपड़ जड़ दिए। यह देख कर पब में सन्नाटा छा गया। सभी शांत हो गये और म्यूजिक बंद हो गया।

'हर किसी की इज्जत प्यारी है। किसी को कोई अधिकार नहीं है कि वह किसी महिला की इज्जत से खेलने की कोशिश करे।' वैभव चिल्लाया और श्रुति को साथ लेकर पब से बाहर आ गया।

'रुको वैभव रुको, मेरी बात तो सुनो।' श्रुति ने वैभव को शांत करने की कोशिश की।

'क्या सुनूं और क्या सुनूं ? क्या ऐसी जगह आना ठीक है, जहाँ कोई भी किसी से भी बद्तमीजी कर सकता हैं, खुलेआम छेड़ सकता है। मानता हूँ वक्त के साथ बदलाव जरूरी है, लेकिन बदलाव का यह मतलब तो नहीं कि कोई किसी की बेइज्जती करे।' वह बहुत गुस्से में था।

'तो अब तुम लोगों को सिखाओगे कि उनको अपनी जिन्दगी किस तरीके से जीनी है। ये मुंबई है... यहाँ हर इंसान को अपनी जिन्दगी अपने मन मुताबिक जीने का पूरा अधिकार है। ...और आपने उसको थप्पड़ क्यों मारा? क्या हो गया, उसने मुझे खींच लिया तो इससे मेरी मर्यादा तो नहीं घट गयी।' श्रुति बोली।

यह बात वैभव को चुभी और उसने श्रुति को भी एक थप्पड़ रख दिया।

'देखो मेरी आँखों में, मैं आपकी बहुत इज्जत करता हूँ। अगर कोई आपकी बेइज्जती करे, तो मैं बर्दाश्त नहीं कर सकता और आप बात करती हो मर्यादा की। औरत के लिए उसकी मर्यादा से बढ़ कर कुछ भी नहीं है।' वह आँखें गड़ा कर बोला।

श्रुति यह सुन कर पानी-पानी हो गई। उसे अपनी गलती का एहसास हो गया था। उससे अनजाने में यह गलती हो गयी, वह तो केवल वैभव का गुस्सा शांत करना चाहती थी। उसने अपनी नजरें नीची कर वैभव से माफ़ी मांगी।

'हम आगे से ऐसी जगह कभी नहीं आयेंगे।'

'मुझे ऐसी स्थिति से ऐतराज नहीं हैं। ऐतराज है तो ऐसे लोगों से, जो आजादी का गलत फायदा उठाते हैं। मेरा बस चले न तो...।'

'ओके शांत हो जाओ। मुझे तो पता ही नहीं था, तुम्हें इतना गुस्सा आता है। बच के रहना पड़ेगा मुझे भी।' उसने वैभव को छेड़ा।

'अब क्या ऐसे ही पैदल लेकर चलोगी, क्या?' वैभव बात बदलते हुए बोला।

'ओह!, रुको, अभी लाई अपनी स्कूटी।'

***

सुबह का समय था। पक्षियों की चहचहाहट और कोयल की मधुर आवाज की गूंज और हरी घास पर चल रही पानी की बौछार सुबह की सुन्दरता को चार चाँद लगा रही थी। श्रुति आज बहुत सुबह ही जाग गयी थी और बालकनी में चाय पी रही थी। उस समय तक आधी से अधिक मुंबई सो रही थी। उसी समय मम्मी ने किचन से श्रुति को आवाज दी। वह उनका हाथ बंटाने के लिए अंदर चली गयी।

दो घंटे बाद वह दूध लेने के लिए बाहर निकली तो उसने वैभव को देखा। काली पैंट और सफ़ेद शर्ट पहने हुए और कमर पर अपना बैग बांधे हुए वह कहीं जाने के लिए निकला था। उसके गठीले और लम्बे शरीर पर हर कपड़े जंचते थे। उसकी नजर वैभव पर पड़ी तो मंत्रमुग्ध होकर उसे निहारने लगी। उसका दिल कर रहा था कि वह दौड़कर जाए और उससे लिपट जाए, लेकिन वह काफी दूर थी, चाहकर भी कुछ नहीं कर सकती थी। यह सब उसकी महज एक कल्पना थी।

सड़क के दायीं तरफ एक मंदिर था, वहां से भजन की आवाज आ रही थी। वह उसी दिशा में बढ़ा और अपने जूते खोलकर मंदिर में चला गया। शायद वह भगवान से आशीर्वाद लेना चाहता था। उसने भगवान के सामने सिर झुकाया ।

'बेटा, प्रसाद लो।' मंदिर के पुजारी ने प्रसाद देते हुए कहा।

'कितनी शांत जगह हैं, हर कोई खींचा चला आता है। पुजारी जी, मैं भी इस शहर में अपने सपनों को साकार करने आया हूँ। मुझे आशीर्वाद दीजिये कि मैं अपने काम में सफल हो सकूँ।' वह हाथ जोड़कर बोला।

'इस संसार में ईश्वर ही हर इंसान की कहानी लिखते हैं, जरूर तुम्हारे लिए भी कुछ अच्छा ही लिखा होगा। खुश रहो बेटा। तुम्हारे सपने भी साकार

होंगे।' पुजारी ने वैभव के सिर पर हाथ रखा।

वैभव आर.के. के ऑफिस जाने के लिए तैयार होकर घर से निकला था। उसने एक टैक्सी ली, जिसने ऑफिस के सामने उतार दिया। वह बाहर निकलकर इमारत के आसपास के माहौल का जायजा लिया और पर्स निकालकर टैक्सीवाले का भुगतान किया।

'किससे मिलना है आपको?' मुख्य दरवाजे पर तैनात सुरक्षाकर्मी ने पूछा।

'मुझे आर.के. जी से मिलना हैं, मैं उनके लिए एक स्क्रिप्ट लेकर आया हूँ।' उसने जवाब दिया।

'हाँ तो आप अपनी अर्जी यहाँ लिखवा दीजिये, फिर जब भी आपकी बारी आयेगी, आपको मिलने दिया जायेगा, तब तक आपको इंतजार करना पड़ेगा।' बेसुरी आवाज के साथ उस सुरक्षाकर्मी ने कहा।

वैभव ने अपनी अर्जी लिखवा दी और वेटिंग रूम में जाकर बैठ गया। वहां कुछ लड़के पहले से आर.के. जी से मिलने का इंतजार कर रहे थे। वैभव काफी देर तक वहां बैठा-बैठा अपने बारे में सोच रहा था। उसे लग रहा था कि उससे बेहतर कोई दूसरा नहीं लिखता।

'सर आपको आर.के. जी के केबिन में बुलाया है।' रिसेप्शन पर बैठी खूबसूरत लड़की ने कहा।

वैभव खड़ा हुआ और आर.के. जी के केबिन में पहुँच गया।

'वैभव... आप लेखक हैं। आइए बैठिये।' एक बड़ी मेज के पीछे एक शानदार शख्स बैठा था। उसकी उम्र 50 से ऊपर लग रही थी।

'जी सर, शुक्रिया।' उसने बैठते हुए कहा।

'आप कोई स्क्रिप्ट लेकर आये हैं तो दिखाइये।' आर.के. ने पूछा।

'हाँ जी, ये लीजिये।' उसने अपने बैग से फाइल निकालकर आगे बढ़ायी।

आर.के. स्क्रिप्ट पढ़ने लगा तो वैभव उनके चेहरे की ओर ताक रहा था। वह यह देखने की कोशिश कर रहा था कि उसकी कहानी पढ़ने के दौरान उनके चेहरे पर किस प्रकार के भाव आते हैं।

'आपकी स्क्रिप्ट पढ़ कर ऐसा लगता है कि आप पटकथाओं में गहन रुचि रखते हो। अच्छा लिखते हो आप।' उसने उसके कहानी की फाइल वापस थमाते हुए कहा।

'जी।' वैभव ने हल्की-सी मुस्कान के साथ फाइल वापस ले ली।

'मुझे आपकी स्क्रिप्ट पसंद है। मैं इसका उपयोग कर सकता हूं।' आर. के. बोला।

'जी... बहुत अच्छा। आगे क्या करना होगा और इसके लिए आपने पेमेंट की क्या व्यवस्था है।'

'वेल... वैभव आप मेरे लिए टीवी धारावाहिक के एपिसोड लिखिये। हम एक एपिसोड के 5000 रुपये का भुगतान करते हैं। आपको भी इतना ही मिलेगा। मंजूर है, तो बोलो।'

'मेरी जिन्दगी की यह शुरुआत हैं, इसके लिए जो भी आप मुझे देंगे, वह मुझे स्वीकार है।'

'ओके. मैं आपको बताऊंगा कि हमारा एपिसोड किस तरह का होगा। आप बाहर जाकर बैठो। एग्रीमेंट लेटर तैयार करने के लिए मैं निर्देश दे रहा हूं। उस पर हस्ताक्षर करके जाना। इस संबंध में कुछ बातें आपको मिस कपूर बताएंगी। जाकर उनसे मिलिये।'

वह दो घंटे तक ऑफिस में रहा और एग्रीमेंट लेटर पर हस्ताक्षर करने के बाद अपनी कॉपी लेकर बाहर निकला। आते समय उसने आर.के. को एक बार और धन्यवाद करना नहीं भूला।

'धन्यवाद सर। मैं जल्दी ही आपको बहुत अच्छी स्क्रिप्ट लिख के दूंगा और मुझे उम्मीद है कि आप उस पर आपका धारावाहिक हिट हो जाएगा। आज मैंने अपने सपने को साकार करने की तरफ पहला कदम बढ़ा दिया है सर, थैंक्यू।' वह उत्साहित होकर बोला।

'उम्मीद है कि ऐसा ही होगा। बेस्ट ऑफ़ लक।' आर.के. बोला।

'थैंक यू... थैंक यू सर।' वैभव ने कहा।

***

घर वापस आने तक शाम हो चुकी थी। वैभव का दिल खुशी से कूद रहा था। उसने अपने घर पर और अपने दोस्तों को फ़ोन करके अपने पहले करार के बारे में बता दिया था। उसने श्रुति को कोई फ़ोन नहीं किया क्योंकि वह उसे सरप्राइज देना चाहता था। उसने अपनी कॉलोनी में बांटने के लिए मोतीचूर के लड्डू खरीदे। वह जल्द-से-जल्द अपने रूम पर पहुंचना चाहता

था, लेकिन मुंबई शहर की तंग सड़कें जाम में व्यस्त थी। काफी मशक्कत के बाद वह अपनी कॉलोनी में पहुंचा। उस समय अंधेरा हो गया था और कुछ लोग टहल रहे थे।

वैभव अपना बैग जमीन पर रखकर खुशी में चिल्लाते हुए अपने नये दोस्तों की ओर लपका..., 'अरे भाई लोगों, मुझे काम मिल गया। अब देखना मेरी कलम का कमाल।'

उस के घर के बाहर खेल रहे लड़के वैभव की आवाज सुनकर वहां पहुंचते हैं और खुश होकर उसे उठा लेते हैं। देखते-ही-देखते लोगों की भीड़ जमा हो जाती है।

'अरे यार ! पहले मुझे नीचे उतारो, मुझे लड्डू बांटने हैं।'

वैभव को उसके दोस्त नीचे उतार देते हैं। वह अपने बैग से मिठाई का डिब्बा निकालकर, सभी को लड्डू देने लगता है। उसकी आँखें श्रुति को खोज रही थी, लेकिन वह नज़र नहीं आ रही थी। भीड़ का शोरगुल सुनकर दादी और श्रुति की मम्मी राधा और पापा लक्ष्मण भी आ जाते हैं।

'अरे दादी! ये लो लड्डू खाओ।' वैभव दादी के हाथों में लड्डू रखते बोला।

'बेटा, मुझे मीठा तो खाना मना है, लेकिन मैं आज खाऊंगी, तुझको काम जो मिल गया, इसलिए मुझे बहुत खुशी है।' दादी ने लड्डू में से एक टुकड़ा निकाला।

'हाँ दादी। अरे अंकल और आंटी आप भी लो।' वह श्रुति के मम्मी-पापा को लड्डू देते हुए बोला।

'बधाई हो बेटे।' राधा ने उसके सिर पर हाथ रखते हुए कहा।

'अरे आंटी ! आप तो कुछ परेशान सी लग रही हो। मुझे बताओ, क्या बात है।' उसने राधा आंटी का चेहरा बुझा-बुझा देखा।

'अरे बेटा, कुछ नहीं, 9 बज गये हैं, लेकिन श्रुति अभी तक घर नहीं लौटी। वह तो 8 बजे तक तो आ जाती थी। अभी तक आयी नहीं और न ही उसका कोई फोन आया। उसने कभी इतनी देर नहीं की और उसका फ़ोन भी नहीं लग रहा।' वह बोली।

'आप लोग चिंता मत कीजिये, श्रुति अपने दोस्तों के साथ कहीं घूमने चली गई होगी। आती ही होगी कुछ देर में।' उसने दिलासा दिया।

उसने सोचा कि वह अपनी किसी दोस्त के साथ कहीं चली गई होगी, आ जायेगी। कॉल लिया लेकिन श्रुति का फ़ोन नहीं लग रहा था।

***

श्रुति अपने किसी दोस्त के साथ नहीं थी। वह तो पास के मुहल्ले में कुछ आवारा लड़कों से उलझ रहीं थी। सड़क नंबर 4 के फ्लाई ओवर के नीचे 3 लफंगो ने उसे घेर रखा था। यह एक सुनसान सी जगह थी। वह जगह ऐसी थी, जहाँ से आमतौर पर लोग नहीं गुजरते, लेकिन श्रुति अपने घर जाने की जल्दी में यहाँ से कभी-कभी शॉर्टकट ले लेती थी।

'सच में यार ये लड़की तो पूरी हरियाली हैं, मुझे भी आँख सेंकने दो।' एक लड़का श्रुति का हाथ पकड़ते हुए बोला। सभी हँसने लगते हैं।

'सच में तुम तो फूल हो। हम तो भंवरे हैं, हमें भी तो रस लेने दिया करो। कभी-कभी हम पर भी मेहरबान हो जाया करो वकील साहिबा।' दूसरा लड़का श्रुति के बालों में हाथ फेरते हुए बोला।

'देखो। मुझे यहाँ से जाने दो... मेरा रास्ता छोड़ दो वरना तुम्हारे लिए यह अच्छा नहीं होगा।' वह जोर से चिल्लाई।

'अरे वकील साहिबा, अच्छा नहीं तो बुरा ही सही.... लेकिन कुछ तो हो। हा हा हा हा हा....।' एक लड़का हँसता हुआ आगे बढ़ा।

'मेरे पास मत आओ वरना ऐसी सजा दिलाऊंगी जिंदगीभर सड़ते फिरोगे..... मैं कहती हूँ मेरे पास मत आओ, जानवर इंसान। औरत जात की इज्जत करना सीखो।' वह चिल्लाते हुए बोली।

उसी समय पुलिस का सायरन सुनाई दिया, जिसे सुनकर तीनों शोहदे घबरा गए। उन्होंने अपने कान सायरन की दिशा में किया।

'लगता है पुलिस इधर ही आ रही है।' एक लड़के ने कहा और तीनों वहां से भाग खड़े हुए।

घबराई हुई श्रुति ने लंबी सांस ली। उसने अपने आपको संभाला और तेज कदमों से अपने घर की तरफ रवाना हो गई। जब वह अपनी कॉलोनी में पहुंची तो अपने मम्मी-पापा तथा वैभव को बाहर ही खड़े पाया।

'ये लो श्रुति आ गई।' पापा की नजर सबसे पहले उस पर पड़ी।

श्रुति अपनी स्कूटी को पार्क करने के बाद पापा के पास पहुंची।

'पहले ये लड्डू खाओ, मेरे सपनों का सफ़र शुरू हो गया है।' वैभव मुस्कराते हुए बोला। उसने श्रुति के लिए लड्डू बचाकर रखे थे।

'वाह, ये तो बहुत अच्छी खबर है। बधाई हो वैभव।' श्रुति बोली।

'इतनी देर तक कहां थी बेटा और तुम्हारा फोन क्यों नहीं लग रहा था।' पापा ने पूछा।

'वो पापा...। मैं कुछ काम से फंस गयी थी और फोन की बैटरी समाप्त हो गयी है, इसलिए फोन नहीं लगा होगा।'

'क्या हुआ बेटा, तुम परेशान सी लग रही हो। क्यों... क्या हुआ?' उन्होंने पूछा।

'क्या हुआ? कोई समस्या है क्या।' वैभव बोला।

'नहीं कोई बात नहीं। आओ कमरे में चलते हैं। चाय पीकर जाना।' श्रुति ने उसे आमंत्रण दिया।

सभी सीढ़ियों से चढ़कर श्रुति के कमरे में गए। वे ड्राइंगरूम में बैठे तो राधा चाय बनाने के लिए किचन में चली गयी।

'पास की कॉलोनी में कुछ लड़के रहते हैं। वे कोई काम-धंधा नहीं करते, एक नंबर के लोफर हैं। घरवालों के दम पर मौज-मस्ती करते रहते हैं। बस बाइक लेकर घूमते-फिरते हैं। रात को अकेली आ रही लड़की को छेड़ना, उनको परेशान करना और उन पर भद्दे कमेन्ट करना, उनकी रोज की दिनचर्या है। अकेली लड़की तो उनके लिए खुली तिजोरी जैसी होती है। जिसको मन किया उसको पकड़ लेते हैं, जैसे लड़की नहीं कोई सामान हो और फिर इतनी गन्दी हरकतें...।' श्रुति ने बताया कि उसके घर देर से पहुंचने की एक वजह यह भी थी।

'यदि ऐसा है, तो पुलिस में कोई शिकायत क्यों नहीं करता? तुम तो खुद कानून की जानकार हो। तुमने अभी तक कोई कदम क्यों नहीं उठाया।' वैभव ने उससे पूछा।

'एक बार एक लड़की ने शिकायत की थी, लेकिन उसके घरवालों को इतना डराया गया कि उन्होंने अपना केस वापस ले लिया। लोफर किस्म के ये लड़के पकड़े जाने पर पुलिस के सामने भोले बन जाते हैं। मैं चाहूँ तो शिकायत कर भी दूँ, लेकिन डरती हूं कि मेरे मम्मी-पापा के साथ कुछ गलत न हो, इसलिए चुप रहती हूँ।' श्रुति बहुत मायूस थी। वह अपने साथ हो सकने वाली घटना को लेकर परेशान थी।

‘नहीं बेटी शिकायत तुम नहीं, मैं करूंगा और पुलिस में नहीं उनके घर पर...।’

‘नहीं अंकल आप कुछ नहीं करोगे।’ उनकी बात काटते हुए वैभव बोला।

‘क्यों बेटा....।’

‘श्रुति! क्या आप उन लड़कों के नाम जानती हो।’ वैभव श्रुति से पूछा।

‘हाँ। वरुण, नितिन और राघव। यहाँ पास ही शिवम् कॉलोनी में रहते हैं, लेकिन क्यों पूछ रहे हो... ?’ श्रुति बोली।

‘क्योंकि तुम्हें घर आने में कल फिर से देर हो सकती है और मैं नहीं चाहता कि आज जैसी बात कल फिर हो...।’ वैभव के दिमाग में कुछ और चल रहा था।

‘लेकिन वैभव बेटा तुम क्या करोगे?’ राधा चाय ले आयी थी।

‘आंटी आप बेफिक्र हो जाओ। मैं सब देख लूँगा।’ वैभव आंटी की बात काटते हुए विश्वासपूर्वक बोला।

***

रात के 10:30 बज चुके थे। खाना खाकर श्रुति ने अपने कमरे की बत्ती बुझाई और पंखा चला के लेट गई। श्रुति के मन में एक सवाल ने घर कर लिया था कि आखिर वैभव कल क्या करने वाला है। वह काफी देर तक खुली आँखों से सोचती रही, उसको मालूम ही नहीं चला कि उसकी आँखों में कब आ गयी।

सुबह घर के पास वाले रेस्तरां में वैभव और श्रुति कॉफ़ी पी रहे थे। दोनों रेस्तरां के सुसज्जित टेबल पर बैठे थे। दीवार पर लगे पंखे की तेज हवा से बाल उड़ रहे थे। श्रुति बार-बार अपनी जुल्फों को संवारते हुए उसे कुछ समझा रही थी। श्रुति को अपने सामने पाकर वैभव बहुत रोमांचित था। सुबह के समय की ताजगी और फ्रेस मेकअप के साथ वह बेहद आकर्षक लग रही थी। वह उसकी ओर अपलक देखे जा रहा था। वह क्या कह रही थी उसे कुछ समझ नहीं आ रहा था। उसे तो बस यही लग रहा था कि ये पल यही ठहर जाए और वह उसे बस देखता ही रहे।

‘...तो तुम वैसा ही करना, समझ गए न।’ उसने उसके कंधे को हल्के से छुआ तो वैभव को होश आया।

'हां..., ठीक है।' वह हकला गया था।

'क्या ठीक है...।' वह उसकी बदहवासी पर हंस पड़ी।

'हां, ठीक बात यह है कि तुम बहुत सुंदर हो और दूसरी बात सुबह के समय और भी खूबसूरत दिखती हो।' उसने नज़र मिलाते हुए पूरे विश्वास से कहा।

'बकवास बन्द करो वैभव। मुझे तो तुम्हारे प्लान से डर लग रहा है, अगर....।' वह चिंतित दिखी।

'मैंने तुम्हें जैसा बताया है, वैसे ही करना। तुम्हें कुछ नहीं होगा, मैं हूँ ना...।' उसने मेज पर रखा उसका हाथ थपथपाया।

'चलो जैसा आपने कहा वैसा ही करूंगी। अब, जब मुसीबत मोल ले ही ली है, तो बला से क्या डरना।' वह मुस्कराते हुए बोली।

उन लोफरों के पास क्या कोई काम-धंधा तो था नहीं, बस बाइकों पर इधर-उधर घूमना। सिगरेट-शराब पीना उनके प्रिय शौक थे। आवारागर्दी करना। रात गये तक मनमानी करना। आती-जाती लड़कियों को छेड़ना। उनके साथ जबर्दस्ती करना। उन्हें कोई टोकता भी था तो वे लड़ने-झगड़ने पर उतारू हो जाते।

आज भी वे अपने उसी नियमित अभियान पर थे। अपनी मोटर साइकिलों पर सवार एक स्थान पर सिगरेट पीने के लिए रूके थे।

'अरे नितिन! उस वकील साहिबा पर नज़र रखना, कल तो वह अपने हाथ से निकल गई, लेकिन आज बचना नहीं चाहिए।' राघव सिगरेट फूँकते हुए बोला।

'आज अगर आती है, तो भाई उसको जाने नहीं दूंगा।' वरुण हँसता हुआ बोला।

'अरे कोई भी मिले उसे रोकना, सब चलेगा। पहले अपुन का बाटली निकाल, पहले एक-दो घूंट मारते हैं।' अरुण ने हवा में धुएं के गुब्बारे छोड़ते हुए कहा।

'अरे रुको। देखो एक लड़की इधर ही आ रही है ....और यह तो वही है वकील साहिबा।' नितिन आँखें मटकाते हुए बोला।

'आज तो मैं इसको बच के निकलने नहीं दूंगा, कुछ भी हो जाए। कल तो यह बहुत जोश खा रही थी।' वरुण गुस्से से बोला।

श्रुति उनको देखकर कुछ दूर पहले ही अपनी स्कूटी रोक लेती है, वे श्रुति की तरफ बढ़ते हैं, लेकिन श्रुति अपनी स्कूटी वापस घुमा लेती है।

'अरे अपनी बाइक निकालो रे।' राघव आवाज लगाता है और वे श्रुति का पीछा करने लगते हैं।

श्रुति अपनी स्कूटी वहीं पास में एक सुनसान जगह पर ले जाकर रोकती है।

'अरे यहां, वकील साहिबा तो बड़ी समझदार निकलीं, ये तो बहुत अच्छी जगह हैं, देखो ना यहाँ पर तो कोई परिंदा भी नहीं मिलेगा।' नितिन अपनी बाइक से उतरते हुए बोला।

'देखो। मैंने आज तक तुम्हारी हरकतों को नजरअंदाज किया है, लेकिन मैं आज आप लोगों को नहीं छोडूंगी। अभी भी वक्त है सुधर जाओ... वरना।' श्रुति डरते हुए बोली।

'वरना क्या...? जेल में डालेगी हमें।' वरुण हँसते हुए बोला।

'देखो...।' श्रुति पीछे हटते हुए बोली।

'देखना ही तो है।' राघव उसके मुंह पर धुआं फेंकता हुआ बोला।

तीनों हँसने लगे और उसकी ओर बढ़ते हैं। वह पीछे हटते हुए उसके साथ बद्तमीज न करने का गुहार लगाती है। वे नहीं मानते और श्रुति जबर्दस्ती पकड़ने की कोशिश करते हैं। इस धक्का-मुक्की में श्रुति जमीन पर गिर जाती हैं।

'मुझे जाने दो, वरना अंजाम अच्छा नहीं होगा।' श्रुति रोते हुए बोली। लेकिन तीनों भेड़िये उसकी एक नहीं सुन रहे थे। वह घबराई हुई जोर-जोर से रोने लगी।

वरुण उस पर झपटता है, तभी उन्हें एक आवाज सुनाई दी।

'रुको। इतनी भी क्या जल्दी है, पहले ऑडियन्स को तो आ जाने दो।' वैभव कहता हुआ सामने से आता है।

'कौन है रे तू? चल निकल यहाँ से, नहीं तो फ़ोकट में मारा जायेगा।' वरुण अपनी सिगरेट फेंकते हुए बोला।

'अभी तो आया हूँ..., मेरे होनहार दोस्तों, जाने की मुझे कोई जल्दी नहीं है और हाँ मैं साथ में किसी और को लेकर भी आया हूँ, जरा उन्हें भी तो पता चले कि तुम कितने होनहार हो।' वैभव बोला।

दोनों उसको पकड़ लेते हैं और हाथापाई करने लगते हैं।

'जरा आकर देखो बहनों, अपने भाइयों की करतूत।' वैभव ने आवाज लगायी तो दूर एक पेड़ के पीछे से छिपी लड़कियां सामने आती हैं। वे पेड़ के पीछे छुपकर यह सब देख रहीं थीं।

'स्वाति। तुम यहाँ।' वरुण अपनी बहन को देखकर आश्चर्यचकित था।

'हाँ यहाँ.... हमें देख के चौंक क्यों गये, भैया और ये तुम्हारे हाथ क्यों रुक गये.... फाड़ दो इसके कपड़े और कर लो अपनी हवस पूरी। ...और नितिन, राघव तुम दोनों तो मेरा भी रेप कर सकते हो ना, क्योंकि बहन तो मैं वरुण की हूँ। आओ तो तुम मेरे कपड़े फाड़ दो आओ...।' स्वाति गुस्से से चिलाते हुए बोली।

'ये साला....।' वरुण, वैभव को थप्पड़ मारने के लिए दौड़ता है, लेकिन स्वाति उसका हाथ पकड़ लेती है और खुद वरुण को एक जोर का थप्पड़ मारती है। थप्पड़ की गूंज से सब कुछ शांत हो जाता है। श्रुति उठकर वैभव के पास आ गयी।

'भगवान ने तुमको भी बहन दी है... जरा भी नहीं सोचा कि ये भी किसी की बहन-बेटी होगी। बिलकुल भी शर्म नहीं आई, यह सब करते हुए। मुझे शर्म आती है तुमको अपना भाई कहते हुए।' स्वाति कहकर रोने लगी।

'भैया जब आप लोग किसी की बहन की इज्जत नहीं कर सकते तो हमारी राखी के बंधन को कैसे निभा पाओगे। तुम... तुम मेरे भाई नहीं हो सकते।' नितिन की बहन ने गुस्से से कहा।

'सही कह रही हो प्रिया। आज अगर वैभव भैया हमें यहाँ नहीं ले आते तो तुम तीनों की करतूत का कभी नहीं पता चलता। ये सब देखने के बाद कोई भी बहन अपने लिए भाई नहीं मांगेगी। छी..., इनको तो जेल में डाल देना चाहिए... ये उसी के लायक है।' राघव की बहन मीना गुस्से से बोली।

'यदि भाइयों का असली चेहरा ये हो तो भगवान भाई दे ही नहीं...। नहीं चाहिए हमें ऐसे भाई।' स्वाति रोते हुए बोली।

अपनी बहनों की बातें सुनकर तीन शोहदों के होश उड़े हुए थे। उन्हें समझ आ गया था कि वे कैसा गलत काम करने वाले थे। बहनों के मुंह से गालियां सुनकर उनके मुंह लटके हुए थे। उनके चेहरे बता रहे थे कि वे अपने कृत्य पर पछता रहे थे।

'पहले तो मैंने सोचा, मैं यहाँ पुलिस को लेकर आऊँ और तुम तीनों को पुलिस के हवाले करूं। तुम्हारे हाथ-पैर तुड़वा दूँ लेकिन फिर क्या होता। कुछ भी तो नहीं, बस कुछ दिन के लिए तुम्हे हवालात में रखा जाता। बस... फिर तुम बाहर आते और फिर से अपना वही खेल या फिर कोई और बड़ा गुनाह करते। मैंने सोचा था कि खुद अपने हाथों से धुलाई करूँ, लेकिन जमीन पर गिरा हुआ इंसान तो फिर से उठ जाता है पर एक बार कोई अपनों की नजरों से गिर जाये तो जिन्दगी कम पड़ जाती है उठने के लिए। इसलिए मैं तुम्हारी बहनों को यहाँ लेकर आया हूँ। अब देखो, क्या इत्तेफाक है। भगवान ने तुम तीनों को बहनें दी हैं। अब तुम लोग जब भी अपनी बहनों को देखोगे.... अपनी ही नजरों से गिर जाओगे। तुम्हारा घर ही तुम सब के लिए जेल बन जायेगा और यही तुम लोगों की सजा होगी।

'...चलो श्रुति।' श्रुति का हाथ पकड़ते हुए वैभव बोला।

'हमसे बहुत बड़ी गलती हो गई, हमें माफ़ कर दो।' वरुण अपनी नज़र जमीन में गड़ाते हुए कहा।

'गलती नहीं... गुनाह हुआ है हमसे।' नितिन रोते हुए बोला।

'हमें माफ़ी नहीं चाहिए... हमें सजा दो, हमें पुलिस के हवाले कर दो क्योंकि अब हम अपनी बहनों की नजरों में गिरकर नहीं जी पाएंगे। ऐसी जिन्दगी तो मौत से भी बदतर हो जाएगी।' राघव रोते हुए बोला।

'मुझे पता है आपके घरवालों के पास पैसे बहुत हैं, लेकिन वह पैसे किसी की इज्जत उछालने के लिए नहीं हैं। पैसों का सदुपयोग करना सीखो। मुझसे माफ़ी मांगने से कुछ नहीं होगा। जिस दिन तुम औरत जात की इज्जत करना सीख जाओगे, उस दिन तुम्हारा हर गुनाह भगवान ही माफ़ कर देगा। यूथ इस देश का भविष्य है, जिसमें हम सब शामिल हैं, यदि एक बार हम भटक गये तो खुद भी अपने आप को नहीं ढूंढ़ पाएंगे।' वैभव ने कहा और वहां से श्रुति के साथ स्कूटी पर निकल गया।

'श्रुति बेटा आ गई तू। क्या हुआ वहाँ ? वैभव ने उन लड़कों के साथ क्या किया।' श्रुति घर पहुंची तो उसके पिता ने अपनी चिंता प्रकट की।

'अरे पापा, आज तो कमाल हो गया। वैभव ने उन लड़कों को उनकी बहनों के सामने ऐसा शर्मिंदा किया कि वे अब अपने ही घर में कैदी की तरह रहेंगे। वैभव ने किसी के साथ मारपीट नहीं की, लेकिन चोट सीधे उनके दिल पर

लगी है।' श्रुति ने जवाब दिया।

'वैभव बहुत अच्छा लड़का हैं, बहुत साहसी भी है।' राधा भी वहीं थी। उसके दिल में भी वैभव के लिए सम्मान बढ़ गया था।

'हाँ मम्मी, जितना मैं उसको समझने की कोशिश करती हूँ, उतना ही उलझ जाती हूँ लेकिन वह बहुत अच्छा है।' वह बोली।

'चलो, कपड़े बदल लो। मैं तुम्हारा खाना लगा देती हूँ।' मम्मी रसोई घर की तरफ जाते हुए बोली तो वह फ्रेश होने के लिए अपने कमरे में चली गई।

***

अगले दिन श्रुति और वैभव का मुंबई भ्रमण का प्रोग्राम था। वे घूमने के लिए मलाड के आगे हाईवे पर स्थित ओबेरॉय गार्डन सिटी जाते हैं। मॉल में घूमना तो एक बहाना था। घूमने के लिए ऐसा मौका वैभव को रोज-रोज तो मिलता नहीं। वैसे भी वह राजस्थान जैसे अपेक्षाकृत पिछड़े राज्य से मुंबई आया था। वह जिन्दगी की उलझनों में अपनी जिन्दगी की रफ्तार बढ़ाने के लिए व्यस्त रहता आया है। उसके लिए लेखन ही सबकुछ था। अच्छे-अच्छे लेखकों की पुस्तकें पढ़ना उसका शगल था और समय व्यतीत करने का उपाय भी।

यहां तो उसके दोनों हाथ में लड्डू थे। एक तो मायानगरी मुंबई तो उससे भी कहीं अधिक मायावी श्रुति का साथ। उसे यहां आये तीन माह हो चुके थे। और इस अवधि में वह लगभग रोज ही उसे अपने साथ पा रहा था। जब भी उसे श्रुति के साथ कहीं घूमने का मौका मिलता है, वह कतई नहीं चूकता। सच तो यह था कि दोनों एक-दूसरे से प्यार करने लगे थे, मगर इस प्यार को लबों पर लाने से डरते थे।

'यह है ओबेरॉय मॉल, मुंबई का हॉट लोकेशन। कई सीरियल्स की शूटिंग यहां हो चुकी है।' श्रुति ने एक इमारत की ओर संकेत करते हुए बताया।

'हां जी... काफी बड़ा है यार, मेरी हमेशा से इच्छा थी, ऐसे बड़े मॉलों में घूमने की।' वैभव बोला।

दोनों घूमते हुए इटिंग जोन में पहुंचे। वहां पर बहुत भीड़ तो नहीं थी। फिर भी युवा लड़के-लड़कियों की संख्या अधिक थी। वैभव आइसक्रीम लेकर आता है और दोनों वहां रखी बेंच पर बैठ जाते हैं। वहां पर लोग लगातार आ-जा रहे थे, मगर दोनों अपनी दुनिया में लीन हो गए। उन्हें पता ही नहीं चला कि उनकी आइसक्रीम कब खत्म हो गई। श्रुति झुककर उसकी तरफ देख रही थी।

श्रुति का चेहरे पर बार-बार उसकी जुल्फें आ रहीं थी जिसे वह संवारने में लिप्त थी। वैभव अपनी ठोड़ी पर हाथ रखकर श्रुति को अपने सपनों के बारे में बता रहा था।

बातों-बातों में श्रुति उसका हाथ पकड़कर, उसके करीब होती हैं। अब वैभव को श्रुति की महकती सांसें और उड़ती जुल्फें दीवाना बना चुकी थी। वैभव अपने हाथों से श्रुति के बालों को उसके चेहरे से हटा दिया और उसकी कंधे को पकड़कर अपने पास खींच लेता है। श्रुति जरा भी प्रतिरोध नहीं करती। वह अपनी आंख आनंद से बंद कर लेती हैं। वैभव उसे संभालता है तो सिर उठाकर उसका चुंबन ले लेती है। वैभव अपनी सुध-बुध खो चुका था। तभी किसी बच्चे की गेंद लुढ़कते हुए उनके पास पहुंचती है जिसे लेने के लिए एक छः साल का बच्चा आ पहुंचता है।

बच्चे की गेंद उसके पैर से लगती है तो उसे होश आता है। वह सपनों की दुनिया से धरातल पर था। वह हड़बड़ाकर श्रुति से अलग होता है। बच्चा अपनी गेंद लेकर वहां से चला गया था। वैभव गहरी साँस लेकर इधर-उधर देखता है तो पाया कि कुछ लोग उसे देखकर मुस्करा रहे थे।

वह श्रुति के साथ वहां से उठ गया। दोनों आपस में हाथों में हाथ डाले आगे बढ़ते चले गए। दोनों नीचे उतरने के लिए स्वचालित सीढ़ियों पर आते हैं। उसी समय श्रुति को धक्का लगा और गिरने वाली थी कि वैभव ने उसे अपनी बांहों में संभाल लिया। दोनों एकबार फिर एक-दूसरे की आँखों में खो जाते हैं, उन्हें पता ही नहीं चला कि दोनों एक-दूसरे पर गिरे हुए हैं, वहां खड़े लोग उन्हें देखकर हँसने लगते हैं। श्रुति शर्म से पानी-पानी होकर वहां से भाग खड़ी होती है। वैभव भी उसके पीछे-पीछे माल से बाहर आ गया।

***

'हाँ कबीर भाई कैसे हो? धंधा-पानी तो अच्छा चल रहा है ....और मैंने एक बात सुनी है, लेकिन मुझे तो उसपे रत्ती भर भी विश्वास नहीं हुआ... वह अपना रामू बोल रहा था। मैंने कहा भाई मैं खुद कबीर भाई के पास जाकर खबर लूँगा।' मुंह में पान चबाते हुए रामचरण ने कहा।

रामचरण कबीर का पड़ोसी है, लेकिन पिछले 2 साल से शहर के दूसरे कोने में अपना बसेरा बना लिया है इसीलिए कभी-कभी मिलना होता है। रामचरण दिखने में हट्टा-कट्टा अधेड़ उम्र का और लम्बे कद का आदमी

है। वह सफेद कुर्ते और पजामा के नीचे जुत्ती पहने हुए था। उसके सर पर हमेशा की तरह सफेद तौलिया था। वह दिखने में तो बड़े शालीन और उच्च व्यक्तित्व का आदमी लगता था, लेकिन वो व्यंग्य बाण चलाने में बहुत कुशल था। वह अपने व्यंग्य बाणों से किसी को नहीं छोड़ता था। उनके कटाक्ष भरे शब्दों से लोग परेशान हो जाते।

कबीर अपने पड़ोसी को सामने पाकर कतई प्रसन्न नहीं था। उसने अपने नज़र के चशमे को हटाकर सवालिया निगाह से उसे देखा और खड़ा होकर रामचरण के बैठने के लिए खुर्सी खिसका दिया। साथ ही उसके पास में एक बाल्टी लाकर रख दिया।

'कैसे आये रामचरण...?' उसने बेरुखी से पूछा।

'ये बाल्टी किसलिए।' रामचरण मुंह में थूक बिलोते हुए उलटा सवाल किया।

'आपको थूकने के लिए बाहर न जाना पड़े, इसलिए...। अच्छा तो रामचरण भाई क्या सुना है तूने?' कबीर अपनी चश्मा उतारकर एक ओर रखते हुए कहा।

'भाई कबीर! कल मुझे अपना रामू मिला था, वह कह रहा था कि वैभव फ़िल्मी कहानियाँ लिखने के लिए मुंबई गया है। हम तो क्या कहे कबीर भाई आज कल की संतान किसका कहा मानती है, वैसे भी वह तेरा ही बिगाड़ा हुआ था, वरना क्या मजाल जो तेरा कहना न मानता। उसको अपने धंधे के बारे में सिखाते तो रोजी-रोटी कमाने में आसानी होती। मेरे बेटे राजकुमार को देखो कैसे दुकान संभाल रहा है। अब क्या पता वह मुंबई में क्या कर रहा हैं, कुछ सीख रहा है या फिर लड़कीबाजी कर रहा है।' रामचरण कहकर बाल्टी में थूकता है।

'रामचरण जी आपको चाय पीनी है, तो यह चाय रखी है वरना एक लफ्ज बोले बगैर दफा हो जाओ यहाँ से, और अपनी दुःखी जिन्दगी पर ध्यान दो।' कबीर गुस्से में बोला और अपना चश्मा पहनते हुए अन्दर चला गया।

***

वैभव डिनर के बाद सोने के लिए बिस्तर लगाता है। उसने बत्ती बंद कर की ओर सोने की कोशिश की पर उसका ध्यान श्रुति पर ही लगा हुआ था। उसने तकिये के पास रखा अपना मोबाइल उठाया और श्रुति का नंबर डायल

किया। दो बार रिंग जाते ही नंबर कनेक्ट हो गया।

'हेलो।' दूसरी ओर से हंसने की आवाज आयी।

'अभी तक सोई नहीं हो आप।' उसने पूछा।

'आप भी तो नहीं सोये हो, जनाब।' वैभव का नंबर देखकर श्रुति के मन में लड्डू फूटने लगे। वह खुश होकर बैठ जाती है और तकिया अपनी गोद में रख लेती है।

'हाँ.... मैं यह पूछने के लिए फोन किया था कि मैं कल मुंबई दर्शन करना चाहता हूँ... अगर आपको साथ चलने में कोई ऐतराज न हो तो हम एक साथ....।'

'हाँ क्यों नहीं, आप बुलाओ और हम ना आयें, ऐसा कभी हो सकता है क्या।' श्रुति ने जवाब दिया।

'हम्म........'

'लेकिन बस में चलेंगे तो किसी भी जगह ज्यादा देर रुक नहीं पाएंगे। अगर आपको सही लगे तो हम स्कूटी से चलते हैं।' श्रुति बोली।

'यार श्रुति! तेरी स्कूटी की माइलेज समस्या है... तो देख लो पेट्रोल का खर्चा ज्यादा बैठ जायेगा।' श्रुति को छेड़ते हुए वह बोला।

'ठीक है, तो अपने से चले जाना, मैं कहीं नहीं जाऊंगी।' उसने नाराजगी जताई।

'अरे ठीक है, लेकिन स्कूटी मैं चलाऊंगा। अभी फ़ोन रखो, रात काफी हो गई हैं, बाय... गुड नाइट।' वैभव ने फोन काट दिया।

अगले दिन दोनों मिले तो सबसे पहले सिद्धि विनायक मंदिर दर्शन करने का कार्यक्रम बनाया।

'मुझे नहीं पता मेरे दिल में क्या चल रहा है, लेकिन मैं ये जरूर जानना चाहती हूँ कि आपने मेरे लिए क्या सोचा है।' श्रुति ने पूछा।

'बस अब और सब्र नहीं होता। नाजुक सा दिल है यह ...प्लीज भगवान जी हथौड़ा तो मत मारना।' कहते हुए हवा में हाथ उठाकर वैभव ने प्रणाम किया।

दोनों स्कूटी पर सवार होकर थोड़ी देर में ही सिद्ध विनायक मंदिर पहुंचते हैं। उस समय 11 बज रहे थे फिर भी मंदिर परिसर में दर्शन करने वालों की

भीड़ थी। वे दर्शन करने के लिए लगी लाइन में शामिल हो गए। पांच मिनट में ही वे भगवान गणेश के भव्य और बेहद आकर्षक मूर्ति के आगे थे।

प्रभादेवी में स्थित विघ्न विनाशक गणेश का मंदिर 200 साल से भी अधिक पुराना है। यह लाखों मराठा लोगों के अलावा हिंदू धर्मावलम्बियों की आस्था का केंद्र है। वैभव ने इस मंदिर के बारे में सुन रखा था। मुंबई में कोई भी नया काम करने से पहले लोग इस मंदिर में आकर सिर झुकाते हैं। आर.के. आफिस में भी वह सुन चुका था कि बालीवुड के लोग अपने सीरियल्स और फिल्मों की सफलता पाने के लिए यहां आकर पूजा-अर्चना करते हैं। टॉप एक्टर तथा एक्ट्रेस भी अकसर यहां आते रहते हैं।

वैभव ने देखा कि इस मंदिर की भव्यता उसके राजस्थान के मंदिरों से अलग है। पहले तो वह मंदिर की कई मंजिला इमारत देखकर चौंक गया था। अंदर घुसने पर और भगवान के सामने पहुंचकर वह श्रद्धा से झुक गया। वहां पर कुछ लोग मंत्रोच्चार भी कर रहे थे। उसने देखा कि काले पत्थरों से बनी प्रतिमा कोई ढाई फुट लंबी है जो थोड़ी बायीं ओर झुकी है। चार भुजाओं वाले गणेशजी के एक हाथ में उनका प्रिय मोदक से भरा कटोरा मनोहारी लग रहा था। उनके एक हाथ में कमल का फूल तो दूसरे में कुल्हाड़ी थी। उनके साथ देवी रिद्धि-सिद्धि की भी प्रतिमा थी। वैभव बहुत अधिक धार्मिक नहीं था किंतु यहां आकर वह एक सम्मोहन में बंधता महसूस किया।

'सुना है सबकी कहानी आप ही लिखते हो गणेशजी, मेरी कहानी में भी थोड़ी सी खुशियाँ लिख देना भगवान...।' वैभव ने हाथ जोड़कर मन ही मन कहा।

उन्हें दर्शन कर वापस आने में अपेक्षाकृत बहुत कम समय लगा।

'क्या माँगा भगवान से आपने?' श्रुति ने अपनी चप्पल पहनते हुए वैभव से पूछा।

'कुछ ज्यादा नहीं, बस जितना मेरा हक था उतना ही। वैसे, अब हम कहा जाएंगे।'

'हाजी अली।' श्रुति ने कहा।

'हाजी अली, नाम से तो यह तो कोई मंदिर नहीं लगता।' उसने श्रुति की ओर देखा।

'हां, यह मुसलमानों के पीर हाजी अली की दरगाह है। वहां भी बड़ी संख्या में लोग जाते हैं और वैभव यह समुद्र के बीच बहुत ही खूबसूरत स्थान पर है।' उसने उत्साहपूर्वक बताया।

'अरे वाह, कितनी दूर है यहां से...।' उसने पूछा

'कोई अधिक दूर नहीं है। यदि ट्रैफिक जाम नहीं हुआ तो मेरी स्कूटी वहां 20-25 मिनट में पहुंचा देगी।'

'वेरी गुड, चलो राम के बाद रहीम से मिलते हैं। एक लेखक के लिए हर धर्म और उसके प्रभाव के बारे में जानना लाभदायक होता है। हिंदू, मुस्लिम, सिख और ईसाईयों का देश है भारत।' वह कल्पना करने लगा था।

'तुम राइटर लोग की सोच अलग ही होती है।' श्रुति उसकी बात सुनकर हंस पड़ी।

प्रभादेवी से श्रुति की स्कूटी निकली तो सड़क पर भीड़ थी। छोटी और स्लिम स्कूटी होने के कारण वैभव को जहां से जगह मिल रहा था, निकाल रहा था। श्रुति उसे रास्ता बताते हुए चल रही थी। वह स्कूटी चलाते हुए रोमांच महसूस करने लगा था क्योंकि उसकी पीठ से श्रुति के शरीर का मधुर स्पर्श उसे बहुत अच्छा लग रहा था। रास्ते में टूटी सड़क से मिलने वाले झटकों ने उसे उत्तेजित सा कर दिया था।

सेंचुरी मिल के पास से जब वे आगे बढ़े तो लोअर परेल के पास ट्रैफिक के कारण जाम मिला। थोड़ी देर तक वे वहीं फंसे रहे और आपस में बतियाते रहे। बाद में श्रुति ने नेहरू सेंटर आर्ट गैलरी के रास्ते से स्कूटी निकलवायी। फिर भी महालक्ष्मी रेसकोर्स तक पहुंचने में लगभग 15 मिनट अतिरिक्त लग गए।

वैभव महालक्ष्मी रेसकोर्स के पास समुद्र तट की छटा देखकर खुश था। उस समय ठंडी हवा चल रही थी। उसे दूर से ही समुद्र के बीच से एक रास्ता किसी मस्जिद जैसी आकृति वाली इमारत पर पड़ी जो बहुत सुंदर दिख रहा था। श्रुति ने बताया कि यही हाजी अली की दरगाह है। उन्होंने वहां पहुंचकर वर्ली सीफेस के पास अपनी स्कूटी पार्क की और दरगाह की ओर बढ़े।

दरगाह के रास्ते में भीड़ थी। लोग बहुत उत्साहित थे। लाउडस्पीकरों से कव्वाली जैसा गाना बज रहा था। दोनों ने वहां पर अन्य लोगों के साथ अपने हाथ-पैर धोये। दरगाह के पूरे रास्ते में दोनों ओर खैरात मांगने वाले लोग बैठे थे। श्रुति ने दरगाह में घुसने से पहले चुन्नी से अपना सिर ढंक लिया और बाहर

ही रुक गयी। उसने इशारा किया कि वैभव को अकेले ही अंदर जाना होगा। वैभव ने भी देखा कि वहां आने वाले अधिकांश लोगों के सिर पर मुसलमानी टोपी थी। अन्य लोगों ने रूमाल से अपना सिर ढंका हुआ था। उसने भी रूमाल निकाल कर अपने सिर पर बांध लिया।

'मौला... मिटा दे ये अंतर। थोड़ी सी खुशियाँ इन गरीबों को भी दे दे, जिन्दगी गुजर जाये इनकी भी, तेरी रहमत की भीख ही मिल जाए।' वैभव दुआ मांगता है और उसकी आँखें नम हो जाती हैं।

हिंदू-मुस्लिम एकता और संस्कृति का प्रतीक यह दरगाह, जिसमें एक मस्जिद भी है, मुंबई की पहचान बन चुकी है। हजारों की संख्या में लोग यहां मन्नत मांगने आते हैं। उनको विश्वास है कि हाजी अली उनके दुःख-दर्द जरूर दूर करेंगे। वैभव ने देखा कि लगभग 25 मीटर ऊंची दरगाह के अंदर धूपबत्तियां और लोबान जल रहे थे। इस कारण वहां के पूरे वातावरण में सम्मोहक सुगंध व्याप्त हो गयी थी। मुख्य दरगाह से बाहर निकलकर उसने वर्ली की ओर देखा तो उसे मुंबई शहर का नजारा कुछ अधिक ही खूबसूरत लगा।

बाहर निकलने के रास्ते में बैठे लोगों के बीच वह घिर गया। इन लोगों को देखकर उसे दया आ रही थी। बाहर आकर उसने श्रुति के सामने अपने दिल की बात रखी।

'पता नहीं लोग मंदिरों में, मस्जिदों में कितना ही दान-चढ़ावा देते हैं, मगर यहाँ बाहर बैठे भिखारियों की तरफ तो कोई देखता भी नहीं।' उसने उनलोगों की ओर इशारा करते हुए कहा।

'हां ठीक कहते हो, ...अब चलो वैभव।' उसका हाथ पकड़ते हुए वह बोली।

'श्रुति, ये नादानी भी बड़ी बेमिसाल है। अंधेरा दिल में हैं और चिराग मंदिरों में जलाते हैं।' वैभव चलते हुए कहता है।

'क्या हुआ?' श्रुति पूछती है।

'दर्द बहुत है जमाने में, जाने क्यूँ किसी को महसूस नहीं होता।' वैभव कहता है और दोनों बाहर अपनी स्कूटी लेने निकल आते हैं।

'मस्जिद में पहली बार आये होंगे ना, तुम्हें तो मंदिर जाना ही पसंद होगा।' श्रुति ने पूछा।

'भगवान ने इंसान बनाया और इंसान ने करोड़ों भगवान बना दिए। हर इंसान

अपने-अपने तरीके से भगवान को पूजता हैं, कोई हाथ जोड़कर तो कोई माथा टेक कर तो कोई मोमबत्ती जलाकर लेकिन वह सुनता तभी है जब दुआ दिल से निकलती है। मैं यह मानता हूँ कि हर वह इंसान भगवान है जो बुरे समय में आपका साथ दे और सब जानते हैं कि भगवान का कोई रंग रूप नहीं होता। वह तो हर जगह, हर इंसान में बसता है इसलिए जब भी मौका मिले दूसरों की मदद करो, किसी का दिल मत दुखाओ।' वैभव अपनी भावना व्यक्त करता है।

'तुम्हें पता है वैभव, ...तुम्हारी यही बातें मुझे बहुत अच्छी लगती हैं जी चाहता है कि दिन-रात तेरे साथ रहने लग जाऊं।' उसकी आँखों में देखते हुए वह धीमे शब्दों में बोली।

'मेरा मकसद किसी की श्रद्धा या धर्म पर सवाल उठाना कभी नहीं रहा, लेकिन अगर मन साफ़ है, तो भगवान कहीं से भी हमारी आवाज सुन सकता है। मुझे मंदिर, मस्जिद, चर्च और गुरुद्वारे या ऐसी किसी भी जगह जाने से कोई ऐतराज नहीं है जहाँ मन को शांति मिलती हैं, जहाँ भगवान का नाम लिया जाता है चाहे वो किसी भी रूप में हो।' वैभव बोला।

श्रुति अपनी ठोड़ी को हथेली पर रखकर वैभव के चेहरे की तरफ देख रही थी।

'ऐसे क्या देख रही हो?' वैभव उसकी ओर देखकर पूछा।

'मैं देख रहा हूँ ये सत्संग ख़त्म हो जाये तो कहीं और चलें... प्लीज यार मैं इससे ज्यादा बोर नहीं हो सकती और देखो तो दोपहर बीत चुका है। मुझे बड़ी जोर की भूख लगी है।' श्रुति अपना मुंह बनाते हुए बोली।

'ओह... मुझे लगा कहीं तुम सही में मेरे साथ ना रहने लग जाओ, इसलिए मैं....।' वैभव कहकर हँसने लगा।

'अच्छा चलो कहीं कुछ खाया जाये। बताओ, अब कहाँ लेकर चलोगी?'

'हां चलो कुछ खाते हैं। उसके बाद गेट वे ऑफ़ इण्डिया चलेंगे।' श्रुति ने जवाब दिया।

उन्होंने सड़क के किनारे एक ढाबे में पाव भाजी और बर्गर खाया और दोनों गेट वे ऑफ़ इण्डिया की ओर चल दिये। वैभव गेट वे ऑफ इंडिया पहुंचकर प्रसन्नता महसूस कर रहा था। इस जगह को वह कितनी बार तस्वीरों और फिल्मों में देख चुका था। वह ऐतिहासिक महत्त्व की उस इमारत और उसके सामने की ओर गगनचुंबी होटल ताज को देखकर गर्व महसूस कर रहा

था। दोनों एक-दूसरे के साथ बहुत सारी फोटो उतारते हैं।

'ये ताज होटल है जहाँ कुछ साल पहले आतंकियों ने हमला किया था। बहुत बड़ा नरसंहार हुआ था। आज भी 26/11 को काले दिन के रूप में याद किया जाता हैं। तुमने 'फैंटम' फिल्म देखी होगी ना। सैफ अली खान की फिल्म इसी घटना पर आधारित है।' श्रुति फुटपाथ पर चलते हुए बताती है।

'चलो यह सब छोड़ो। अच्छा बताओ क्या खाओगे?' श्रुति बोली।

'गोलगप्पे।' वैभव ने पलटकर जवाब दिया।

'गोलगप्पे? ...गोलगप्पे तो लड़कियों को ज्यादा पसंद होते हैं।' श्रुति बोली।

'ओह हेलो। आप लड़कियों ने क्या कॉपीराइट ले रखा है? हमें भी पसंद है।' वैभव बोला।

'अच्छा ये बताओ, कितने खा सकते हो।'

'कुछ ज्यादा नहीं। बस सुबह नाश्ते में, दोपहर को लंच में और रात को खाने में। इससे ज्यादा नहीं वरना नुकसान करते हैं। है, ना...?' वैभव बोला।

'हा...हा...हा...हा....हा....। श्रुति जोर-जोर से हँसने लगी। तुम भी कमाल के हो, आओ खाते हैं।' श्रुति बोली।

'भैया दो प्लेट देना।' वैभव गोलगप्पे वाले से कहता है।

'नहीं। भैया एक ही प्लेट देना... हम शेयर कर लेंगे ना।' वह वैभव की तरफ देखते हुए बोली।

'हाँ... क्यों नहीं' वैभव श्रुति की आँखों में देखते हुए मुस्कराया।

'खामोश है लब, पर नजरें बता रही है।
दिल की कहानी, तेरी ख़ामोशी सुना रही है।
इंतजार है मुझे भी, जब ये अल्फ़ाज होंठों पर आयेंगे।
क्या हाल है इस दिल का, हम भी तुम्हें बतायेंगे।'

वैभव गोलगप्पे खाते हुए मन-ही-मन कहता है।

दोनों गोलगप्पे खाने के बाद वहां से आगे बढ़ते हैं। वैभव स्कूटी चला रहा था और पीछे बैठी श्रुति शरमाते हुए अपना हाथ वैभव के कंधों पर रखती है। दोनों एक-दूसरे के करीब आ चुके थे लेकिन पता नहीं क्यों कहते हुए डरते थे। एक स्थान पर वैभव को श्रुति स्कूटी रोकने के लिए बोली।

'यह कौन-सी जगह है?' वैभव स्कूटी पार्क करते हुए पूछता है।

‘बैंडस्टैंड। नाम सुना है कभी।’ श्रुति बोली।

‘मैंने जो सुना... क्या वो ठीक सुना है।’

‘क्या सुना है आपने?’

‘बस स्टैंड। है ना, यही बताया था ना आपने।’

‘नहीं, आपने गलत सुना। मैंने बैंडस्टैंड कहा था।’ श्रुति हँसते हुए बोली।

‘आओ यहां कुछ देर बैठते हैं। मैं तो चलते-चलते थक गयी हूं।’ वैभव, श्रुति के साथ-साथ समुद्र तट की ओर बढ़ता है। दोनों पत्थरों से बनी उबड़-खाबड़ जगह पर बैठे थे जहां से विशाल समुद्र नजर आ रहा था। वहां की तेज लहरों की आवाज और तेज हवा रोमांचकारी लग रही थी। दोनों आसपास में बैठे थे। वैभव समुद्र का नजारा देखने लगा और श्रुति अपनी उड़ती हुई जुल्फों को संवारते हुए वैभव की आंखों में खो जाती है। दोनों काफी देर तक इसी अंदाज में नजर आते हैं।

‘पता है आज सुबह मेरा दिमाग ख़राब हो गया था। एक बार तो मैं घूमने के लिए आपको मना करने वाला था मगर अब पता चला कि ऐसा होता तो वह मेरी बहुत बड़ी गलती होती। आपके साथ आकर दिल खुश हो गया।’

‘क्यों? ऐसा क्या हो गया था, जो तुम मना करने वाले थे।’ श्रुति ने अपने चेहरे पर आ रहे बाल हटाते हुए पूछा।

‘सुबह पापा का फोन आया था। उन्होंने बताया था कि पड़ोस का एक अंकल मुझको लेकर उलटी-सीधी बातें कर रहा था, जो उन्हें अच्छी नहीं लगी। पता नहीं श्रुति। क्यों लोग अपनी दु:खी जिन्दगी को नजरअंदाज करके किसी और के जीवन में अपनी टांग अड़ाते हैं। ...पता नहीं क्यों? खैर छोड़ो यह सब। समंदर का लुत्फ उठाने की बजाय हम अपने घर के किस्सों में पड़ रहे हैं।’ वैभव मुस्कराया।

दोनों देर तक बातें करने लगे। श्रुति झुककर वैभव के कंधे पर अपना सर रखती है।

‘श्रुति! हम कितने करीब आ गये, हैं न।’ वैभव उसकी आंखों में देख रहा था।

‘नहीं तो, ...इसे करीब आना नहीं कहते।’ वह बोली।

‘तो, किसे कहते हैं?’

‘उन्हें देखो, उन दोनों ने कैसे अपने फासले कम कर रखे हैं, मजाल जो

हवा भी बीच से गुजर जाये। इसे कहते हैं करीब होना।' वह अपने दायीं तरफ बैठे एक कपल की तरफ इशारा कर रही थी जो एक-दूसरे का चुंबन ले रहे थे।

'वैसे यह गलत है।' वैभव ने मुंह बिचकाया।

'नहीं... इसमें कुछ गलत नहीं है। मुंबई में यह सब होना आम बात है।'

'ये लड़के-लड़की, जिनकी अभी कॉलेज भी शुरू नहीं हुई है, वे यहाँ खुलेआम बैठकर अपने माँ-बाप का नाम रोशन कर रहे हैं। जिनको अपने कोर्स की किताबें पढ़नी चाहिए, वे यहाँ बैठकर प्यार की पोथी पढ़ रहे हैं। वैसे इसमें इनकी कोई गलती नहीं है। आजकल इसमें भी प्रतिस्पर्धा हो रही है, लड़के सोचते हैं जब मेरे दोस्त के पास उसकी गर्लफ्रेंड है, तो मेरे पास भी होनी चाहिए। लड़कियां भी सोचती हैं कि जब तक मोबाइल में दो-चार लड़कों के अच्छे नंबर न हों, तब तक उनका मोबाइल फोन महज एक डिब्बा है।

'ऐसी जगहें लवर्स पॉइंट नहीं, सुसाइडल पॉइंट होती हैं जहाँ आज की पीढ़ी अपनी संस्कृति और अपने परिवार के सपनों का खून करती है। तुम्हारा कहना भी सही हैं, इसमें कुछ भी गलत नहीं है, लेकिन जो लड़का खुद की ज़िम्मेदारी नहीं उठा सकता, उससे कोई लड़की अपने लिए क्या उम्मीद रखेगी। ...और जो लड़कियाँ अपने परिवार के समक्ष अपनी बात खुल के बता नहीं सकतीं कि वह किसी से प्यार करती हैं, वह रिलेशन बनाकर प्यार-प्यार का खेल क्यों खेलती हैं? प्यार कोई खेल थोड़े ही ना हैं, कोई मजाक नहीं है। आज किसी से हुआ तो कल किसी और से हो जाएगा। यह एहसास है जो लड़के और लड़की के बीच होता है। यह एक-दूसरे की आपसी समझ होती है और एक-दूसरे के प्रति समर्पण की भावना होती है, लेकिन जो यहाँ बैंडस्टैंड पर हो रहा है, वह प्यार नहीं है। ये तो रोटी-कपड़ा और मकान के साथ आज की पीढ़ी की चौथी जरूरत है।

'यह प्यार नहीं है। प्यार जब होता है, तो कुछ पता ही नहीं चलता बस कुछ बदला हुआ सा लगने लगता है। आसपास का पूरा वातावरण प्रसन्नता से भर जाता है। किसी के साथ समय बिताना हमें अच्छा लगने लगता है। जब दो दिलों के बीच प्यार होता है, तो एक की ख़ामोशी अपने दिल की कहानी कहती है, तो दूसरे की आँखें उसके प्यार पर अपनी स्वीकृति की मोहर लगा देती है। प्यार करने वालों के बीच खुलापन होना चाहिए लेकिन साथ ही पवित्रता भी होनी चाहिए।' वैभव प्यार को परिभाषित करता है।

'प्यार के बारे में कितनी गहराई से सोचते हो तुम, क्या कभी तुमको किसी

से प्यार हुआ है।' श्रुति ने पूछा।

'हां... नहीं... नहीं।' वैभव की धड़कन तेज हो गयी थी।

'क्या अब हुआ है किसी से?' श्रुति अपनी मधुर आवाज में बुदबुदाती है।

'नहीं तो। मुझे तो अभी भी किसी से नहीं हुआ। ...और ये जो आज कल के लड़के-लड़कियाँ अपने रिश्ते को मजबूती दे रहे हैं, कल जरा सी भी हवा चली और इनका रिश्ता तार-तार हो जायेगा। यह प्यार नहीं है बल्कि यह महज शारीरिक आकर्षण है। आज की पीढ़ी को इस तरह का आकर्षण हर-रोज होता है। और यह उसी आकर्षण को प्यार समझ बैठते हैं। इसमें इनकी भी कोई गलती नहीं है, क्योंकि मन चंचल होता है। इस उम्र में लड़के और लड़कियाँ भंवरों की भाँति होते हैं, जिनकी आदत होती हैं, कभी इस फूल पर बैठना तो कभी उस फूल पर। ... और जिस फूल पर बैठते हैं उसी को अपना समझने की भूल कर बैठते हैं, कभी गलती तो कभी गुनाह कर बैठते हैं।' वैभव बोला।

'क्या पता कितनी खुश रहेगी वह लड़की, जिससे तेरी शादी होगी।' श्रुति हँसती है।

वैभव भी हँसने लगता है। हँसी के ठहाकों के बीच दोनों आगे का सफर तय करते हैं और जुहू बीच पहुँचते हैं।

'यह तो बहुत ही खूबसूरत जगह है, कितनी ठण्डी हवा चल रही है।' वैभव बोला।

'सर, फोटो प्लीज। आपकी सुंदर-सी फोटो उतार दूं।' एक फोटोग्राफर ने वैभव से पूछा।

'कितने पैसे लोगे?' श्रुति ने उससे पूछा।

'एक फोटो के 60 रुपये, बस।'

'हाँ, तो ठीक है। जल्दी से हमारी फोटो उतारो।' श्रुति बीच में ही बोल उठती है।

'जी, ...मेम साहब। ...सर आप जरा-सा इधर हो जाइये, डूबते हुए सूरज के साथ फोटो और भी सुन्दर आयेगी।' फोटोग्राफर अपने काम में व्यस्त हो गया। 'मैं पांच मिनट में आपको दोनों फोटो लाकर देता हूँ।'

'ये लो।' वैभव फोटोग्राफर को रुपये देते हुए कहता है।

'तुम अपने जूते यहीं उतार दो और पानी के बीच जा के आओ। तुम्हें बहुत अच्छा लगेगा।' श्रुति ने कहा।

‘और तुम?’ वैभव ने सवाल किया।

‘मुझे पानी से थोड़ा डर लगता है और इसे फोटो भी तो बनाकर लानी हैं, तब तक तुम जाकर आओ।’ श्रुति ने फोटोग्राफर को इशारा किया।

‘ठीक है।’ वैभव जूते उतारकर समुद्र की तरफ बढ़ गया। रेत काफी गीली थी इसलिए वैभव धीरे-धीरे कदम बढ़ा रहा था। उसके पैरों से समुद्र का ठंडा पानी स्पर्श कर रहा था जो उसे बहुत अच्छा लग रहा था। वह उसका आनंद लेने के लिए आगे तक जाता है जहाँ पानी उसके घुटनों के ऊपर आ रहा था। वह अपनी पैंट को और ऊपर तक खींच लेता है।

‘यह लीजिये आपकी फोटो।’ फोटोग्राफर श्रुति को फोटो थमाते हुए बोला।

श्रुति ने फोटो देखा तो बहुत प्रसन्न हुई। उसने फोटो को चूम लिया। वैभव ने उसे ऐसा करते हुए देख लिया था। वह दिल ही दिल में रोमांचित हो गया। एक उससे कुछ सुनने को तड़प रही थी तो दूसरा उसके मुंह से सुनने को। इस सबके लिए अभी शायद वक्त था।

‘एक तूफ़ान छिपा होता हैं, जब समुद्र शांत होता है। छुपा लो तुम भी प्यार कितना भी, तेरी खामोशी में हर रोज इजहार होता है।’ वैभव मन ही मन बोला।

दोनों सूरज डूबने के साथ घर लौट गए।

***

‘मैं जानता हूँ तुम ये जो छोटी-छोटी कहानियाँ लिख कर लाते हो, वह बहुत अच्छी होती है और मैं उन्हें स्वीकार भी करता हूँ। तुम आज जो स्क्रिप्ट लेकर आये हो, वह इतनी दमदार नहीं हैं। मैं इस पर फिल्म नहीं बना सकता। देखो विजय... फिल्म बनाना मेरे अकेले के हाथ में नहीं होता। स्क्रिप्ट को यूनिट के बहुत से लोग पढ़ते हैं और उसके अनुसार सब अपना काम करते हैं मुझे इस टाइप का स्क्रिप्ट पसंद नहीं है।

ऐसे हर किसी स्क्रिप्ट पर फिल्म बना के मैं दर्शकों की गालियां नहीं खाना चाहता अगर किसी ने फिल्म नहीं देखी और यह फ्लॉप साबित होती है, तो मैं अपने फिल्म में पैसे लगाने वाले को क्या जवाब दूंगा। मुझे बहुत कुछ सोचना पड़ता हैं, बहुत कुछ देखना पड़ता है। फिल्म बनाना कोई मजाक नहीं है और अगर यह फिल्म फ्लॉप साबित हुई तो तुम्हारा कॅरियर भी ख़त्म हो जायेगा।’ आर.के. ने उसकी स्टोरी उठाकर लापरवाही से मेज पर रख दी।

‘सर! मेरी कहानियां कई जानी-मानी पत्रिकाओं में छप चुकी हैं। अब

मेरा सपना है कि मेरी लिखी हुई पटकथा पर फिल्म बने। सर, आपने मेरी हर कहानी पसंद की है फिर इस स्क्रिप्ट में क्या बुराई है।' विजय ने पूछा।

विजय भी एक राइटर था और वह अपने आप को बॉलीवुड में स्थापित करना चाहता था। वह अपने इस सपने को पूरा करने के लिए संघर्ष कर रहा था।

'विजय.... तुम समझने की कोशिश करो। तुम सीरियल के छोटे-मोटे एपिसोड अच्छा लिखते हो, लेकिन तुम्हारी स्क्रिप्ट में वह बात नहीं है। मैं इस स्क्रिप्ट पर फिल्म बनाकर किसी तरह का जोखिम नहीं ले सकता और नुकसान उठाने का शौक मुझे कतई नहीं है।' आर.के. ने कहा।

'लेकिन सर....।'

'मैं तुम्हें काफी दिनों से जानता हूँ इसलिए मैंने तुम्हें साफ-साफ बता दिया। अब तुम जा सकते हो।' आर.के. ने दरवाजे की तरफ इशारा किया।

विजय हताश होकर केबिन से बाहर निकला। उसकी आँखें नम हो गई थी, अब तक उसकी लिखी हुई तीन कहानियों को नकारा जा चुका था। वह बाहर पड़े सोफे पर बैठ गया। बगल में बैठा वैभव उसे देख रहा था। विजय अपनी जेब से रूमाल निकालकर अपने आँसू पोछने लगा।

'धुंधला-धुंधला हो जाता है मंजर, जो भी हो आँखों में जब जश्न मनाती है तस्वीरें पानी की, लेकिन तुम हार मत मानना।' वैभव ने विजय के कंधों पर हाथ रखते हुए दिलासा दिया।

'छोटे शहर के अखबार जैसा हूँ मैं, दोस्त। दिल से लिखता हूँ जो लोगों के अंतर्मन को छूती होगी, लेकिन मेरा लेखन व्यवासायिक नहीं है, शायद इसीलिए कम बिकता हूँ। यही कारण है कि आर.के. भी मेरी स्क्रिप्ट पसंद नहीं कर रहे हैं।' विजय अपनी भीगी आँखों से वैभव को देखते हुए बोला।

वैभव उसके कंधों को थपथपाकर आर.के. के केबिन की तरफ बढ़ गया।

'हेलो सर। क्या मैं अन्दर आ सकता हूँ?' वैभव केबिन के दरवाजे पर खड़ा होकर मुस्कराते हुए पूछा।

'अरे वैभव! आओ-आओ बैठो... और कैसे हो?'

'थैंक्स सर। मैं अच्छा हूँ और आशा करता हूँ, आप भी अच्छे होंगे।'

'हाँ, मैं एकदम अच्छा हूँ। भई वैभव एक बात तो हैं, तुम छोटी-छोटी कहानियों में भी जान डाल देते हो। तुम रोज एक एपिसोड लिख के लाते हो

और हर कहानी पहले वाली से बेहतर होती है, लेकिन तुम्हें यही नहीं रुकना है। तुम्हें अब फिल्म के लिए कोई अच्छी स्क्रिप्ट लिखनी चाहिए।'

'सर! आपको पता है मेरी पहली ही स्क्रिप्ट मिस कपूर ने नकार दिया था।'

'हाँ तो क्या हुआ? जब तक हमें अपनी कमी का पता नहीं चलेगा तो उसे सुधारेंगे कैसे और वो कुछ ज्यादा खास भी नहीं थी। मुझे विश्वास है कि तुम कुछ अच्छा लिख सकते हो। मुझे विश्वास है कि इस बार जो तुम लिखोगे वो बेहतर होगी। कुछ ऐसा लिखो कि जब फिल्म स्क्रीन पर आये तो हंगामा हो जाये। विचार जरूर दिमाग में पनपते हैं लेकिन उन्हें दिल से महसूस करो।' आर.के. ने वैभव का हौसला बढ़ाया।

'अच्छा सुनो, हमारी सीरियल के एक-दो सीन एलीफेंटा में फिल्माने की योजना है। तुम तो जानते ही हो हमारा प्रेम त्रिकोण पर एक सीरियल बढ़िया चल रहा है। हमारे सीरियल के राइटर विनायक कोल्हापुरी पिछले कुछ समय से बीमार चल रहे हैं। ऐसे में क्या तुम मदद कर सकते हो।'

'हां सर, मैं आपकी सीरियल के बारे में जानता हूं, पर मैं क्या मदद कर सकता हूं।' वैभव ने पूछा।

'वेल वैभव मैं चाहता हूं कि तुम दो-तीन एपिसोड हमारे सीरियल के लिए लिख दो। मगर जल्दी लिखना होगा । अगले सप्ताह हम शूट कर सकते हैं।' आर.के. ने अपनी कुर्सी घुमाकर वैभव के ठीक सामने कर दी।

'हां सर, यह तो मेरे लिए एक बहुत अच्छा मौका होगा। मैं स्क्रिप्ट लिख कर दे दूंगा।' वह बहुत उत्साहित दिखा।

'इसके लिए तुम्हें एलीफेंटा की गुफाओं की सैर करनी होगी। वहां जाकर देखो और महसूस करो। इससे तुम्हारी राइटिंग में करेक्ट फ्लेवर आएगा। ठीक है..? वैसे क्या तुम एलीफेंटा गए हो।' आर.के. ने अपने हाथ की सिगरेट का लंबा कश लिया।

'नहीं सर, मैं वहां गया तो नहीं हूं पर कोई बात नहीं है। मैं यह काम कर लूंगा और दो-चार दिन बाद ही पहला एपिसोड दे दूंगा।'

'तो ठीक है आप मिस कपूर से मिल लीजिए और सीरियल का पूरा कांसेप्ट समझ लीजिए। यह भी देख लीजिएगा कि आपको कहां से कनेक्ट करना है।... ठीक है ना मैं मिस कपूर को इस संबंध में निर्देश दे रहा हूं।' आर.के. ने अपनी बात पूरी कर अपने मोबाइल से मिस कपूर का नंबर मिलाया

और उन्हें बताया कि वैभव का सारी बातें समझा दें।

'ठीक है सर! मैं मिस कपूर से मिल लेता हूं, क्योंकि समय बहुत कम है।' वैभव बहुत प्रसन्न था।

'थैंक्स सर। मैं अपने स्तर पर बेहतर करने की कोशिश करूंगा और जल्दी ही मैं आपको एक बहुत अच्छी स्क्रिप्ट लिखकर दूंगा।' वैभव ने विश्वासपूर्वक कहा और उनके कमरे से बाहर निकलने के लिए खड़ा हो गया।

'और हाँ, वैभव...। आज शाम को मैंने घर पर एक छोटी-सी पार्टी रखी है, तुम्हें इसमें जरूर आना है।' आर.के. वैभव के हाथों में अपने घर का पता थमाते हुए कहा।

'पार्टी... अरे सर, आप मुझे आमंत्रित कर रहे हैं?' वैभव को इस आमंत्रण पर हैरत हुई।

'वैभव, पार्टियों में आना-जाना होगा तभी तो जान-पहचान बढ़ेगी। नये-नये लोगों से मिलोगे।'

'हाँ सर, आप सही कह रहे हैं। ...मैं जरूर आऊंगा।' वैभव मुस्कराया और बाहर जाने के लिए खड़ा हो गया।

***

वैभव के लिए किसी फिल्मी पार्टी में बुलावा, एक अनोखी उपलब्धि थी। वह बहुत उत्साहित था। वह दोपहर में ही घर लौट आया और पार्टी में शामिल होने के लिए तैयारियों में जुट गया। कपड़े बदल कर आइने के सामने खड़ा हो गया था। क्या बात है आज तो तू एक सेलिब्रिटी के घर पर जाने वाला है और वहां बड़े-बड़े लोगों से मिलेगा। अब तेरा हर सपना सच होगा और बहुत ही जल्द तू बॉलीवुड में अपना मुकाम खड़ा करने वाला है। वह आइने के सामने खड़ा होकर खुद से बात कर रहा था। वह कभी अपने आप को मुस्कराते हुए देखता तो कभी अपने तेवर तीखें कर लेता। आज उसका दिल ही नहीं बल्कि वह खुद कूद-कूद कर खुशी से प्रफुल्लित हो रहा था। वह जमीन से उछलकर बेड पर छलांग लगाता और फिर वापस जमीन पर कूद आता।

'ओह शिट्...। यह बात तो घर पर बताना भूल ही गया।' बेड पर हाथ मारते हुए उसे याद आया। उसने अपने घर पर फोन लगाया।

'हाँ... हेलो। वैभव बेटा कैसे हो?' दूसरी ओर मम्मी लाइन पर थीं।

'हाँ मम्मी, मैं अच्छा हूँ। और सभी घर पर कैसे हैं?'

'बेटा सब अच्छे हैं, तेरे पापा फैक्ट्री में है और भाई भी वही पर है।'

'अच्छा तो मम्मी, आपको एक खुशखबरी देनी थी। इसलिए मैंने फोन किया।'

'हाँ जल्दी से बताओ तो बेटा।'

'मम्मी पता है, मैं जो कहानियां लिखता हूँ, उस सीरियल के निर्देशक ने अपने घर पर एक पार्टी रखी है। उसने मुझे भी उस पार्टी में आने के लिए न्योता दिया है। क्या पता वहां पर कितने ही बड़े-बड़े लोग होंगे। हो सकता है डिस्को डांसर मिथुन चक्रवर्ती, बॉलीवुड बादशाह शाहरुख़ खान और शहंशाह अमिताभ बच्चन भी वहां शिरकत करें और मुझे उनसे मिलने का मौका मिल जाय।' वैभव उत्तेजित था।

'बहुत अच्छा मेरे बच्चे। मुझे तो बहुत खुशी हुई। बेटा तेरी अभी शुरुआत है। तुझे सफलता के साथ-साथ असफलता का भी सामना करना पड़ेगा, लेकिन तू कभी पीछे मत हटना। तू तो अच्छी तरह से जानता है न, यहाँ लोग तेरे बारे में क्या-क्या कहते हैं। तू जरूर सफल होगा मेरे बच्चे और एक बात हमेशा याद रखना सफलता को कभी सर पर चढ़ के बोलने मत देना और असफलता को कभी अपने दिल से निकलने मत देना। तू हमेशा खुश रह मेरे बच्चे।' वैभव की मम्मी भावुक होते हुए बोली।

'हाँ मम्मी। मैं हमेशा आपके ही बताये हुए रास्ते पर चलूँगा।' वैभव गंभीर शब्दों में बोला।

'अच्छा सुन, सुंदर से कपड़े पहन के जाना। तू वहाँ बड़े-बड़े लोगों से मिलने वाला है।' अपने आँसू पोंछते हुए सुमित्रा बोली।

'हाँ मम्मी, मैं काली पैंट और सफ़ेद शर्ट पहन के जाऊंगा, जो आपने दिलाई थी। अच्छा मम्मी मुझे अभी कई काम करने हैं, मैं फोन रखता हूँ, बाय मम्मी।' उसने अपनी बात पूरी की।

'खुश रह, मेरा बच्चा।' कहते हुए सुमित्रा ने फोन काट दिया।

अभी दोपहर के 2 बजे थे लेकिन वैभव को जल्दी लगी थी। वह अभी से पार्टी में जाने की तैयारी में जुट गया। उसने जल्दी-जल्दी अपनी दाढ़ी बनायी और अपने कपड़ों को प्रेस करवा लाया। दीवार पर टंगी घड़ी अभी 3:15 ही बजा रही थी और उसकी तैयारी लगभग पूरी हो चुकी थी। आज उसको

अपनी दीवार घड़ी बहुत धीमी चलती मालूम पड़ रही थी। उसे एक-एक मिनट निकालना बहुत भारी लग रहा था।

समय तो अपनी रफ्तार से चलता है और शाम होते कौन सी देर लगनी थी। शाम ढलने के साथ वैभव तैयार होकर पार्टी के लिए निकला। उसकी खुशी का कोई ठिकाना नहीं था। उसने एक टैक्सी ली। वह बार-बार अपने कॉलर को चढ़ा रहा था। आज उसे मुम्बई शहर की तंग सड़कें रंगीन दिखाई दे रही थीं। वह विचारों में डूबा हुआ था, तभी उसका फोन बजा, दूसरी तरफ श्रुति थी।

'हाँ, श्रुति।' वैभव ने उसका स्वागत किया।

'वैभव कहाँ हो? मुझे आपसे मिलना है। मैं नीचे लॉन में आपका इंतजार कर रही हूँ।'

'ओह... मैं बताना भूल गया। मैं अंधेरी जा रहा हूँ, हमारे सीरियल निर्देशक के घर पर एक पार्टी है। उन्होंने मुझे भी बुलाया है, सो...।'

'वाव...। ये तो बहुत अच्छी बात हैं, वैभव। पार्टी में बड़े-बड़े लोगों से मुलाकात होगी और नई जान-पहचान बनेगी। चलो अच्छा है, तो आप निकलो हम बाद में बात करेंगे। बाय...।'

'अरे सुनो...। देखो मुझे एक असाइनमेंट मिला है, जिसके लिए मुझे एलीफेंटा जाना है। गेटवे ऑफ इंडिया से कितना समय लगता है जाने में।' वह अपने नये काम को लेकर बहुत उत्साहित था।

'एलीफेंटा के लिए फेरी जाती है। कोई 20 मिनट लगेगा...।'

'यह फेरी रोज जाती है न कि किसी दिन अवकाश भी रहता है।' उसने पूछा।

'अरे! यह तो टूरिस्ट स्पॉट है, दिनभर फेरी जाती रहती है, वैसे तुम्हें कब जाना है।' श्रुति ने पूछा।

'कोई दिन तय नहीं है, पर मैं जल्द-से-जल्द जाना चाहता हूं, क्योंकि अगले सप्ताह स्क्रिप्ट पूरी करके देनी है।' उसे आर.के. साथ किया गया अपना वादा याद था।

'सुनो वैभव कल तो नहीं... अगर परसों का समय रखो तो मैं तुम्हें लेकर वहां चल सकती हूं। कल मुझे कॉलेज जाना है कुछ आवश्यक काम है।' उसने अपने कार्यक्रम रीकॉल करते हुए कहा।

'ऐसा कोई जरूरी नहीं है। परसों एलीफेंटा चलना ठीक रहेगा। मैं तैयार

रहूंगा।' उसे खुशी हो रही थी कि श्रुति भी उसके साथ रहेगी।

'हां तो ठीक है, बाय...।' श्रुति ने फोन रख दिया था।

अपनी बात पूरी करने के साथ ही एकबार फिर वैभव रात की पार्टी के ख्यालों में डूब गया। उसे लग रहा था कि इस पार्टी में जरूर कुछ होने वाला है, जो उसका जीवन बदल देगा। हो सकता है कि पार्टी में उसकी किसी सुपर स्टार से मुलाकात हो जाए। कड़ी मुश्किल से समय कटा और वह 7:30 बजे तैयार होकर अपने कमरे से निकला। सड़क पर आकर उसने अपनी तैयारी का एकबार फिर खुद से मुआयना किया और आर.के. बंगले तक जाने के लिए एक टैक्सी रोकी।

'साहब। हम पहुँच गये।' ड्राइवर ने एक बंगले के गेट पर टैक्सी रोकते हुए कहा। वे आधे घंटे में ही वहां पहुंच गये थे।

वैभव टैक्सी से उतरा। उसकी नजर आर.के. के बंगले की जगमगाहट और आसमान पर दिख रही आतिशबाजी की रोशनी पर पड़ी। बंगले की सजावट देखकर वह एक नजर में ही समझ गया था कि यह कोई साधारण पार्टी नहीं थी, यह रईसों की पार्टी थी। मुख्य द्वार पर खड़ी दो सुन्दर महिलायें आने वाले मेहमानों पर फूल छिड़ककर स्वागत कर रहीं थीं। वहां बहुत से लोगों की भीड़ थी। पार्टी शुरू हो चुकी थी। लोगों के हाथों में जाम थे और कुछ लोग हिंदी गानों पर थिरक रहे थे। किसी के हाथ में वोदका तो किसी के हाथ में शैम्पन थी, तो कोई वाइन के साथ हँसी के ठहाके लगा रहा था। दूसरी ओर कुछ लोग फ्लोर पर नृत्य कर रहीं लड़कियों की हिलती कमर पर नजरें लगाये बैठे थे।

उसने सोचा कि इतना खर्चा तो राजस्थान में बेटियों की शादी में भी नहीं होता, जितना एक रात की इस दावत पर आएगा।

'नहीं। बिलकुल नहीं, मैं राजनीति में आना कतई पसंद नहीं करता। मुझे कलाकारों से बेहद प्यार है और मैं अपना जीवन इन्हीं के बीच रहकर गुजारना चाहता हूँ।' आर.के. सिगरेट का कश मारते हुए अपने दो दोस्तों के बीच व्यस्त दिखे। उन्होंने मैरून रंग का सूट पहन रखा था और रात के समय भी आँखों पर सनग्लासेज चढ़ा रखा था। उनके दूसरे हाथ में शराब से भरा गिलास था।

'गुड इवनिंग सर।' आर.के. के पास जाकर वैभव ने बड़े अदब से नमस्ते किया।

'गुड इवनिंग।' आर.के. पीछे पलट कर देखा।

‘अरे वैभव। आओ, अभी आ रहे हो।’ उन्होंने अपना गिलास ऊपर उठाकर उस रिस्पांस दिया।

‘अरे सुनो, साहब के लिए एक ड्रिंक लेकर लाओ।’ आर.के. ने वेटर को इशारा किया।

‘नहीं सर। मैं ड्रिंक नहीं करता।’ उसने सर हिलाते हुए मना कर दिया। ‘चलो ठीक है, तो। आओ मेरे साथ आओ, मैं आपको एक और राइटर विजय से मिलवाता हूँ जो अपना कॅरियर बनाने के लिए स्ट्रगल कर रहे हैं। पिछले कुछ महीनों से हमें सीरियलों के एपिसोड लिख कर दे रहे हैं।’

‘अरे विजय। इनसे मिलो, ...वैभव है इनका नाम।’ आर.के. ने विजय से कहा।

‘अच्छा ये हैं विजय...। मैं आपके ऑफिस में इनसे मिल चुका हूँ लेकिन नाम अभी मालूम पड़ा।’ वैभव ने विजय से हाथ मिलाया।

‘ओह। अच्छा है, तो तुम पहले से ही एक-दूसरे को जानते हो। चलो तो मैं आपको सक्सेना जी से मिलवाता हूँ जो नामी फिल्म प्रोड्यूसर हैं।’

‘चीयर्स।’ आर.के. ने अपना गिलास सक्सेना के गिलास से चीयर्स किया और वैभव और विजय की मुलाकात करवाते हुए बोला।

‘सक्सेना जी, वैभव राइटर है। यह अपनी कहानियों की हर एक लाइन, हर एक शब्द में अपनी जान डाल देता है। यह बहुत होनहार राइटर है जो आर.के. प्रोडक्शन के लिए स्क्रिप्ट लिख रहे हैं और आगे देखना मैं इस लड़के को कैसे चमकाता हूँ।’

सक्सेना ने बारी-बारी से सबसे हाथ मिलाते हुए मुस्कराया।

‘भाई, हमें तो नये लोगों के साथ काम करना बहुत पसंद हैं, बाकी तुम्हारी मेहनत और किस्मत।’ आर.के. ने आगे कहा और जोर से हंस दिया। वह सुरूर में दिखने लगे थे।

‘तो आर.के. साहब बच्चों को चलना सीखा रहे हो।’ सक्सेना ने एक सिप लेते हुए पूछा।

‘लॉलीपॉप चूसने वाले बच्चे नहीं हैं ...और ना ही अंगुली पकड़ कर चलने की उम्र है इनकी।’ मिस एकता उनके पास आते हुए बोली।

‘वेलकम... वेलकम एकता जी। मुझे पता है ऊंगली पकड़कर चलने की उम्र नहीं है इनकी और ना ही ये बच्चे हैं, लेकिन हमें इनको एक प्लेटफार्म

देना चाहिए, जहाँ से खुद को, ...खुद के हुनर को साबित कर सके। किसी को सहारा देने में क्या हर्ज है।' आर.के. ने वैभव के कंधे पर हाथ रखते हुए कहा।

'हाँ, अच्छा है...। मुझे पता है आप नये लोगों के साथ काम करना ज्यादा पसंद करते हो और यह अच्छा भी है नये लोगों के सपने भी पूरे हो जाते हैं।'

'मेरा सपना तो तब पूरा होगा जिस दिन आप खुद मेरे पास आओगे और मेरी लिखी स्क्रिप्ट पर फिल्म बनाओगे।' वैभव विश्वासभरी आवाज के साथ बोला।

'तुम्हारी जानकारी के लिए बता दूँ। एकता उन्हीं के पास जाती है जो बाकी दुनिया से भिन्न हों। ...और जिस दिन मैं तुम्हारे पास आऊंगी, तुम्हारी दुनिया बदल जाएगी।' एकता की मुस्कान में विश्वास झलक रहा था।

'अरे यार, अभी ये सब छोड़ो और पार्टी एन्जॉय करो।' आर.के. वाइन की पूरी बोतल उठा लाये थे।

पार्टी देर रात तक चलती दिख रही थी। आर.के. उन्हें छोड़कर दूसरे आने वाले मेहमानों की आगवानी के लिए आगे बढ़ चुके थे। थोड़ी देर बाद पार्टी पूरी तरह रंगीन और जवान हो गयी। इसमें फिल्मों में काम करने वाले कई एक्टर और एक्ट्रेस भी शामिल हो गए। डीजे की धुन पर लोग नाच-गा रहे थे। वैभव ने पार्टी का पूरा आनंद लिया।

वह खाना खाकर जब अपने कमरे में पहुंचा, तब रात के 2 बज चुके थे। वह इस रंगीन रात को वह हमेशा याद रखेगा।

***

सोमवार की शाम को वैभव के पड़ोसी का बेटा राजीव उसके यहां आया। उसके माता-पिता किसी जरूरी काम से शहर से बाहर गये थे। वह उनके साथ नहीं गया, क्योंकि उसे क्रिकेट मैच खेलना था। देर शाम को मैच ख़त्म होने के बाद मैदान से उसे लेकर घर आने की ज़िम्मेदारी वैभव की थी।

उसे लाने के लिए उसने श्रुति से उसका स्कूटी ले लिया था। वह थोड़ा जल्दी ही मैदान पहुँच गया था। उसने देखा कि राजीव मैच नहीं खेल रहा है, बल्कि बेंच पर नॉन-प्लेइंग खिलाड़ियों के साथ बैठा है। वैभव उसके पास बैठ गया और उससे पूछा कि वह क्यों नहीं खेल रहा है और स्कोर क्या हो गया है। उसने मुस्कराते हुए बताया कि वह फील्डिंग कर रहा था और अभी मैदान

से बाहर आया है और टीम मैनेजर ने उसके स्थान पर दूसरे खिलाड़ी को भेजा है। इससे भी ज्यादा खुश होते हुए उसने बताया कि यह लास्ट ओवर है और उसकी टीम अभी बेहतर फील्डिंग कर रही है।

वैभव ने कहा- 'सच, मुझे लगा था कि इससे तुम्हें दु:ख हुआ होगा और तुम निरुत्साहित हो गये होंगे। 12 साल का राजीव थोड़ा उलझन में दिखाई दिया, लेकिन उसने पूछा कि मुझे दु:खी और निराश क्यों होना चाहिए, जबकि अभी हार-जीत का फैसला होना तो बाकी है। उसकी बात सुनकर वहां मौजूद सभी बच्चों के चेहरे पर मुस्कान छा गई। चाहे वह अतिरिक्त खिलाड़ी हो या उनकी टीम का उत्साह बढ़ाने आये अन्य बच्चे। सच तो ये था वैभव के पास राजीव के सवाल का जवाब नहीं था। यह उम्मीद, यह भरोसा अद्‌भुत था। आखिर में राजीव की टीम 8 रन से जीती तो वैभव के चेहरे पर आश्चर्य का भाव थे।

जब वैभव और राजीव घर लौटे तो आईपीएल क्रिकेट मैच में विराट कोहली की कप्तानी वाली आरसीबी और किंग्स इलेवन पंजाब के बीच मैच टीवी पर आ रहा था। वे दोनों मैच देखते हुए डिनर करने बैठे, तब पंजाब की टीम 175 रन का पीछा कर रही थी। जब भी किंग्स इलेवन टीम का कोई विकेट गिरता या उसका कोई खिलाड़ी जोखिमभरा शॉट खेलता तो कैमरामैन प्रीति जिंटा का तनाव भरा चेहरा दिखाता। खिलाड़ी के आउट होने के डर से वह अपनी आँखें बंद कर लेती और जैसे-जैसे मैच फैसले की ओर बढ़ रहा था, उनके चेहरे पर निराशा के भाव साफ दिखाई देने लगे थे। कुछ ही गेंदे फेंकी जानी बाकी थी, लेकिन वैभव के पास बैठे इस बच्चे के चेहरे पर मैच देखते हुए कोई भाव नहीं आ रहा था और उसका पक्का भरोसा था कि जब तक आखिरी बॉल नहीं फेंक दी जाती, मैच हारा या जीता नहीं जाता। यह बात सही भी हैं, क्योंकि क्रिकेट हो या फुटबाल कई मैच रोमांच के चरम पर पहुँच कर खत्म होते हैं, जैसे कि किंग्स इलेवन पंजाब मात्र एक रन से मैच हार गया। अंतिम गेंद फेंके जाने तक भरोसा कायम होना चाहिए।

वैभव के पास बैठे राजीव ने इस हार का जिम्मेदार प्रीति जिंटा को ठहराया। उसका तर्क था कि जब भी कैमरा प्रीति के चेहरे पर जाता और उसका तनावभरा चेहरा स्क्रीन पर दिखाया जाता, बैट्‌समैन व्यग्र हो जाता और इसलिए वह जीत के आखिरी दो रन नहीं बना पाया। उसने कहा कि आईपीएल मैचों में जीत, रन का पीछा करने वाली टीमों की ही हो रही हैं। इस बात का फायदा किंग्स इलेवन को मिल सकता था, लेकिन वह हार गए। ऐसा इसलिए हुआ

क्योंकि टीम ऑनर ने इतना तनाव बना दिया था।

यह वैभव के लिए बिलकुल नई थ्योरी थी जो 12 साल के बच्चे की जुबानी थी। उसने बताया कि मैं हमेशा अपने पैरेंट्स से कहता हूँ कि जब मैं खेल रहा होता हूँ तब वह अपने भाव प्रकट न करें क्योंकि हममें से अधिकांश स्कूली बच्चे अपने माता-पिता की उम्मीदों के अनुसार रियक्ट करते हैं। वैभव को यह बात बहुत तर्कसंगत लगी और इस बार भी उसके पास उसकी बात का कोई जवाब नहीं था। उसे अपने पहले सवाल का जवाब मिल गया था, जो वह मुंबई आने के बाद वह खुद से किया करता था।

आज उसे पता चल गया था कि उसने यहां आकर कोई गलती नहीं की। उसने अपने दिल की ही सुनी है जो हर किसी को सुननी चाहिए। जब वैभव और राजीव सोने गये तो वैभव मन ही मन सोच रहा था कि जीवन भी एक गेम की तरह है और किसी को भी निराश क्यों होना चाहिए, जब तक की रेफरी, वह भगवान हमारे जीवन की आखिरी सीटी न बजा दे? सच्चाई यह है कि जब तक जीवन हैं, कोई भी बात असंभव नहीं है और यह कभी भी किसी के लिए भी बहुत लेट होने जैसा नहीं है। बस कभी भी समय से पहले खुद सीटी न बजाए। मतलब हार न मानें।

'आप लिखते हो। आप राइटर हो क्या?' राजीव डायरी उठाते हुए उससे पूछा।

'हाँ, मैं लिखता हूँ।' वैभव अपने बेड की चादर सही कर रहा था।

'मैंने तो एक बार 'ओसम टर्म्स ऑफ़ लाइफ' बुक पढ़ी थी, ठीक थी लेकिन ज्यादा खास नहीं थी।' राजीव उसकी डायरी रखते हुए बोला।

'संजय सिंह की। मैंने भी पढ़ी थी मुझे तो बहुत अच्छी लगी। बहुत सुंदर लव स्टोरी है और उसके इन्क्रेडेबल मोटीवेट करने वाले स्पीच, मुझे तो अच्छी लगी।'

'हाँ, लेकिन मैं अभी कॉलेज में नहीं पहुंचा हूँ ना... और वह बुक कॉलेज लाइफ पर थी।' राजीव मुस्कराता हुआ बोला।

'अच्छा भैया। आपने भी कोई बुक लिखी है या फिर सीरियल्स के लिए केवल एपिसोड ही लिखते हो।' राजीव ने पूछा।

'मैंने अभी तक कोई बुक नहीं लिखी है, लेकिन मैं लिखूंगा जरूर, कभी समय मिलेगा तो। आज कल मैं एक फिल्म की स्क्रिप्ट पर काम कर रहा हूँ।'

उसने कहा और कमरे की बत्ती बुझा दी। उसे कल जल्दी उठना था, क्योंकि श्रुति के साथ एलीफेंटा जाने का प्रोग्राम था।

वैभव सुबह उठा तो देखा कि बाहर भारी मौसम था। सूरज का पता नहीं था। बारिश के आसार थे, उसे मायूसी हुई कि खराब मौसम के कारण एलीफेंटा जाने का प्रोग्राम गड़बड़ न हो जाए। उसने थोड़ा इंतजार करने की सोच कर तैयारी में जुट गया। उसने चाय पीकर एपीसोड संबंधी बातों पर गौर किया, जिससे वह स्क्रिप्ट से न्याय कर सके।

जब वहं बाथरूम से नहा कर बाहर आया तो नौ बज रहे थे। उसी समय उसके फोन की रिंगटोन बज उठी। उसने देखा कि दूसरी ओर श्रुति थी। उसे लगा कि शायद खराब मौसम के कारण वह आज के प्रोग्राम को कैंसिल करने के लिए फोन कर रही थी।

'हां, श्रुति कैसी हो...।' उसने पूछा।

'मैं तो तैयार होकर मम्मी की किचन में मदद कर रही हूं। तुम तैयार हो न..., एक घंटे में हम निकलेंगे।' वह बहुत उत्साहित थी।

'बहुत अच्छे, मुझे तो लगा कि आज मौसम ठीक नहीं है, इसलिए तुमने मना करने के लिए फोन किया है।' उसने अपनी आशंका से उससे अवगत किया।

'अरे कोई बात नहीं। मुंबई में बारिश-वारिश तो चलती रहती है। इस कारण कोई अपने काम तो नहीं रोकता। तुम तैयार होकर 10 बजे नीचे आ जाना।' उसने याद दिलाया।

'वो कोई प्राब्लम नहीं है, मैंने नहा लिया है। बस कपड़े पहनकर तैयार हो जाऊंगा।' उसने विश्वास के साथ कहा।

'मम्मी हमारे लिए पूरियां तल रहीं हैं। आलू की भुजिया बन चुकी है। हम वहीं पर लंच लेंगे।' उसने बताया।

'अरे यह सब करने की कोई आवश्यकता नहीं है। पूरियां-वूरियां मत तलवाओ। हम वहीं पर कुछ खा लेंगे।' वैभव ने मना किया।

'ओ मिस्टर, अपनी सलाह अपने पास रखो, तुम बस तैयार होकर समय से नीचे आ जाना, अब फोन रखो। मम्मी बुला रही है।' उसने एक तरह से डांटते हुए कहा।

वैभव को कमरे के बाहर स्कूटी के हार्न की आवाज सुनायी पड़ी तो वह

जल्दी से अपना बैग उठाया और कमरा बंद कर बाहर निकल आया। बाहर निकला तो देखा कि सूरज बादलों की ओट से झांक रहा था। मौसम बेहतर हो चुका था।

उसने श्रुति को देखा, तो देखता ही रह गया। उसने धानी रंग की साड़ी पहन रखी थी। उससे मैच करता ब्लाउज और सैंडल। अपने बाल करीने से क्लिप में अटका रखे थे। बिना बांह की ब्लाउज में उसका कंधा चमक रहा था। सुबह की ताजगी उसके चेहरे पर झलक रही थी। उसने बाद में गौर किया कि अपनी पोशाक से मिलते-जुलते कलर की लिपस्टिक भी उसके होठों पर चमक रही थी। वह उसे अपलक देखता ही रह गया।

देर तक स्कूटी के बजते हॉर्न की आवाज से उसकी तंद्रा भंग हुई।

'वहां खड़े-खड़े क्या कर रहे हो, चलना नहीं है क्या?' उसने नाराजगी दिखायी तो मंत्रमुग्ध-सा वैभव उसके पीछे स्कूटी पर जाकर बैठ गया। पूरे रास्ते वह बड़ी मुश्किल से अपने को रोके रखने में सफल रहा कि उसने श्रुति को पीछे से आलिंगनबद्ध नहीं किया।

वे जब गेट वे ऑफ इंडिया पर पहुंचे तो दोपहर हो चुका था। उस समय हल्की बूंदाबांदी होने लगी थी। दोनों ने पानी से बचने के लिए भागकर फेरी के लिए टिकट ली और जाकर फेरी में बैठ गए। उनके अलावा उस फेरी में दो परिवार और बैठे थे। एक बंगाली फैमिली थी। दो अधेड़ उम्र की महिलाएं, एक 12 साल का लड़का और एक लगभग 50 साल का आदमी। दूसरा एक कपल था, जिसके साथ एक छोटी बच्ची भी थी।

दोनों के आने के साथ उस परिवार ने फेरी चलाने के लिए शोर मचाना शुरू कर दिया। वे लोग एक घंटे से इंतजार कर रहे थे, लेकिन फेरी वाला पैसेंजर भरने का इंतजार कर रहा था। अंत में उसे मजबूरी में लगभग खाली फेरी लेकर जाना पड़ा।

वैभव एलीफेंटा पहुंचा तो प्रकृति की अद्‌भुत कृति को देखकर चकित रह गया। पत्थरों को काटकर गुफा में देवी-देवताओं की आकृति बनाई गयी थी। यहां आकर समझ आया कि यह मुम्बई में सैलानियों के लिए सबसे बड़ा आकर्षण क्यों है। यहां तक आने में फेरी ने एक घंटे का समय लिया, क्योंकि यह स्थान 10 किलोमीटर से भी अधिक दूर था और बहुत ही रमणीय स्थल था। खराब मौसम के कारण आज सैलानियों की संख्या नगण्य दिख रही थी।

'देखा... मुंबई का हमारा हॉट टूरिस्ट स्पॉट।' श्रुति चहकते हुए बोली। उसने वैभव का एक हाथ पकड़ रखा था। दूसरे हाथ में खाने का बैग था।

'हां, देख रहा हूं, कमाल की गुफा है, लेकिन मैं तो कुछ और ही देख रहा हूं।' उसने उसकी आंखों में देखते हुए कहा। उस समय तक दोनों लगभग आधे घंटे में एलीफेंटा की गुफा का पूरा नजारा ले चुके थे।

'क्या देख रहे हो...।' वह तिरछी नजरों से उसे देखकर मुस्कुरायी।

'मैं... मैं देख रहा हूं कि स्वर्ग की अप्सरा, रंभा साक्षात् मुझे स्वर्ग लोक में ले आयी है।' कहते हुए उसने श्रुति को अपने पास कर लिया।

'धत्...।' कहते हुए श्रुति शरमाई, लेकिन उसने वैभव से अलग होने की कोशिश नहीं की।

वैभव सुबह से ही उसके सम्मोहन में बुरी तरह बंधा चल रहा था। स्कूटी पर उसके पीछे बैठने पर उसके लगाये गये डियो की गंध ने उसकी स्थिति और गहरा दी थी। उसकी साड़ी से बाहर छलकता हुआ उसका जिस्म तो पहले ही गजब ढा रहा था, जिसमें से उसके सांचे जैसा सुदर बदन झलक रहा था। उसे अपने ऊपर खुद का नियंत्रण नहीं दिख रहा था।

'धत् क्या... तुम तो सचमुच में रंभा हो जिसने कामदेव को भी अपने बस में कर लिया था। मैं तो हाड़-मांस का बना अदना सा एक इंसान हूं।' कहते हुए वैभव ने उसका हाथ पकड़ लिया।

उसी समय बिजली चमकी और उसकी तेज आवाज में श्रुति डर कर वैभव से लिपट गयी। बारिश तेज हो गयी थी। गुफा में अंधेरा हो गया था और आसपास कोई भी नहीं था। वैभव के कपड़े बारिश की चपेट में आकर पहले ही थोड़े भीग चुके थे।

उसने श्रुति को पकड़ कर वहीं चट्टान पर बिठा लिया। श्रुति को डर लग रहा था। वह वैभव से अलग होना चाह रही थी, किंतु उसकी हरकतों का वह विरोध नहीं कर सकी। उसने महसूस किया कि वैभव की सांस बहुत तेज चल रही है। उसकी स्थिति खुद उसके नियंत्रण में नहीं थी। वैभव ने एक झटके में उसका चेहरा पकड़कर चूम लिया। दोनों शरीर में हरारत थी। श्रुति सुध-बुध खो रही थी। वह वैभव को मना करना चाह रही थी, लेकिन ऐसा करने की शक्ति उसमें नहीं थी।

वैभव ने उसे बेहिसाब चूमना शुरू कर दिया था। उसने बालों की क्लिप

को हटा दिया तो श्रुति के बाल खुलकर बिखर गए। उसने गले तक चले आये उसके बालों को हटाकर उसकी पीठ सहलानी शुरू कर दी तो उसके शरीर में झुरझुरी होने लगी। उसके बाद श्रुति को खुद भी मालूम नहीं था कि वैभव के हाथ कहां-कहां फिसल रहे हैं। उसे उस समय जरूर झटका लगा, जब वैभव का हाथ उसके वस्त्रहीन सीने की उभार पर पड़ा। उसने उन उभारों को हौले-होले दबाना शुरू किया तो वह आनंदलोक में विचरने लगी थी। फिर वह खुद भी उफान की लहरों में दूसरी पतवार चलाने लगी। कुछ देर तक लहरें चलती रहीं जो कुछ मिनट बाद ही तूफान में बदल गयी। थोड़ी देर में आया तूफान शांत हो गया। तब तक बारिश भी बंद हो गयी थी।

***

एक सप्ताह बाद वैभव स्क्रिप्ट लेकर आर.के. जी के ऑफिस पहुंचा। उसने देखा कि ऑफिस के एक केबिन में कंप्यूटर के सामने बैठा एक बूढ़ा आदमी रो रहा है। जब से वैभव आर.के. के ऑफिस आने लगा था, तब से वह उस आदमी को देख रहा था। अलग ही नजर आने वाली कद-काठी, 70 के उतरार्ध या 80 की शुरुआत की उम्र के बावजूद वह तन कर चलते थे। हमेशा सफेद रंग का कम लम्बाई वाला कुर्ता पहनते और साथ में हमेशा बंद छाता होता। आमतौर पर उसके चेहरे पर मित्रतापूर्ण मुस्कान होती, लेकिन आज उसका चेहरा गंभीर और बेहद दु:खी था। वह केरल के थे, इसलिए उसकी हिंदी अच्छी नहीं थी, लेकिन अंग्रेजी फर्राटेदार बोलते थे। वह वहां के अकाउंट का काम संभालता था।

वैभव उसे देखकर हताश-सा हो गया था और अपने आप को उसका कारण जानने के लिए नहीं रोक पाया। वह उसके केबिन में घुस गया। वैभव ने उस बूढ़े आदमी से पूछा, 'क्या हुआ?'

इतना सुन कर वह रो पड़ा। बोला, 'मेरा एक बेटा था, एक सरकारी दफ्तर में काम करता था। 20 साल पहले वह एक एक्सीडेंट में मर गया। उसके दो बच्चे थे, जिनको हमने पाल-पोस कर बड़ा किया। उनको पढ़ाया-लिखाया और पिछली साल पोती की शादी भी कराया। ...और अपुन पिछले दो साल से आर.के. साहब को कह रहा है कि मेरे पोते को टेक्नोपार्क में कोई काम दिला दे, लेकिन अभी तक उन्होंने कुछ नहीं किया। आर.के. साहब की मंत्रियों तक पहुँच है, अगर वह एक फ़ोन करेगा तो उसे काम मिल जायेगा। उसकी मम्मी

बोलता है कि अब इसके पास अपनी किस्मत आजमाने के अलावा कोई चारा नहीं है और अपुन के पास आत्महत्या करने के अलावा। अब वह घर छोड़कर शहर चला गया। अगर अपुन मर गया तो मेरा दाह संस्कार कौन करेगा', कहते हुए वह आदमी फिर रोने लगा।

वैभव ने उसे तसल्ली दिलाया, 'सब ठीक हो जायेगा। अगर उसमें कुछ करने का हुनर है, तो उसे जरूर काम मिलेगा।' और वैभव उस पर करुणाभरी निगाह डालते हुए वहां से वापस लौटा।

वह आर.के. जी के केबिन में पहुंचा तो उसने जे.जे. थॉमस का दर्द आर.के. के सामने बयान किया।

'वैभव! मैंने उसके पोते के बारे में खबर ली थी, वह मानविकी का विद्यार्थी है और उसमें भी उसका बहुत कमजोर प्रदर्शन रहा है। एलएलबी के लिए प्रवेश पाने में वह नाकाम रहा। आईटी और सॉफ्टवेयर डेवलपमेंट का हब तिरुवंतपुरम के टेक्नोपार्क और बीपीओ में वह किसी काम का नहीं है। ...और वैसे भी अगर कोई किसी काम का ना हो तो उसे किसी के कहने से भी कोई काम नहीं देगा। आप अपने से देखो, आप को यहां कौन लेकर आया था, आपका जुनून, आपका हुनर आपके दिल की आवाज।' आर.के. जी ने अपनी बात रखी।

'खैर। यह सब छोड़ो और आप स्क्रिप्ट दो। आपने एलीफेंटा वाले एपीसोड की स्क्रिप्ट तैयार कर दी।' आर.के. जी वैभव की तरफ हाथ बढ़ाते हुए बोला।

'यस सर! स्क्रिप्ट तैयार हैं।' वैभव ने तार फाइल में रखी स्क्रिप्ट उनकी ओर बढ़ाई।

' वेरी गुड वैभव। तुम्हारी क्षमता और हुनर को इसीलिए तो मैं पसंद करता हूं।' उन्होंने पहला पेज पढ़ने के बाद कहा।

***

कुछ दिन बाद....।

वैभव अपने कमरे में लेटा हुआ किताब के पन्ने पलट रहा था। दोपहर के 2 बजे थे और वह अपना लंच कर चुका था। वह किताबें पढ़ने का स्कूल दिनों से ही शौकीन था। कमरे का वातावरण एकदम शांत था और वह डॉ. एपीजे अब्दुल कलाम की लिखी आत्मकथा, 'द टर्निंग पॉइंट ऑफ़ माय लाइफ' पढ़ रहा था।

अचानक फ़ोन की घंटी बजी। उसने फोन उठाया और शांति से बैठ कर फ़ोन सुनने लगा- 'जी...जी..., हाँ जी..., क्या कहा फिल्म के लिए स्टोरी लिखनी है, क्या सचमुच सर। थैंक यू वेरी मच सर।'

फोन पर मिले संदेश से उसका चेहरा चमक उठा था। फोन रखने के साथ ही वह कूदकर खड़ा हो गया और कमरे में नाचने लगा। वह आइने के सामने खड़ा होकर मुस्कराया और खुद से बोला, 'मुझे पता था, तू कर दिखायेगा, मुझे पता था...।' उसकी आँखें छलक उठी थीं। वह कुछ समय के लिए बिना हिले-डुले वहीं खड़ा रहा। फिर जोर से चिल्ला उठा।

उसकी चिल्लाने की आवाज बगल के कमरे में बैठी दादी के पास पहुंची तो दादी घबरा गयीं और अपने थके कदमों से उसके कमरे की तरफ दौड़ीं।

'वैभव बेटा! दरवाजा खोलो, क्या हुआ तुझे?' दादी दरवाजा खटखटाते हुए बोली।

वैभव ने दरवाजा खोलकर अपनी दादी को गोद में उठा लियाता है।

'अरे वैभव बेटा, बात क्या है? तू इतना खुश क्यों हो रहा हैं और मुझे नीचे उतार, कहीं लग जाएगी।'

'दादी! तुझे पता है, मेरे लिखे हुए स्क्रिप्ट पर फिल्म बनेगी, मेरा नाम अब स्क्रीन पर आएगा और इसके लिए मुझे बहुत मोटे पैसे भी मिलेंगे।' वैभव उत्साहित होता हुआ बोला और दादी को नीचे उतार दिया।

उसकी खुशी का कोई ठिकाना नहीं था, आज तो आँखों में भी पानी जश्न मना रहा था। वैभव अपनी कामयाबी की खुशी को नहीं रोक पाया और दादी से लिपट कर रोने लग गया।

'अरे! मेरा पागल बच्चा, खुशी के मौके पर रोते थोड़ी ही ना है।' दादी ने उसके आँसू पोछते हुए कहा।

***

रात के 9 बजे थे। श्रुति अपने कमरे में मोबाइल पर किसी के साथ बात कर रही थी। उसकी मम्मी रसोईघर में खाना बना रही थी, पापा टीवी पर समाचार देख रहे थे। मां ने मसूर की दाल का तड़का लगाया, जिसकी खुशबू सारे घर में फ़ैल गयी। लक्ष्मण टीवी जरूर देख रहे थे, पर पूरा ध्यान नहीं था। वह बार-बार किचन की ओर देख रहे थे। दरअसल उन्हें भूख लगी थी और

वह जल्दी से खाना चाहते थे। वह राधा को आवाज लगाकर पूछना चाहते थे कि अभी कितनी देर है खाना परोसने में, तभी दरवाजे की घंटी बजी।

'जरा देखो तो जी! कौन है?' राधा ने रसोईघर से आवाज दी।

'हाँ, मैं देखता हूँ तुम खाना लगाने की तैयारी करो।' कहते हुए लक्ष्मण खड़े हो गए। उन्होंने दरवाजा खोला तो अपने सामने वैभव को खड़ा पाया।

'अरे वैभव बेटा तुम। आओ, अन्दर आओ।'

'अरे श्रुति..., देखो तो वैभव आया है। उसके लिए जरा पानी लेकर आओ।' फिर वैभव से मुखातिब होते हुए उसे कुर्सी पर बैठने का संकेत किया। साथ ही दोनों हाथों के इशारे से पूछा कि सब ठीक तो है?

वैभव का नाम सुनते ही श्रुति ने अपना फोन बंद किया और एक गिलास में पानी लेकर ड्राइंगरूम में पहुंची।

'हैलो वैभव, क्या बात है? तुम्हारा चेहरा इतना मुरझाया हुआ क्यों है?' उसने पानी का गिलास थमाते हुए पूछा।

'नहीं तो, क्या मैं मुरझाया हुआ लगता हूं? अरे मैं तो बहुत खुश हूं। गौर से देखो खुशी का बहुत बड़ा राज छुपा है और मैं तो बहुत ज्यादा खुश हूँ। उदास हों मेरे दुश्मन...।' वैभव मुस्कराया।

'जरा गेस करो... मेरी खुशी का राज क्या है?' उसने दोनों लोगों की ओर देखा।

'अच्छा तो शायद तुम्हारे लिखे स्क्रिप्ट पर कोई सीरियल एप्रूव हुआ होगा।' श्रुति के चेहरे पर कौतुहलता थी।

'नहीं यह बात नहीं है, ...कुछ और गेस करो।' वैभव ने उसे एक मौका और दिया।

'उम्म... समझ नहीं आ रहा, तुम्हारे घर से कोई खुशी का समाचार आया है क्या?' उसकी आंखें चमक रही थी।

'नहीं, यह भी गलत...।'

'तो बताओ, ना... क्या बात है, जल्दी बताओ।' उसने मचलते हुए पूछा।

'हां, वैभव तुम्हारी खुशी की वजह क्या है।' लक्ष्मण ने भी अपनी उत्सुकता जताई।

'मुझे बहुत बड़ा अवसर मिला है, अंकल। मुझे फिल्म के लिए स्क्रिप्ट

लिखने का ऑफर मिला है। मेरी लिखी हुई स्क्रिप्ट पर फिल्म बनने जा रही है।' उसने अपनी मुट्ठी हवा में लहराकर खुशी जताई।

'अरे वाह... ! इतनी अच्छी खबर है और तुम हो कि हमें बताने के लिए मुरझाये फूल जैसा चेहरा लेकर आये हो।' श्रुति अपने माथे को सिकोड़ती, अपनी बड़ी-बड़ी आँखें तरेरती हुए बोली।

'बहुत बढ़िया बात सुनने को मिली। अरे श्रुति, वैभव का मुंह मीठा कराओ।' पापा ने वैभव की पीठ पर हाथ फेरते हुए कहा।

'घर की याद आ रही है ना...। तुम्हारी जिन्दगी के इस अहम् पल में तुम्हें अपने घरवालों की याद आ रही है, न। वे लोग इस समय तुम्हारे पास नहीं हैं, लेकिन बेटा, अब मौका आ गया है। तुम्हें अब अपने हुनर को साबित करना है। अब तुम रुको मत, जिन्दगी की दौड़ में तुम्हें आगे निकलना है। कामयाब होना है।' पापा ने वैभव का हौसला बढ़ाने के लिए उसके कंधे थपथपाये।

'हाँ अंकल। ...आप बिलकुल सही कर रहे हैं, लेकिन इस काम से मेरे पापा कभी खुश नहीं होंगे। दरअसल वह नहीं चाहते थे कि मैं मुम्बई जाऊं और यह सब करूं। आज मुझे उनकी बहुत याद आ रही है।' की आंखें नम हो गयी थीं।

'बेटा, अपने सपने पूरे करने के लिए लोगों को त्याग करने पड़ते हैं। अपनों से दूर भी जाना पड़ता है। नौकरी के लिए तो लोगों को अपने घर-द्वार से दूर-दूर जाते हैं। ऐसे में घर वाले मायूस और निराश तो होते हैं, लेकिन नाराज नहीं होते। पहले ऐसा लगता है कि वे नाराज हैं, पर उस समय वे केवल बच्चों की हिफाजत को लेकर चिंतित होते हैं। वे सामने जताते नहीं हैं, लेकिन हर पल उनका आशीर्वाद हमेशा अपने बच्चों के साथ होता है। हर माँ-बाप यही चाहते हैं कि उनके बच्चे तरक्की करें। इस क्रम में वे कभी-कभी डांटते भी है, लेकिन उनके गुस्से में भी प्यार ही छिपा होता है। तुम्हारे साथ भी ऐसा ही है। तुम्हारे माता-पिता इस खबर से जरूर खुश होंगे।' पापा ने अपना अनुभव बांटा।

उनकी बातें सुनकर मम्मी भी वहां आ गयी थी। उनके शारीरिक हाव-भाव से साफ लग रहा था कि वह भी इस खबर से बहुत खुश हैं। उनके हाथ में मिठाई की प्लेट थी, जो उन्होंने लक्ष्मण की आवाज सुनकर फ्रिज से निकाल ली थी।

'बेटा तुमने घर पर फोन करके बता दिया है न? वे लोग भी बहुत खुश

होंगे।' वैभव की ओर प्लेट बढ़ाते हुए राधा ने कहा।

'आंटी, मैंने मम्मी को बता दिया है। उस समय घर पर पापा नहीं थे। दरअसल जब से मैं मुंबई आया हूँ, पापा से मेरी बात नहीं हुई।' वैभव मिठाई खाते हुए कहा।

'तुम आज फिर से फोन करना, बेटा। हर माँ-बाप तो यही तो चाहते हैं कि उनके बच्चे कामयाब हों, उनका नाम हो। खुद की एक अलग पहचान हो लेकिन वे यह भी नहीं चाहते कि उनकी औलाद पल भर के लिए भी उनसे दूर हो। वैभव बेटा, तुम्हारी कामयाबी इस दूरी को मिटा सकती है।' श्रुति के पापा ने कहा।

'थैंक्स अंकल। मुझे आप लोगों से बातें करके बहुत अच्छा लगा, सच में मन हल्का हो गया। मैं अब घर जाता हूँ।' वैभव चलने के लिए उठता है।

'अरे वैभव, खाना तैयार है। खाना तो खाकर जाओ।' श्रुति की मम्मी बोली।

'नहीं आंटी। मैं दादी को बोल कर आया हूं कि खाना मैं उनके साथ खाउँगा। वह मेरा खाने पर इंतजार कर रही होंगी।' उसने मिठाई खाकर, पानी का गिलास मेज पर रखा।

'खाना फिर कभी हो जाएगा। शुक्रिया आंटी, गुड नाइट अंकल।' वैभव उन्हें धन्यवाद देकर बाहर निकल आया।

'मैं वैभव को बाहर छोड़कर आ रही हूं...।' कहते हुए श्रुति उसके पीछे-पीछे बाहर आयी।

पीठ के पीछे दरवाजा बंद करते ही श्रुति ने खुशी के अतिरेक में तुरंत वैभव का हाथ पकड़ लिया। दोनों कुछ पल तक एक-दूसरे की आंखों में देखते रहे। वैभव ने उसे धीरे से अपने करीब खींचा तो वह उसके गले लग गयी। दोनों कुछ क्षणों तक एक-दूसरे के शरीर की गर्मजोशी में लिप्त रहे। श्रुति ने लपककर उसे चूम लिया।

***

वैभव खाना खाने के बाद अपने बिस्तर पर लेटा था, लेकिन नींद उससे कोसों दूर थी। वह अभी भी आर.के. के ऑफर के प्रभाव से बाहर नहीं निकल सका था। वह भावुक हो गया था। उसकी आंखों में भविष्य के सपने साकार हो रहे थे। उसका दिल खुशी में रोने को कर रहा था। उसे थोड़ी घबराहट भी

हो रही थी कि वह यह प्रोजेक्ट कैसे पूरा करेगा। उसे ऐसा लग रहा था मानो थोड़ा कुछ पाकर उसने बहुत कुछ खो दिया हो। उसे अपने घरवालों की बहुत याद आ रही थी। वह अपनी मम्मी के हाथ का खाना, उसका प्यार, पापा की प्यार भरी डांट और अपने बड़े भाई के स्नेह से वंचित था। इन लोगों के बिना उसे सबकुछ अधूरा-अधूरा सा लग रहा था।

उसने कुछ सोचा और अपनी भावनाओं को शब्दों का रूप देने का निर्णय किया और डायरी लिखने की सोचा। वह बिस्तर से उठ खड़ा हुआ और अपने बैग की चैन खोलकर डायरी बाहर निकाल ली। उसे डायरी लिखने की आदत थी और अपने जीवन के महत्त्वपूर्ण घटनाओं को तो वह सदा लिखता आया था। डायरी खोल कर वह और भी भावुक हो गया और फूट-फूटकर रोने लगा।

वह अपने आँसू पोंछकर लिखने लगा-'बहुत याद आ रहे हैं अपने लोग। मन कर रहा है कि मैं घर में मम्मी की गोद में लेटूं। अपने सपनों की कीमत अपनों से दूर रह कर भुगत रहा हूँ। हर रोज मेरे आँसू मुझसे सवाल करते हैं, काश! ...मैं आप लोगों को बता पाता कि मैं आपसे कितना प्यार करता हूँ। एक-एक पल गुजारना मुश्किल होता है आपके बिना, पर क्या करूं? पापा हमेशा कहते हैं जिन्दगी एक खेल हैं और मैं इस खेल में जीतना चाहता हूँ। मुझे पता है। आप लोग मुझसे बहुत प्यार करते हो। एक बार मैं अपने सपनों को पा लूं फिर अपनो को भी पा लूँगा। ...मुझे पता है पापा भी मुझे माफ़ कर देंगे।' वैभव अपनी डायरी बंद कर अपनी आँख साफ करता है।

उधर, वैभव के घर पर भी यही हाल था। वैभव के पापा अपनी भीगी आँखों से उसकी तस्वीर को निहारते हुए खुद अपने से बात करते हैं-

'तूने ये कैसे सोच लिया कि मैं तुम से नाराज हूँ। यदि एक बाप अपने बेटे को प्यार कर सकता हैं, उसकी हर छोटी-बड़ी ख्वाहिश, जिद पूरी कर सकता है, तो क्या उसकी गलती पर उसे एक थप्पड़ मारने का भी हक नहीं है। मैंने तुम्हें थप्पड़ इसलिए नहीं मारा कि मैं तुम्हें अपने सपनों को पूरा करने से रोकना चाहता हूँ। मैं तुम्हारी हजारों इच्छायें पूरी कर सकता हूँ, पर मेरा भी एक स्वार्थ हैं। वह यह कि मेरे बच्चे मेरी नजरों के सामने रहें। तुम खूब नाम कमाओ मेरे बच्चे, मुझे तुमसे कुछ नहीं चाहिए। बस, मेरी एक ही इच्छा है कि तुम मेरे आखिरी समय में मेरे साथ रहो।'

कबीर की आँखों से आंसू बह रहे थे और उनकी भावुक आवाज से सुमित्रा की आँख खुल गयी। उन्होंने देखा कि कबीर बिस्तर के दूसरी ओर मुंह करके रो रहे हैं।

सुमित्रा ने पूछा, 'क्या हुआ?'

'नहीं, कुछ नहीं...।' कबीर अपने आंसुओं को छुपाने की कोशिश करने लगे।

सुमित्रा बोली, 'वैभव की याद आ रही है, न! बहने दो अपने आंसुओं को, ...मत छुपाओ। मुझे पता है आप वैभव से बहुत प्यार करते हो। हर पल आपको उसकी याद आती है। मैं भी अपने बच्चे को बहुत याद करती हूँ। देखना आप, हमारा बेटा एक दिन हमारा नाम करेगा। मुझे अपने बच्चे पर पूरा विश्वास है, मुझे गर्व है उस पर।'

यह कहकर सुमित्रा भी रोने लगी। दोनों की आँखों में बादल छाये हुए थे और आंसुओं की बारिश में रात नहा रही थी।

***

अगली सुबह श्रुति बालकनी में पड़ी कुर्सी पर बैठी थी। उसके सामने अखबार खुला था। वह अपने शहर की खबर पढ़ रही थी। तभी उसकी नजर वैभव पर पड़ी। वह नीले रंग की जीन्स पर आसमानी रंग की टी-शर्ट पहने, पीठ पर बैग रखे हुए कहीं जाने के लिए निकल रहा था।

'हे वैभव, कैसे हो?' श्रुति ने बालकनी से ही आवाज लगायी।

'हाय! मैं अच्छा हूँ। आप बताओ?' वैभव ने ऊपर देखते हुए जवाब दिया।

'मैं भी अच्छी हूँ, अच्छा यह बताओ रात को अंकल से बात की?' उसने पूछा।

वैभव ने इनकार में सिर हिलाया। उसने मुस्कराते हुए अपना बैग पीठ से हाथ में ले लिया था।

'कोई बात नहीं। कहीं जा रहे हो? मुझे भी अपने सर के चैम्बर तक जाना है। एक केस पर डिस्कस करना है। रुको मैं नीचे आ रही हूं। मैं आपको कहीं छोड़ दूंगी।' श्रुति ने कहा।

वह जल्दी से तैयार होकर नीचे आयी और पार्किंग से अपनी स्कूटी बाहर निकाल लायी। तब तक वैभव एक खंभे के पास खड़े होकर अपनी फाइल पढ़ रहा था।

'बैठो।' श्रुति वैभव के पास स्कूटी रोकते हुए बोली।

'रहने दो श्रुति। तुम जाओ। हमारे इस मेलजोल को यहां के लोग क्या समझेंगे?' वैभव इधर-उधर देखते हुए बोला।

'अच्छा तो तुम्हें यहां के लोगों का बड़ा ख्याल है। ऐसा है तो चलो, फिर पैदल निकलो... और हाँ, आज के बाद मुझसे बात मत करना।' उसके तेवर नाराजगी वाले थे।

वैभव चुपचाप उसको देखता रहा। जब वह चलने लगी, तो वैभव ने कहा- 'ये किस मोड़ पर तुम्हें बिछड़ने की सूझी, मुद्दतों बाद तो संवरने लगे थे हम।'

यह सुनकर श्रुति रुक गयी और पीछे मुड़कर वैभव की आँखों में देखती है। बस आगे कुछ कहने की जरूरत नहीं है। वह वैभव की आँखों में अपने लिये प्यार देख रही थी।

'अच्छा जी, स्कूटी पर बैठने की बात पर तो लोग क्या कहेंगे..., क्यों? और जो यहां शायरी कर रहे हो तो लोग चुप रहेंगे...।'

'वैसे मुझे तुमसे एक बात करनी है।' कॉलोनी से थोड़ा आगे निकलकर एक पेड़ के नीचे अपनी स्कूटी रोककर अपनी नजर नीचे रखते हुए श्रुति ने कहा।

'हां बोलो, क्या बात है।' वैभव मुस्कराया।

'वैभव मुझे डर लग रहा है...।' वह बहुत गंभीर हो गयी थी।

'किस बात का डर... क्या कह रही हो।' उसकी बात सुनकर वह चिंता में पड़ गया था।

'डर लग रहा है...।' उसकी आंखों से आंसू निकल पड़े।

'कुछ बोलो भी, यहां सड़क पर इस तरह तुम्हें रोते देखकर लोग समझेंगे कि मैंने कुछ गलत किया है।' उसकी चिंता बढ़ गयी थी। वह सड़क पर आते -जाते लोगों को देखकर घबरा गया था।

'वैभव उस दिन के बाद मैं ठीक से सो नहीं पायी हूं... तुम मेरे साथ हो न ! मुझे कहीं बीच में छोड़ तो नहीं दोगे।' वह रोने लगी थी।

'कैसी बात कर रही हो। पहले अपने आंसू पोछो। मैंने तुम्हें पहले भी कहा है कि धैर्य रखो। हमारा संबंध अब जीवनभर का है। क्या-क्या पागलपन की बात सोचती रहती हो।' उसने उसे ढांढ़स बंधाया।

उसने अपने दुपट्टे का एक कोना उठाकर आंसू पोछे।

'देखो, बच्चों सी हरकत मत करो। तुम जानती हो कि अपने सपने को पूरा करने के लिए मैं झुन्झुनू से मुंबई आया हूं। अब गाड़ी पटरी पर आ रही है। तुम तो जानती हो कि स्टेशन पर गाड़ी पहुंचने में समय लगता है। तुम तो मेरा सहारा हो, मेरी प्रेरणा हो। श्रुति मेरी स्टोरी पर फिल्म बनते ही सबकुछ ठीक हो जाएगा। पैसे भी मिलेंगे और मेरा कैरियर भी सही दिशा में आगे बढ़ेगा। वह सही समय होगा, जब मैं पापा से बात करके तुम्हें अपना लूंगा।' वैभव ने उसके कंधे को थपथपाया।

'तुम सही कह रहे हो न! ऐसा ही होगा न!' श्रुति ने अपने आंसू पोंछ लिये थे।

' हां यार, मेरे ऊपर विश्वास रखो। बस हमें थोड़ा वक्त चाहिए। समझी अब जरा मुसकरा दो।' वैभव ने अपनी पीठ पर रखे बैग को संभाला।

वह हल्के से मुसकरायी और अपनी स्कूटी को स्टैंड से उतार लिया।

'हां अब ठीक है चलो यार! ...और सुनो रोते समय तुम बिलकुल अच्छी नहीं लगती हो। चलो-चलो मुझे बहुत देर हो चुकी है। अब तो मुझे स्टेशन तक छोड़ दो, वहां से लोकल ट्रेन से अंधेरी चला जाऊंगा।' वह मुस्कराया।

श्रुति उसे तिरछी नजर से देखकर हंसी और स्कूटी पर उसे पीछे बिठाकर स्टेशन की ओर बढ़ गई। दोनों जब शिवम् कॉलोनी से गुजर रहे थे तो वहां बहुत भीड़ दिखी, जिसके कारण ट्रैफिक जाम था। उसने श्रुति को स्कूटी रोकने का इशारा किया।

'अब क्या हुआ?' श्रुति ने पूछा।

'इतनी भीड़ क्यों है यहाँ? लगता है कुछ गलत हुआ है।' वैभव स्कूटी से उतरते हुए बोला।

'अरे गलत ही नहीं, बल्कि मुझे लगता है कोई हादसा हुआ है। देखो ना, कितने जोर से रोने की आवाज आ रही है।' श्रुति बोली।

'आओ देखें क्या माजरा है।' वैभव आगे कदम बढ़ाते हुए बोला।

'अरे वैभव, रुको। हम वहाँ जाकर क्या करेंगे? हम तो उन्हें जानते भी नहीं।' वह वैभव का हाथ पकड़ते हुए बोली।

'खुशियों में तो सब ही शामिल होते हैं, किसी के गम में शरीक होने से पहले हम इतना क्यों सोचते हैं? हम उनका गम कम नहीं कर सकते तो क्या हुआ, बाँट तो सकते हैं, आओ देखते हैं।' वैभव आगे बढ़ता चला गया।

'हे भगवान! मैं इसको कब समझ पाऊँगी।' श्रुति ने कहा और अपनी स्कूटी एक किनारे पार्क करते हुए उसके पीछे-पीछे हो ली। उसे यह नहीं समझ आ रहा था कि एक ओर तो वह कह रहा था कि उसे अंधेरी पहुंचने में बहुत देर हो चुकी है। दूसरी ओर वह स्कूटी रोकने के लिए कह रहा है। मुंबई में तो कुछ-न-कुछ तमाशा रोज होता ही रहता है।

सामने भीड़ लगी थी। 30-40 लोग जमीन पर लेटी लगभग 50 वर्षीया औरत के चारों तरफ खड़े थे। सभी गमगीन थे। अधिकांश लोग चुपचाप देख रहे थे। ऐसा लगा कि लेटी हुई महिला का शरीर मृत है। उसके पास ही अंतिम संस्कार का सामान रखा हुआ था। एक पंडित अंतिम संस्कार की तैयारी कर रहे थे। माहौल बहुत ही दुःखद और दुर्भाग्यपूर्ण लग रहा था।

'कौन है यह औरत और यह सब कैसे हुआ?' वैभव वहां खड़े एक आदमी से पूछा।

'यह तो होना ही था। ये बड़े बदनसीब माँ-बाप है, जिनके बेटे को इनकी जरा-सी भी फ़िक्र नहीं है। माँ काफी दिनों से बीमार चल रही थी, उसे इलाज की जरूरत थी। उसका पति गरीब है और उसके पास बीवी के इलाज के लिए पैसे नहीं थे। बेटा सिंगापुर में नौकरी कर रहा है। उसका परिवार भी वहीं है। पिता ने जब उससे संपर्क किया तो उसके पास अपने घर आने की फुर्सत नहीं थी। कहता था, छुट्टी नहीं मिल रही, अगले हफ्ते आऊंगा। अगले हफ्ते-अगले हफ्ते, बोलते-बोलते इतना वक्त गुजर गया और आज उसकी माँ ही गुजर गयी। ...बदनसीब औरत। मरने से पहले अपने बहू-बेटे-बहू का मुंह भी न देख सकी। मालूम चला कि बाप अपने बेटे से इतना नाराज था कि उसने मां की मौत की खबर भी उसे नहीं दी। एक अन्य अधेड़ आदमी ने वैभव को बताया।

'कहाँ है उसका बेटा?' वैभव ने पूछा।

'सिंगापुर में। अपनी पत्नी के साथ रहता है साहब।' उसी आदमी ने जवाब दिया।

'क्या आप लोग उससे मेरी बात करा सकते हो?' वैभव ने पूछा तो एक दूसरा आदमी वैभव को फ़ोन लगा कर दिया।

'उसका नाम क्या है?' वैभव हाथ में फोन पकड़ते हुए बोला।

'रंजन।'

वैभव ने फोन अपने कान के पास लगाया तो उसे दूसरी ओर घंटी की

आवाज जाती सुनायी दी। कुछ क्षण बाद दूसरी ओर से किसी ने फोन उठाया।

‘हैलो, क्या मेरी बात रंजन से हो रही है?’ वैभव ने पूछा।

‘हाँ, मैं रंजन। आप कौन?’

‘मैं कौन हूँ, यह जानना आवश्यक नहीं है, बल्कि वह बात जाननी अधिक आवश्यक है, जिसके लिए मैंने फोन किया है ...और वह बात यह है कि अब तुम्हारी मां इस संसार में नहीं रही। यहां स्थिति यह है कि तुम्हारे पिता मनीआर्डर का इंतजार कर रहे हैं। चूंकि आज सुबह तुम्हारी माँ दुनिया से रुखसत हो गयी। अब तुम तो उनकी अर्थी को कन्धा देने आओगे नहीं, चलो कोई बात नहीं, लेकिन जब घर से कोई चला जाता हैं, किसी की मौत हो जाती है, तो 13 दिन के लिए बैठक लगानी पड़ती है। उस समय घर पर लोगों का आना-जाना लगा रहता हैं। घर पर आये हुए लोगों को चाय-पानी भी करानी पड़ती है, लेकिन तुम्हारे पिता अकेले क्या-क्या करेंगे। यदि तुम पैसे भेज दो तो कुछ लोगों का इंतजाम कर लेंगे, फिर काम आसान हो जायेगा। ....और हाँ तुम फ़िक्र मत करना, कॉलोनी में बहुत लोग हैं, सभी बहुत अच्छे हैं। कोई-न-कोई तो तुम्हारी माँ की चिता को आग दे ही देगा। बस तुम जल्दी से पैसे भिजवा दो।’ वैभव ने अपनी बात ख़त्म की और फोन काट दिया।

वहाँ खड़े सभी लोग यह सोच कर हैरान थे कि वैभव ने रंजन से इतनी बात की। उन्हें विश्वास नहीं था कि उसके फोन करने के बाद रंजन आ जायेगा। इन बातों से अनजान उसके पिता को अपना होश हवास नहीं था।

‘यजमान। इनके अंतिम संस्कार की सभी तैयारियां सम्पूर्ण हो चुकी हैं, अब और देर करना उचित नहीं है।’ पंडित ने हाथ जोड़कर कहा।

‘पंडित जी! माँ-बाप की चिता को आग देने का हक सिर्फ उसके बेटे का होता है। इनका बेटा जिंदा है, लेकिन अभी यहाँ है नहीं, वह आने वाला है। दूसरा ऐसा कोई यहां नहीं है, अतः हमें उसका थोड़ा इंतजार करना होगा।’ वैभव बोला।

‘वह नहीं आयेगा बेटा, कतई नहीं आएगा।’ रंजन के पिता ने रोते हुए कहा।

‘अंकल वह आयेगा। अभी सुबह के 7.30 बजे हैं और सिंगापुर से मुंबई आने में हवाई जहाज से 4-5 घंटे लगते हैं। वह आपके पास दोपहर के 2-3 बजे तक पहुँच जाएगा। अंकल आप अपने आप को संभालिये, बस।’ वैभव ने उनको दिलासा दिलाते हुए कहा।

'अगर वह नहीं आया तो?' श्रुति ने उससे धीरे से पूछा।

'वह आयेगा श्रुति, जरूर आयेगा। आज इनकी मौत ही बेटे को यहाँ खींच लाएगी।' वैभव मृत शरीर की तरफ इशारा करता हुआ बोला।

'और तुम तो अपने किसी काम से जा रहे थे। उसका क्या?' उसने याद दिलाया। उसी समय वैभव के फोन की घंटी बजी।

'वैभव तुम कहां हो? ट्रैफिक में फंसे हो या बारिश की वजह से नहीं आ पा रहे हो?' दूसरी ओर लाइन पर आर.के. थे।

'नहीं सर। यहाँ बारिश नहीं, तूफ़ान आया है और आज यदि इस तूफ़ान को थामा नहीं गया तो सब कुछ ख़त्म हो जायेगा।' वैभव ने इस घटना को तूफ़ान की संज्ञा दी।

'अच्छा, ...ठीक है। तूफ़ान शांत हो जाये तो आज मुझसे मिलने की कोशिश करना।' आर. के. को उसकी बात समझ नहीं आयी थी।

'जी सर।' वैभव ने मोबाइल बंदकर जेब में रखा और श्रुति को वापस जाने के लिए कहा।

'क्यों? हम साथ ही निकलेंगे।' श्रुति बोली।

उसे पता नहीं था कि आगे क्या होने वाला है, पर उसकी बात पर भरोसाकर लोग रंजन का इंतजार करने पर सहमत हो गये थे। पंडित पहले तो जल्दी करने को कह रहा था, लेकिन अब वह भी शांत हो गया। उसने अपना बैग उठाया और यह कहकर निकल गया कि जब रंजन आ जाएगा, तब उन्हें सूचना दे देना।

भीड़ थोड़ी छंट गयी थी। कुछ लोग अपने-अपने काम पर लग गए। दोपहर बाद 3 बज चुके थे। लोग रास्ते में रंजन के लिए अपनी आँखें बिछाए बैठे थे। अचानक एक आदमी दौड़ा आया, जो रंजन का जानकार था। उसने बताया-

'रंजन मुंबई एयरपोर्ट पहुँच चुका है। उसकी फ्लाइट 10 मिनट पहले पहुंची है। वह यहाँ कुछ ही देर में पहुँच जाएगा, उसने मुझे फोन किया था।'

वह आदमी यह जानकारी सबको ऊंची आवाज में देता है। उसकी बात से लोगों में खुशी की लहर पहुंच जाती है। श्रुति बहुत खुश होती है। वह वैभव की अनोखी पहल की मुरीद हो गयी थी। उसने स्नेहवश उसका हाथ पकड़ लिया।

कुछ समय बाद वहां एक टैक्सी आकर रुकती है, जिसमें से 25 वर्षीय

आदमी उतरता है। उसके साथ एक औरत भी थी। वैभव समझ गया कि यही रंजन और उसकी बीवी होंगे। सब लोग उसको देखने पास आ जाते हैं, लेकिन उसके पिता को अपनी सुध-बुध नहीं थी। उनकी नजरें जमीन में गड़ी थी।

रंजन हौले-हौले अपनी माँ की ओर कदम बढ़ाता है। उसके पिताजी को रंजन के क़दमों की आहट महसूस हुई। उन्होंने नजर उठाकर देखा तो सामने उनका बेटा था। वह तमककर रंजन और अपनी पत्नी के बीच खड़े हो गए। सामने खड़े रंजन को देखा तो अपने गुस्से पर काबू नहीं पा सके और उसे जोरदार थप्पड़ जड़ दिया।

'मिल गया तुझे वक्त। अपनी माँ की मौत की खबर सुनते ही दौड़ा चला आया। क्यों, तेरे बिना इसकी चिता को आग नहीं लगती क्या? दफा हो जा यहां से।' उसके पिता की आंखों से आंसू निकल रहे थे।

वैभव ने उसके पिता का हाथ पकड़ लिया और रंजन से बोला, 'देख। देख इसे। माँ थी ये तेरी, ये अपनी बीमारी से जिन्दगी की भीख माँगती रही, लड़ती रही और चली गयी। जैसे तू बहुत दूर चला गया था। माँ तो मर गई, लेकिन बाप अभी जिन्दा हैं, अब भी वक्त है.... लौट आओ रंजन। देखो कितनी अजीब बात है। है ना....। सारी जिम्मेदारियाँ सिर्फ माँ-बाप की होती हैं, बच्चों को पढ़ाते-लिखाते हैं, उन्हें काबिल बनाते हैं। अपनी हैसियत से ज्यादा बच्चों पर खर्च करते हैं, ताकि वह बड़ा हो कर, कुछ बन सके। बच्चों का भविष्य संवारने के लिए वे अपनी जरूरतों का गला घोंट देते हैं। अपने बच्चों को उच्च शिक्षा दिलाने के लिए वे उन्हें खुद से दूर भेज देते हैं ताकि कल बुढ़ापे में वे उनको अपने पास रख सकें। आगे चलकर वही बच्चे जब चार्टर्ड एकाउंट, कंपनी सेक्रेट्री, एमबीए, एम टेक इत्यादि बनकर कमाने लगते हैं, तब वे अपने माँ-बाप से दूर हो जाते हैं। तब उन्हें अपना स्टैण्डर्ड मेंटेन करना होता है। अरे जिस माँ-बाप ने अपने बच्चे के करियर के लिए इतना कुछ त्याग किया, उसके बदले में उन्हें क्या मिला। कुछ नहीं, कुछ नहीं न। न बेटा मिला और न ही बहू। अगर आप अपनी रोजी-रोटी के लिए अपने माँ-बाप को छोड़ रहे हो या अपने वतन को छोड़ रहे हो, तो लानत है इस जिन्दगी पर, जिसे आप अपनों का गला दबा कर संवारने में लगे हो।

यह कहानी आज अकेले तुम्हारी नहीं है, रंजन। आज की पीढ़ी यही कुछ कर रही है, जो भटक चुकी हैं। वह अपनी सुविधाओं के लिए सब-कुछ छोड़ने को तैयार हो जाती है। हम लोग माँ-बाप के मरने पर उनकी आत्मा की

शांति के लिए हवन कराते हैं, कबूतरों को दाना डालते हैं, साधुओं को भोजन कराते हैं, गरीबों में कम्बल बांटते हैं, उनकी चिताओं में घी डालते हैं और भी न जाने क्या-क्या करते हैं। लेकिन यह सब करना मूर्खता हैं, अरे! उनके जिन्दा रहते यह सब कर लिया होता तो शायद वे कुछ साल और जी जाते। अरे पागल माँ-बाप बोझ नहीं होते, वे तो एक पेड़ की तरह होते हैं, जिनकी छाया तो नसीब वालों को मिलती है। जिस पेड़ की छाया के नीचे सारा सुख-चैन होता है। हम उसी पेड़ से दूर भागते हैं, रंजन! आने वाली पीढ़ी हमसे भी चार कदम आगे होगी। वह हमें छोड़ के चले जाये, उससे पहले हमें लौट आना चाहिए। उन्हें विदेश की खूबसूरती दिखाने की बजाय अपने संस्कारों से उन्हें पोषित करना चाहिए। जिस घर में माँ-बाप नहीं होते, उस घर में भगवान नहीं होते। कल को तुम्हारे भी बच्चे होंगे, तुम भी माँ-बाप बनोगे। संभल जाओ रंजन अभी भी वक्त हैं, अब अपने वतन से वापस लौट के मत जाना।' वैभव ने उसे जिन्दगी की सच्चाई से अवगत कराया।

वैभव की बातों में वजन था। वहाँ बैठे सभी लोग उसकी बात से सहमत थे। उसकी बात सुनकर सभी की आँखों से आंसू बहने लगे था। रंजन बिलखलता हुआ जोर-जोर से रोने लगा। वह अपनी माँ के पैरों में गिर गया।

'माँ मुझे माफ़ कर दे, मेरी माँ।' रंजन रो रहा था।

कहते हैं मुंबई में बारिश बिन मौसम होती है, लेकिन आज एक बेटे को अपनी माँ के लिए बिलखते देख आसमान की छाती फट गई। रंजन का पिता भी उसे गले लगाकर रोने लगा।

इधर, श्रुति आगे बढ़कर वैभव का हाथ पकड़कर उसके कंधे पर अपना सर रखती है। उसकी भी आँखें नम थी।

***

दो दिन बाद....। रात के समय श्रुति आईने के सामने बैठी अपने बाल संवार रही थी, लेकिन उसके ख्यालों में वैभव समाया हुआ था। वह बैठी-बैठी अपने आप से बात कर रही थी। उसके अंदर की श्रुति ने कहा, 'वैभव बाकी सब से अलग हैं, मैं जितना उसे समझने की कोशिश करती हूँ, उतना ही उलझती जाती हूँ। मुझे वह बहुत अच्छा लगता है। हर वक्त उसके साथ रहने का मन करता है, उसके साथ समय बिताना अच्छा लगता है। ओह माई गॉड, ...मुझे तो उससे सच्चा प्यार हो गया।' वह खुद से शरमा जाती है। फिर वह सोचने लगती

है कि क्या वैभव भी उससे हमेशा सच्चा प्रेम करेगा? उसने कभी अपने दिल की बात नहीं बतायी। वह तो हमेशा गंभीर रहता है। हे भगवान। वह सोचती है कि उसका वैभव इतना गंभीर क्यों है। उसे थोड़ा हंसमुख और रोमांटिक होना चाहिए। उसने मन ही मन भगवान शंकर का ध्यान किया और कहा कि वह उसके वैभव को थोड़ा रोमांटिक बना दे।

'अरे श्रुति, काफी देर हो चुकी है, बत्ती बुझा के सो जा।' बाहर से श्रुति की मम्मी की आवाज आयी तो उसकी तंद्रा भंग हुई और उसने बत्ती बुझाकर अपनी आंखें मूंद ली।

***

सुबह के समय पक्षियों की चहचहाहट और शोर सुनकर श्रुति की नींद खुल गयी। वह यह देखने के लिए आंखें मलते हुए उठ कर बालकनी में गयी। उसे एक अजीब-सा शोर सुनाई दिया। नीचे खड़े लोग ऊंची आवाज में वैभव की तारीफ़ कर रहे थे।

वह अपने पापा को आवाज लगाती है और नीचे हो रहे शोर के बारे में बताती है। वह श्रुति को अपने हाथ में लिया अखबार दिखाते हैं, जिसमें वैभव की फोटो छपी थी। उसके साथ लिखा हुआ था कि यह वीडियो इन्टरनेट पर दो दिन पहले वरुण नाम के व्यक्ति ने अपलोड किया था। समाचार यह था कि वीडियो में बोलने वाला आदमी एक स्क्रिप्ट राइटर है, जिसका नाम वैभव है। पिछले दो दिनों सें यह वीडियो सोशल मीडिया पर वायरल हो रखा है, जिसे 10 लाख लोगों ने देखा है। इस वीडियो में आज की युवा पीढ़ी को अपने वतन, अपने देश वापस लौटने का संदेश है।

श्रुति अखबार लेकर पूरी खबर पढ़ती है और वैभव के घर दौड़ जाती है।

'दादी....दादी कहां हो?'

'अरे क्या हुआ श्रुति? तुम हमेशा तूफ़ान एक्सप्रेस बनकर क्यों आती हो?' दादी बोली।

'दादी वैभव कहाँ है? देखो उसकी फोटो छपी है, अखबार में।'

'वह तो अभी अपने कमरे में सो रहा है।'

'दादी उसने सोये हुए लोगों को जगा दिया है और खुद सो रहा है, वह नहीं सो सकता। मैं जगाती हूँ उसे।' श्रुति कहती है और वैभव के कमरे में

जाती है। टेबल पर रखी पानी की बोतल उठाकार मुंह पर पानी छिड़कती है। वैभव अपनी आँखें खोलता है, तो अपने सामने श्रुति को पाता है।

'अरे तुम। यहाँ क्या कर रही हो इतनी सुबह?' वैभव अपनी आँखें मलता उठ बैठा।

'ये देखो, तुम्हारी फोटो।' श्रुति ने वैभव को अखबार में छपी उसकी फोटो दिखाया।

'ओह गॉड! अब यह कौन-सा नया ड्रामा है।' वैभव अपने होठों को दांतों तले दबाकर गर्दन हिलाया।

'वैभव बेटा। देखो तुम्हारे बारे में टीवी पर भी आ रहा है।' दादी बाहर से आवाज लगाती है और श्रुति उसका हाथ पकड़कर बाहर आती है और दोनों दादी के साथ टीवी देखते हैं।

बड़े-बड़े शहरों के हवाईअड्डों पर बहुत से लोगों की भीड़ दिखाई जा रही थी और उनसे मीडिया के पूछे जाने पर सबका एक ही जवाब मिल रहा था कि वैभव का कहना सही है। अगर कुछ करना होगा तो हम यहीं रहकर करेंगे। अपने वतन में रहकर, अपने देश की सेवा करेंगे, अपने माँ-बाप का आदर करेंगे। नहीं जाना हमें अपना वतन छोड़ कर। वैभव सर, हम वापस लौट आये हैं अपने वतन। इन सब लोगों की आँखों में खुशी के आंसू छलक रहे थे। वैभव बिना हिले यह सब देख रहा था। न्यूज़ चैनल का एंकर बोल रहा था कि एक लड़के की बात सुनकर न जाने आज कितने लोगों की सोच बदल गयी। न जाने कितने ही लोग आज वैभव से प्रभावित होकर अपने वतन को लौट रहे हैं।

श्रुति चेहरा घुमाकर वैभव की तरफ देखती है और उसकी ठोड़ी को पकड़ कर भीगी आँखों के साथ कहती है, 'यार तुम महान हो।' वह अपनी भावनाओं को काबू में नहीं रख सकी और रोते हुए वैभव के गले लग गयी।

कितने ही माँ-बाप की आज चाहत पूरी होगी, उनके घरों में खुशियों की दिवाली होगी...।

'क्या आप बता सकते हो? आपका भारत वापस आने का कारण क्या है?'

'पैसों से मैंने अपनी हर जरूरत पूरी की हैं, विदेश में अच्छा घर, बड़ी गाड़ी, अपना नाम, रुतबा सब हासिल किया मैंने, लेकिन मम्मी-पापा की कमी आज भी खलती है। वे अपना देश छोड़ना नहीं चाहते थे, इसलिए हमारे साथ

नहीं रहे। मैंने वैभव का वीडियो देखा। बहुत रोया हूं मैं... और मैं अब लौट आया। ऐसी नौकरी और पैसों का हम करेंगे भी क्या, जिसको पाने के लिए हम अपने माँ-बाप के हाल से बेखबर रहते हैं।'

'मैंने अपनी पढ़ाई लंदन में पूरी की और वही इंजीनियर बन गया और अपनी गर्लफ्रेंड से वहीं शादी कर ली, वैभव का वीडियो देखने के बाद मुझे एहसास हुआ कि मैंने अपने माँ-बाप के सपनों, उनके अरमानों को अपनी इच्छा के तले कुचल दिया है। अब जिससे शादी की है उसे तो छोड़ नहीं सकता, लेकिन अब मम्मी-पापा को तो साथ ले जा सकता हूँ।'

'मुझे 15 लाख का ऑफर क्या मिला, मैं देश छोड़ने को तैयार हो गया जबकि भारत में भी मुझे 10 लाख का पैकेज ऑफर हुआ था, लेकिन अब मैं 15 लाख के लिए उनसे दूर नहीं रह सकता, जिन्होंने मुझे यहाँ 10 लाख कमाने के लायक बनाया है।'

'हमारे अंदर काबिलियत हैं, हम यहाँ रह कर भी बहुत कुछ हासिल कर सकते हैं। हम लौट आये हैं, अपने घर, अपने देश। लव यू मम्मी-पापा।' सब लोग एक साथ चिल्लाते हैं।

'वाह। कहने का तरीका सबका भले ही अलग हो, लेकिन मतलब एक ही निकल रहा हैं, वह यह कि हमें अपना घर चाहिए, हमें अपने माँ-बाप चाहिए। अब हम आपको वह वीडियो दिखायेंगे, जिससे इतनी बड़ी सोच को जन्म मिला हैं, जिसने हम सब को एक साथ किया।' टीवी रिपोर्टर कहती है और टीवी पर वीडियो दिखाया जाता है, जिसमें एक महिला का मृत शरीर जमीन पर रखा होता हैं, उसके बेटे की चीख सुनाई पड़ती हैं, लोग वैभव पर नजरें टिकाये उसको सुन रहे होते हैं। उस वक्त यह वीडियो पूरा भारत देख रहा था। कॉलोनी के लोग अपने घरों में, आर.के. अपनी केबिन में, वह चोर चाय के ठेले पर जो अब रिक्शा ड्राइवर बन गया, मिस एकता अपने घर पर।

उधर झुन्झुनू में वैभव के पापा कबीर अपने घर से जब फैक्ट्री के लिए निकल रहे थे, तो एकाएक उनकी नजर टीवी पर पड़ी। वह अपना बैग जमीन पर रखकर चुपचाप खड़ा होकर देखने लगे और उनको खड़ा देखकर पीछे सुमित्रा भी आ खड़ी हुई। टीवी देखकर सुमित्रा की आँखों से आंसू टपकने लगे। सुमित्रा ने आवाज देकर मनोज को भी वहां बुला लिया था। यह सोचने वाली बात है। कैसा होगा ये नजारा, जब कोई माँ-बाप अपने बेटे का नाम इतनी ऊँचाइयों तक उछलता हुआ देखे। कबीर चश्मा उतारकर अपनी आँखों

को पोंछते हैं और पीछे घूम कर सुमित्रा से कहते हैं, 'सुमित्रा तुमने सही कहा था कि एक दिन वैभव हमारा नाम आसमान पर लिखेगा। फक्र है मुझे अपने बच्चे पर।'

'आज ना जाने कितने ही माँ–बाप की दुआएं और उनका आशीर्वाद हमारे बेटे के साथ है।'

***

'मुझे विश्वास नहीं हो रहा कि वरुण ने ये सब किया।' वैभव अखबार देखते हुए कहता है।

'हाँ। आपको तो क्या, कोई भी ये उम्मीद नहीं कर सकता कि हमारे भाई कभी किसी के लिए भी अच्छा कर सकते हैं। लेकिन सच तो ये ही है कि आज तुम्हारी वजह से हमें हमारे भाई वापस मिल गये।' स्वाति अंदर आते हुए कहती है और स्वाति के साथ में सभी लोग भी अंदर आ गए।

'भगवान तुम्हारे जैसा भाई सबको दे, जो सबकी इज्जत करता हो, रिश्तों का मतलब समझता हो।' राघव की बहन बोली।

'कौन हो तुम? कहाँ से आये हो? इस बात से कोई फर्क नहीं पड़ता, तुमने यहाँ आकर एक रिश्ता सा बना लिया है। अब यहाँ से कहीं मत जाना भैया।' नितिन की बहन ने कहा।

'हमारे गुनाहों की सजा अब तो कुछ कम होगी ना।' वरुण हाथ जोड़कर बोला है।

'वह तुम्हारे गुजरे कल की भूल थी, नासमझी थी वो तुम्हारी। पैसे और जवानी के जोश में तुम लोग अपना अतीत भूल गये थे, लेकिन हर पाप का अंत पश्चाताप से होता हैं, जो तुम्हें हो गया है।'

अचानक बाहर से शोर सुनाई देता है। दादी बाहर निकल के देखती है कि लोगों की भीड़ इधर आ रही है। दादी अंदर जाकर सभी को इसके बारे में बताती है। वैभव बाहर आता है तो देखता है कि लोगों के साथ मीडिया के लोग भी हैं। वैभव के वहां पहुंचते ही, उस पर सवालों की बारिश होने लगी।

'क्या आपने ये वीडियो जान–बूझकर बनवाया था?'

'कहीं यह तो नहीं आपने किसी की मौत का फायदा उठाकर यूथ को जगाने की योजना बनाई हो।' एक पत्रकार पूछता है।

'नहीं, अगर मुझे पता होता कि एक इस वीडियो से इतने लोगों की सोच बदल जाएगी तो मैं यह काम बहुत पहले ही कर चुका होता।' वैभव ने स्पष्ट जवाब दिया।

'आज आपकी वजह से कितने होनहार लड़के-लड़कियां भारत लौट रहे हैं, उनके घर वाले जरूर आपको दुआ दे रहे होंगे। लेकिन सुना है आप खुद अपना सपना पूरा करने के लिए खुद अपने माँ-बाप से दूर रह रहे हो, इसकी क्या वजह है?' मीडिया फिर एक कंटीला सवाल पूछती है।

'ये बहुत अच्छी बात है कि वे सब अपने देश लौट रहे हैं, उनकी काबिलियत इस देश के काम आयेगी और रही बात मेरी, तो कौन कहता है कि मैं घर से दूर हूँ? मैं अपने घर से दूर नहीं हूँ। मैं अपने देश को अपना घर मानता हूँ और मैं मेरे वतन की मिट्‌टी पर हूँ। मेरा वतन ही मेरा घर है। मैं अपने सपने को पूरा करने के लिए अपनों से थोड़ा दूर जरूर हुआ हूँ, लेकिन जुदा नहीं।'

'आप ही बताइए माँ-बाप से बढ़कर कौन है?' वैभव मीडिया से पूछता है।

'शायद भगवान।'

'नहीं। मेरे लिए माँ-बाप भगवान से भी बढ़कर हैं और उनसे भी बढ़कर है मेरी ये दादी, जिन्होंने मुझे एक अंजान शहर में रहने के लिए जगह दी और मुझे इतना प्यार दिया। भगवान ने मुझे कोई बहन नहीं दी, लेकिन यहाँ मुझे तीन-तीन बहनें मिली। यहाँ मुझे श्रुति जैसी दोस्त मिली, जो मेरे अच्छे-बुरे समय में हमेशा मेरे साथ रहती है। क्या अब भी आपको लगता है कि मैं अपने घर से दूर हूँ, और जिस दिन कुछ बन जाऊंगा, तो उसी दिन मैं अपने मम्मी-पापा को अपने साथ ले आऊंगा।'

वैभव के जवाब सुनकर मीडिया के लोग चुप हो गए। जवाब हर बात का था, इसलिए प्रश्नों की ही कमी हो गई।

***

वैभव और श्रुति समंदर के किनारे बैठे थे, जहाँ लहरें बार-बार उनके कदम चूम रही थी। 'इन लहरों ने भी कैसी किस्मत पाई है, है ना....। इन्हें कभी साहिल नसीब नहीं होता, क़दमों तक आकर वापस लौट जाती हैं।' श्रुति लहरों को छूकर बोली।

‘हाँ, लेकिन हिम्मत तो देखो। बार-बार कोशिश करती है।’ वैभव ने दूर सागर की ओर देखते हुए कहा।

‘तुम हर चीज में इतनी सकारात्मकता कैसे तलाश लेते हो?’ श्रुति वैभव से पूछती है।

‘देखो श्रुति। दुनिया बिलकुल वैसी ही है, जैसी आप देखना चाहते हो। चाहे तो चाँद पर दाग देख लो या फिर कीचड़ में कमल। बस फर्क आपके नजरिये का है कि आप कीचड़ को देख रहे हो या फिर कमल को।’

‘सब कुछ नजर आता है तुम्हें, सबकी तकलीफें दिखाई पड़ती है। फिर तुम मेरी हालत से बेखबर कैसे हो सकते हो?’ श्रुति ने सीधे सवाल पूछा।

‘ओह नो। मैं तो भूल ही गया था, मुझे आर.के. सर से बात करनी थी।’ वैभव ने बात बदल दिया।

‘कोई है, जो तुम्हारे जवाब के इंतजार में बैठी है।’ श्रुति वैभव का हाथ अपने हाथों में लेते हुए बोली।

‘जब आपने हाथ ही थाम लिया है, तो मुझे नहीं लगता कि अब भी कुछ कहना बाकी है।’ वैभव ने उसकी आंखों में देखते हुए बहुत कुछ कह दिया था।

‘वैभव! मैं तुम्हारे बिना रह नहीं सकती... मैं तुमसे बहुत प्यार करती हूँ...।’ श्रुति वैभव की आँखों में देखती है। वैभव उसके और करीब आ जाता है।

सामने लालिमा लिये हुए सूरज सागर में समाने की तैयारी कर रहा था। पक्षी झुंड में कलरव करते हुए अपने-अपने घोंसलों की ओर जा रहे थे। वैभव ने अपने दोनों हाथों से श्रुति के चेहरे को थाम लिया और आगे बढ़ कर उसके माथे पर प्यार भरा चुम्बन करके श्रुति से बोला, ‘मैं तुम्हें इतना प्यार करूंगा कि तुम मुझसे बोर हो जाओगी।’

‘कभी नहीं..., मुझे और प्यार करो वैभव।’ कहकर वैभव की बाहों में और सिमट गई।

‘ये मोहब्बत के बादल हैं, श्रुति। यूं ही नहीं बरसा करते, थोड़ा-थोड़ा करके बरसेंगे।’ वैभव धीमे स्वर में बोला।

‘बरसा दो मुझ पर... थोड़ा-थोड़ा करके, सारा बरसा दो, मैं मोहब्बत की बारिश में भीगना चाहती हूँ।’ श्रुति वैभव को पकड़ते हुए बोली।

उसी समय पास में खेलते हुए बच्चे की गेंद उनके बीच आ गिरी। वैभव ने गहरी सांस ली और गेंद उठाकर वापस बच्चों को दे दी। उसने श्रुति को

देखा तो वह मुंह छिपाकर हंस रही थी। वैभव उसे देर तक देखता रहा। फिर दोनों वापसी के लिए उठ गए।

वैभव श्रुति की तरफ देखता है और उसे घर चलने के लिए कहता है, लेकिन श्रुति मना करते हुए कहती हैं, 'मैं तो यही इसी जगह इस डूबते सूरज के साथ आपमें घुलना चाहती हूँ। तुम्हें पता है वैभव, रोज रात को तुम्हें इस तरह याद करती हूँ, जैसे सुबह कोई इम्तिहान हो मेरा और रोज रब से तुम्हारी कामयाबी और लम्बी उम्र की प्रार्थना करती हूँ। क्या तुम भी मेरे लिए भगवान से कुछ माँगते हो?'

वैभव श्रुति की आँखों में देखता है और उसका हाथ पकड़कर कहा, 'तुम बहुत भोली हो। पता है। मैंने जब भी रब से गुजारिश की हैं, तेरे चेहरे पर हँसी की सिफारिश की है।

'इसे ही इश्क कहते हैं, ये ही है मोहब्बत।' श्रुति वैभव के कंधे पर अपना सर टिकाते हुए बोली।

'हमें कहाँ मालूम थे मायने इश्क के, बस तुम मिली और जिन्दगी मोहब्बत बन गयी।' वैभव बुदबुदाया।

'भैया बाल फेंकना इधर। फिर से एक लड़का अपनी बॉल के लिए चिल्ला रहा था। वैभव को बार-बार का व्यवधान कुछ अच्छा नहीं लगा। वह पुनः बाल उठाकर उनकी ओर फेंकता है और दोनों वहाँ से घर के लिए उठ खड़े हुए।

'चलो पहले हम दादी के पास चलते हैं और सबसे पहले उसे ही अपने रिश्ते की नई शुरुआत के बारे में बताते हैं।'

'हाँ, दादी यह सुनकर बहुत खुश हो जाएगी।'

श्रुति ने अपनी स्कूटी पार्क करने के बाद वैभव के साथ कमरे में प्रवेश किया, लेकिन दादी कहीं नजर नहीं आयी। उसे लगा कि शायद वह दूसरे कमरे में होगी। वैभव भी दादी की तलाश कर रहा था।

दादी ऊपर की मंजिल वाले कमरे में मिलती हैं। दोनों कमरे में जाते हैं तो यह देखकर हैरत में पड़ जाते हैं कि दादी रो रहीं थी। उनकी आँखों से आंसू बह रहे थे, जो उनकी हाथ में पकड़ी तस्वीर पर गिर रहे थे। वैभव और श्रुति को देखकर दादी संभलती हैं और अपने आंसू पोंछने लगी।

'दादी, क्या हुआ? क्यों रो रही हो, आपकी तबीयत तो ठीक है न?' श्रुति दादी के पास बैठ गयी।

‘ये आपका पोता है ना दादी।’ वैभव दादी के हाथ से तस्वीर लेते हुए पूछा तो दादी इशारे से हाँ बोली।

‘इतने बच्चे अपने घर वापस आ गये, लेकिन आपका पोता घर नहीं लौटा। आप इसीलिए रो रही हो न दादी।’ श्रुति ने धीमी आवाज में पूछा।

उसकी बात सुनकर दादी फूट-फूटकर रोने लगी। वैभव और श्रुति दादी को सँभालते हैं। कुछ क्षण बाद दादी अपने आँसू पोछकर बोली, ‘आज एक ख्वाब हकीकत पर भारी पड़ गया। मेरे बेटे-बहू तो कुछ साल पहले एक सड़क दुर्घटना में चल बसे थे। उनकी मौत के बाद मैं बिलकुल टूट गई थी, लेकिन अपने पोते का मासूम चेहरा देखकर मैं जी उठी। मुझे जीना था, अपने पोते के लिए मुझे जीना था। राहुल मेरा बच्चा, मेरा पोता मेरी जीने की प्रेरणा था। वो मेरा ख्वाब था। मैंने उसकी देखभाल की और एक सपना संजो बैठी थी कि वह एक दिन अपनी इंजीनियरिंग की डिग्री लेकर अपनी दादी के पास लौट आएगा। अब हकीकत यह है कि वह अब कभी वापस नहीं आएगा।’ दादी फिर से भावुक हो गयी और रोने लगी।

‘क्यों दादी? वह वापस क्यों नहीं आएगा?’ श्रुति आश्चर्य से पूछती है।

‘मेरा पोता अमेरिका से अपनी इंजीनियरिंग की पढ़ाई कर रहा था, पिछले साल परीक्षा में फेल होने की वजह से उसने आत्महत्या कर ली। उसको... उसको एक बार भी अपनी बूढ़ी दादी का ख्याल नहीं आया।’ दादी भावुक होते हुए भारी आवाज में बोली।

‘ओह माई गॉड! दादी आपने इतनी बड़ी बात हमसे आज तक छुपा रखी थी और आज अपनी जिन्दगी के इस दर्दनाक सच से रूबरू करवाया। क्यों दादी...? क्यों? आपने हमें पहले क्यों नहीं बताया?’ श्रुति भी रोने लगी थी। वह दादी से लिपट गयी। दोनों रोने लगीं थी।

‘अरे पगली! जो होना था सो हो गया। तुझे पता हैं, मैं किरायेदार क्यों रखती हूँ?’

‘क्यों दादी?’ वैभव बोला।

‘इसलिए कि मुझे पता था कि कोई तो एक दिन आयेगा, जो मेरे बच्चे की कमी पूरी करेगा ...और देखो। तुम दोनों कभी मुझे मेरे पोते की कमी महसूस नहीं होने देते हो। वैभव तो मेरे बगैर खाना भी नहीं खाता।’

‘हाँ दादी। मैं कभी आपको खुद से दूर नहीं होने दूंगा, हमेशा आप मेरे

करीब रहोगी।' वैभव भावुक शब्दों में बोला।

'अच्छा श्रुति, प्यार करती हो ना मेरे सरफिरे से।' दादी बात बदलते हुए श्रुति से बोली।

'दादी आपको यह कैसे पता?' श्रुति की आँखें आश्चर्य से बड़ी हो चुकी थी।

'मैं भी तो तुम लोगों की उम्र से गुजर चुकी हूं, मैं सब समझती हूँ मेरे बच्चों। वैभव मेरे पोते जैसा हैं, क्या तू मेरी बहू बनेगी?'

'दादी...।' श्रुति शरमाते हुए दादी से लिपट गयी। दादी ने दूसरा हाथ आगे बढ़ाकर वैभव को भी गले लगाती है और कहती हैं, 'आज मेरी अंतिम इच्छा पूरी हो गई मेरे बच्चों।'

***

अगले दिन वैभव आर.के, जी से मिलने उसके ऑफिस पहुंचा। वहां पर लोगों ने वैभव का भव्य स्वागत किया। तारीफ़ की झड़ी लगी थी, कोई उसे फूलों का गुलदस्ता भेंट कर रहा था तो कोई उसके साथ फोटो ले रहा था। अगर यूं कहा जाये कि वैभव वहाँ का हीरो बन गया था, तो यह कहना कतई गलत नहीं होगा। सभी लोग उसे पसंद करने लगे थे। सारा स्टाफ अपना काम छोड़ कर वैभव के साथ पाने में और उसके साथ सेल्फी लेने में व्यस्त था। शोरगुल सुनकर आर.के. अपनी केबिन से बाहर निकले।

'क्या बात है, अरे वैभव..., छा गया यार तू। भई मजा आ गया..., तुझे टीवी पर देखकर और तेरी बातें दिल को छू गई थीं।' आर.के. जी उसे अपने साथ केबिन में ले गए।

'अच्छा तो वैभव, मेरे पास तेरे लिए दो खुशखबरी है। अब आप मुझे ये बताओ पहले कौन-सी सुनना चाहोगे। पहले वाली या दूसरी वाली।' आर.के. ने पूछा।

'मुझे दोनों सुनना पसंद हैं, अब देखना यह है कि आप पहले कौन-सी बताते हो पहले वाली या दूसरी वाली।' वैभव ने जवाब दिया तो आर.के. हँसने लगे।

'अच्छा देखो। मैं आपकी स्क्रिप्ट के पात्र खोज रहा हूँ और शूटिंग के लिए जगह, मेरे कहने का मतलब यह है कि बहुत जल्द ही इस पर काम शुरू कर दिया जायेगा।'

‘मुझे सुनकर बहुत अच्छा लगा। ...और अब आपका दूसरी वाली के बारे में क्या ख्याल हैं, मैं सुनने के लिए बेताब हूँ।’ वैभव मुस्कराता हुआ बोला।

‘अच्छा दूसरी बात यह हैं कि मेरी भट्ट साहब से बात हुई थी, वह आपसे एक ऐसी स्क्रिप्ट की उम्मीद कर रहे हैं, जो जिन्दगी की लड़ाई की कड़वी सच्ची कहानी हो। वह आपसे करार करने को तैयार है और करार पर साइन करने के समय 50 परसेंट एडवांस देगा। अब आप बताओ, आप का क्या कहना है?’

‘हाँ। मैं तैयार हूँ। मैं उनकी फिल्म के लिए कुछ ऐसा ही लिख के दूंगा, जिसकी वो मुझसे उम्मीद रखते हैं।’

‘हाँ तो फिर आप अपने काम पर आज से ही लग जाओ, जब भी एक-दो महीने में स्क्रिप्ट तैयार हो तो मुझे बताना मैं आपको भट्ट साहब से मिलवा दूंगा।’

यह सुनकर वैभव खुशी से मचलने लगा था। वह चाहता था कि वह जोर-जोर से चिल्लाये, लेकिन उसने अपने पर काबू पा लिया कि यह सही समय नहीं है। उसके आगे कड़ी चुनौती है, बहुत काम करना होगा। ...और कामयाबी के रास्ते पर आगे बढ़ना है।

घर पहुंचकर उसने दादी को इसकी जानकारी दी और उनको पकड़कर नृत्य करने लगा। अपना काम शुरू करने में वह बिलकुल भी देरी नहीं चाहता था। वह जिन्दगी की एक सच्ची घटना पर लिखना शुरू कर देता है।

दिन बहुत ही जल्दी गुजरने लगते हैं और एक चीज इंसान की फितरत में हैं, कि वह कुछ भी बड़ी आसानी से भूल सकता है। वैभव ऐसा लड़का नहीं था, लेकिन इस वक्त किस्मत उसके कदम चूम रही थी और इतनी बड़ी खुशी के बीच उसे श्रुति का जरा-सा भी ख्याल नहीं था। वह अपने काम में इतना मशगूल हो गया कि वह उसे फ़ोन करके बता भी नहीं पाया। वह तो अपनी धुन में चला जा रहा था। न तो उसे अपने फोन का अता-पता था और न ही खाने-पीने की।

आज भी वह सुबह से अपने लैपटॉप के सामने बैठा था। दोपहर का खाना भी उसने आधा-अधूरा सा खाया था। रात के समय उसे खाने के लिए बुलाने के लिए दादी आयी।

‘वैभव, बेटा खाना लग गया है।’ दादी उसके कमरे में जाकर बोली।

वैभव ने एक बार दादी की तरफ देखा और कहा, 'दादी मैं खा लूँगा।' उसके हाथ में पेन था और बिस्तर पर पन्ने बिखरे हुए थे। सामने लैपटॉप खुला हुआ था। सुबह से वैभव ने एक झपकी भी नहीं ली थी। एक बात तो हम सब जानते हैं कि जिन्दगी भी उन्हीं लोगों से प्यार करती है, जो संघर्ष करते हैं। समय की गति से भी सभी परिचित हैं, पलकें झपकती नहीं और समय गुजर जाता है।

वैभव से बातें हुए कई दिन बीत गये थे इसलिए श्रुति ने फोन लगाया। दो बार फ़ोन लगाने के बावजूद भी कोई प्रतिउत्तर नहीं मिला। उसने दिन में कई बार कोशिश की लेकिन उससे बात नहीं हो सकी। रात के समय अपना काम करके वह घर लौटी तो उसने फिर से फोन लगाया, इस बार नंबर मिल गया।

वैभव ने फोन उठाकर बोला कि वह आज थोड़ा व्यस्त हैं, कल बात करेगा। यह सच था। उसे तो अपने खाने-पीने का ही होश नहीं था। पूरे दिन में मुश्किल से दो-तीन घंटे ही सो पाता था। दाढ़ी बढ़ गयी थी। बाल बिखरे हुए थे। उसे देख ऐसा लगता था जैसे अपने एक सपने को पूरा करने के लिए वह अपनी पूरी दुनिया ही भूल गया था। लेकिन उस लड़की की क्या गलती थी जो उसे को अपनी जिंदगी मान चुकी थी। बस वह उसी के ख्यालों में डूबी रहने लगी थी।

उस दिन श्रुति की बेताबी बढ़ गयी थी। सुबह के समय वह अपने आप को वैभव से मिलने से नहीं रोक पाई और उसके कमरे में पहुंची। बाहर ही उसका सामना दादी से हो गया।

'वैभव घर पर ही है ना? ' उसने पूछा। श्रुति के चेहरे पर उदासी साफ़ झलक रही थी।

'हाँ बेटा। वह अपने कमरे में ही हैं, उसे फिल्म स्क्रिप्ट के लिए काम मिला हैं। बस, उसकी सुबह भी और रात भी लिखते हुए होती है। वह अपने कमरे से बाहर भी नहीं आता। बस सारा दिन अपने काम में लगा रहता है।'

'अच्छा, ...तो ठीक है दादी। मैं चलती हूँ, बाद में आऊंगी।'

'अब आयी हो तो मिलती जाओ, उसको भी अच्छा लगेगा।'

'नहीं दादी। फिर कभी।' श्रुति अपने घर को लौट गयी।

दादी उसका दर्द समझ रहीं थीं। वह वहां खड़ी-खड़ी श्रुति को जाते हुए देखा। श्रुति की बहकी चाल से समझ जाती है कि वह वैभव से मिलने की

विरह में है। दादी कुछ देर वही खड़ी रही, फिर वैभव के कमरे में पहुंची।

'जो अपने थे, उन्हें तो तुम दूर कर आये हो लेकिन आज जो यहाँ अपने हैं, उनसे क्यों दूर हो रहे हो?

कोई है वैभव। जो तुम्हारा इंतजार हर रोज करती है। कहीं वो तुम्हारे करीब होते हुए भी तुमसे दूर ना चली जाये, उसके चेहरे की उदासी आंसु ओं में तब्दील हो, उससे पहले थाम लो उसका हाथ। मैं जानती हूँ कि तुम्हारा सपना तुम्हारे लिए सब कुछ हैं, लेकिन श्रुति का सपना तो तुम हो सिर्फ तुम।'

***

वैभव से मिले बिना वापस लौटी श्रुति बुरी तरह अपसेट थी। वह बहुत नाराज थी। उसे यह नहीं समझ आ रहा था कि वह किस कदर व्यस्त है कि एक कॉल भी नहीं कर सकता। उसे अपने चारों तरफ अंधेरा नजर आ रहा था। हताशा में टहलते-टहलते वह समुंदर के किनारे चली आयी थी। निराशा में वह खुद से बड़बड़ाने लगी थी। वह भावुक होकर कह रही थी, 'क्या मेरी इतनी ही हैसियत है? उसको एक-दो ऑफर क्या मिले, पता नहीं खुद को गुलज़ार समझने लगा, उसके पास मुझसे बात करने के लिए एक मिनट भी नहीं है और मैं उसके पीछे भाग रही हूँ।' उसे रोना आ रहा था कि वह कैसे क्षण थे, जब वह पागल हो गयी थी।

'मेरी पगली दोस्त, यहां क्या कर रही है?'

अपने पीठ पीछे से आयी आवाज सुनकर श्रुति बांयी ओर मुड़ी तो उसके दाहिना कंधा पकड़कर किसी ने मोड़ लिया। देखा तो सामने वैभव मुस्करा रहा था।

'यहां अकेले-अकेले क्या हो रहा है?' उसने अपना सवाल दोहराया।

'आपसे क्या मतलब... मैं अभी बहुत व्यस्त हूं। आज मैं तुमसे बात नहीं कर सकता।' कहते हुए श्रुति ने अपना मुंह दूसरी ओर कर लिया।

'अच्छा जी, अब मुझसे कोई मतलब नहीं। इतनी नाराज हो...।'

श्रुति कोई जवाब न देकर एक कदम आगे बढ़ गयी।

'इतनी नाराज हो, मेरी जान!' वैभव ने धीरे से कहा। फिर उसका कंधा अपनी तरह मोड़ते हुए बोला, 'यह नाराजगी मेरी जान ले लेगी।'

'क्या बकवास कर रहे हो...।', कहकर वह रोने लगी।

'यह क्या रोने लगी श्रुति, तुम तो बहादुर लड़की हो।' उसने उसे गले लगा लिया।

'मैं जरा सा अपने काम में लग गया तो तुम अपने होश गंवाने लगी। मैंने तो अपनी सारी जिन्दगी तुम्हारे नाम कर दी हैं।' वैभव ने उसे दिलासा देते हुए आगे कहा, 'अरे तुम्हें मालूम है कि मैं अपनी जिंदगी की गाड़ी पटरी पर लाने के लिए संघर्ष कर रहा हूं। अरे पगली! अभी से घबरा गयी। अभी तो मंजिल दूर है।'

उसका जवाब सुनकर वह रोने लगी। कुछ क्षण बाद उसने जवाब दिया। 'पहले मैं जब भी तुम्हें कहीं बुलाती थी, तुम दौड़ के चले आते थे और अब.... अब तो मुझसे बात करना तो दूर की बात, तुम मेरा फ़ोन भी रिसीव नहीं करते। प्लीज तुम जाओ यहां से, मैं रोना नहीं चाहती। मैं अब तुम से बात भी नहीं करना चाहती और आज के बाद मुझसे बात मत करना।' श्रुति अपने आंसू पोंछते हुए वहां से आगे बढ़ जाती है।

वैभव वहीं खड़ा होकर उसे देखने लगता है, लेकिन श्रुति नहीं पलटती है।

'श्रुति, ये किस मोड़ पर तुम्हें बिछड़ने की सूझी, मुद्दतों बाद तो संवरने लगे थे हम।' वैभव श्रुति को पीछे से आवाज लगाता है।

यह सुनकर श्रुति वहीं रुक जाती है और वापस मुड़कर देखती है। वह कुछ देर वहीं खड़ी होकर वैभव को देखती है और फिर दौड़कर वैभव के गले लग के रोने लगी। दोनों कुछ समय तक आपस में मिलकर एक-दूसरे की धड़कनों को सुनते रहे

'न ही अच्छी तरह खाते हो और न सोते हो। इस तरह से कितने दिन काम कर पाओगे वैभव।' उसने वैभव को अपने से, धीरे से अलग करते हुए कहा।

'मेरे सपने मुझे कहाँ सोने देते हैं, कहाँ मुझे खाने देते हैं और किस्मत भी बार-बार साथ नहीं देती, वह सिर्फ एक बार दरवाजा खटखटाती है, यदि दरवाजा बंद मिला तो वह खुलने तक इंतजार नहीं करती। अगले दरवाजे पर दस्तक देती है और मैं अपनी किस्मत को ऐसा मौका नहीं देना चाहता। मेरे मम्मी-पापा मेरी तरक्की चाहते हैं, लेकिन वह मेरे इस काम से खुश नहीं है और तुम भी आज मेरे इस काम की वजह से नाराज हो। कोई मेरे साथ नहीं है।' वैभव श्रुति के बालों में हाथ फेरता हुआ बोला।

'नहीं वैभव। मैं आपका साथ कदम-कदम पर दूंगी। मुझे आपके काम से कोई शिकायत नहीं हैं। बस शिकायत है, तो काम करने के तरीके से। दादी कह रही थी कि तुम अपने कमरे से बाहर भी नहीं आते हो। दिन-रात लगे रहते हो। देखो ना, क्या हाल बना लिया है अपना।'

'मैं किससे अलग हूँ या नहीं, मुझे इस बात से कोई फर्क नहीं पड़ता, बस तुम मेरे साथ हो, इससे मुझे बहुत खुशी मिलती है।' उसने श्रुति की ललाट को चूमते हुए बोला।

'वैभव! मुझे तो डर लगता है कि कहीं तुम एक दिन बड़े आदमी बनने के बाद मुझे भूल न जाओ, मैं जब भी आपका ट्विटर अकाउंट देखती हूँ तो हैरत में पड़ जाती हूँ। आपकी दिन-प्रतिदिन फॉलोअर्स की संख्या बढ़ रही है और आपने कमेंट्स देखे, किसी को तुम्हारे साथ फिल्म देखने जाना है, तो किसी को तुम्हारे साथ सेल्फी लेनी है और एक लड़की ने तो हद ही कर दी, कहती है उसे तुम्हारे साथ डेट पर जाना हैं, बेशर्म लड़की। मेरे प्यार पर डाका डालने की सोच रही है। मुझे एक बात बताओ वैभव, तुम्हें मुझसे कोई छीन तो नहीं लेगा न '

'मुझे तुमसे और तुमको मुझसे कोई नहीं छीन सकता और देखना एक दिन तुम मेरे प्यार की गहराई को भी नहीं नाप पाओगी। वह दिन भी दूर नहीं, जब तुम मेरे घर की लक्ष्मी बनोगी।' वैभव श्रुति की आँखों में आँखें डाल कर बोला।

श्रुति ने शरमाकर अपनी नजरें चुरा ली और वैभव के गले लग गयी। समुद्र तट पर हवा काफी तेज चल रही थी, लहरों का शोर था। मैं केवल इतना ही कहना चाहता हूँ-

'उड़ जायेंगे ये परिंदे एक दिन,
पिंजरें इनके खाली रह जायेंगे।
लहरें किनारों तक आकर लौट जाएंगी,
और मिट्टी पर क़दमों के निशां रह जायेंगे।'

***

वैभव अपने घर पर बैठा कुछ लिख रहा था। तभी फोन बजने लगा। नंबर कोई अनजाना-सा था। वैभव फोन उठाया। दूसरी ओर विजय था।

'हाँ, हेलो, वैभव...।'

'हाँ जी बोल रहा हूँ, आप....?' वैभव ने पूछा।

'विजय, मैं विजय बोल रहा हूं। हम दोनों आर.के, जी की पार्टी में मिले थे।' विजय ने याद दिलाया।

'हाँ मुझे याद हैं, कहिये कैसे याद किया?'

'मैं आर.के. सर के पास हूँ, सर आपसे बात करना चाहते हैं। लो आप सर से बात करो।'

'वैभव। स्क्रिप्ट पूरी तैयार है न? तुमने दो दिन पहले बताया था।'

'हाँ सर।'

'शाबाश। आप एक पता लिखो, तुम्हें स्क्रिप्ट लेकर वहीं आना है, अभी।'

'ठीक है सर। मैं अभी पहुँचता हूँ।' वैभव ने पता लिखने के बाद फोन रख दिया।

वैभव ने देर किये बिना अपने कपड़े बदले और अपने स्क्रिप्ट की हार्ड और सॉफ्ट कॉपी अपने बैग में रख कर। अपने कमरे का दरवाजा बंद करने के बाद दादी से कहा, 'मैं किसी काम से बाहर जा रहा हूँ, जल्दी लौटने की कोशिश करूंगा। वैसे आप खाना खा लेना, मुझे देर हो सकती है।'

वैभव जल्दी-जल्दी अपने कदम मापता हुआ बाहर निकल गया।

घर के नीचे अपनी स्कूटी पार्क करती हुई श्रुति दिखी। उसने वैभव को देखकर आवाज लगायी- 'कहाँ जा रहे हो वैभव?'

वैभव वापस मुड़कर श्रुति के पास आया, 'मुझे आर.के. सर को स्क्रिप्ट देने जाना है। अगर तुम्हें और कोई काम न हो तो मैं आपकी स्कूटी ले जा सकता हूँ?'

'हाँ, क्यों नहीं, ले जाओ और हाँ जल्दी आना...।'

'हाँ, मैं जल्दी ही वापस आऊंगा। बाय...।' स्कूटी पर सवार होते हुए वह बोला।

उस समय सूरज ढल चुका था। आसमान में बादल छाये हुए थे। पपीहे पिऊ-पिऊ कर रहे थे, मानो किसी खतरे का संकेत दे रहे हों। बादलों की गूंज सुनकर किसी भी पल बारिश की होने की संभावना थी।

वैभव जैसे ही घर से बाहर निकला तो एक जीप ने उसका पीछा करना शुरू किया। वैभव बेखबर था। विपरीत हवा के थपेड़े वैभव को शायद आगे जाने से रोक रहे थे, लेकिन वह तो आर.के. की बतायी जगह पर जल्दी-से-जल्दी पहुंचना चाहता था।

जीप लगातार उसके पीछे लगी थी। कुछ समय बाद वैभव पूर्व निर्धारित जगह पर पहुँचकर स्कूटी पार्क किया। उसे आसपास कोई आदमी नहीं दिखाई दे रहा था।

वह सोचता है कि पता तो यही बताया था, लेकिन अब तक वे लोग पहुंचे नहीं, लगता है मुझे अभी कुछ देर इंतजार करना पड़ेगा और कोई ऑप्शन भी नहीं है। बड़े लोग हैं, क्या बोल सकता हूँ। ये रात भी कितनी जालिम होती है, न जाने कितने लोगों की जिन्दगी में अंधेरा कर देती है।

थोड़ी देर में एक जीप उसके पास आकर रुकती है। वैभव को लगा कि आर.के. सर आ गये, लेकिन जीप से तीन लोग उतरे। उन्होंने अपने चेहरे पर मास्क पहना हुआ था। वे वैभव की तरफ बढ़े। उनकी चाल-ढाल से उसे कुछ गड़बड़ लगा। उसे किसी खतरे का संकेत मिल चुका था।

'लाओ, ये फाइल हमें दे दो।' उनमें से एक आदमी ने अपना हाथ बढ़ाते हुए बोला।

'कौन हो तुम लोग और ये फाइल क्यों लेना चाहते हो?' वैभव ने पूछा।

'ऐसे नहीं मानेगा यह, छीन लो फाइल इससे।' दूसरे नकाबपोश ने कहा। इसके साथ ही तीनों ने वैभव को पकड़ लिया। उसने विरोध किया तो वे लोग हाथापाई करने लगे। वैभव ने अपना बैग पकड़ रखा था, लेकिन उनमें से किसी एक ने चाकू निकालकर वैभव पर प्रहार किया, जो उसकी बाजू पर लगा। उसकी चीख निकल गयी और वह गिर गया। गिरते समय उसका सर पत्थर से टकराया, जिससे वह बेहोश हो गया।

'तुम ये फाइल विजय साहब को ले जाकर दो और हम इसे ठिकाने लगाकर आते हैं।' उनमें से किसी एक ने कहा, जो वैभव के कानों में सुनाई पड़ने वाले आखिरी शब्द थे।

उन्होंने वैभव को उठाया और अपनी कार में लाद कर पास की रेल की पटरियों तक ले गये। उन्होंने उसका शरीर पटरियों पर कटने के लिए छोड़ दिया और वहां से निकल लिए।

***

'अरे सुमित्रा कहाँ हो भई, देखो। साहबजादे की कविता आज अखबार में छपी है। मैं तो पूरा दिन काम-काज की भाग-दौड़ में व्यस्त था, अखबार भी पढ़े, लेकिन मुझे तो कविता नजर नहीं आयी। अब जब मैं घर आ रहा था तो कुंदन का छोटा बेटा मिला और उसने मेरे हाथ में अखबार थमाते हुए बताया, 'अंकल जी! वैभव भैया की लिखी हुई कविता आज के अखबार में छपी है।' और मैं साथ में अख़बार लिए घर चला आया।' कबीर ने अपनी बात पूरी कर

पास में रखी काँच की टेबल पर अखबार रखा।

'मुझे भी तो पढ़कर सुनाओ, क्या लिखा है वैभव ने?' सुमित्रा बोली।

'हाँ। पहले एक गिलास पानी तो ला दो, बड़ी प्यास लगी है।' कबीर ने कहा तो सुमित्रा पानी लेने किचन में चली गयी।

'हाँ, इसे पकड़ो और मेरा चश्मा दो मुझे।' कबीर पानी पीकर सुमित्रा के हाथ में गिलास थमाया।

सुमित्रा से चश्मा लेकर उसने आंख पर लगायी और साथ ही अखबार थामते हुए गर्व भरी गहरी साँस लेकर कविता पढ़ना शुरू किया।

'लोगों को मेरी अहमियत उस वक्त समझ आएगी,
जब मैं उनसे बहुत दूर चली जाऊंगी।
लेकिन उस समय कोई भी घड़ी की सुईयाँ पीछे घुमा नहीं पाएगा।
केवल एक ही चीज तुम्हारे पास रह जाएगी और वह है मेरी यादें।
मैं सभी के दिलों में उस वक्त भी जिन्दा रहूँगी याद बनकर।
लेकिन यादों के सहारे तो रिश्ते निभाए नहीं जा सकते हैं।
इसलिए, वक्त रहते इस आत्मा की कद्र करना सीख लो,
क्या पता कल ये मौका मिले न मिले।
समय का पहिया तो घूमता ही जा रहा है, लेकिन जीवन थम सा गया है।
ऐ दुनिया वालों! अब भी बेटी के बारे में सोच लो।'

'देखा, देखा... कितना सुंदर लिखा है उसने, मेरी तो आँखें भींग गयी पढ़ते-पढ़ते।'

'मुझे फक्र है अपने वैभव पर।' सुमित्रा अपनी गर्दन ऊँची करते हुए बोली।

'अच्छा सुनो, तुम उसे फ़ोन लगाओ और उसे बताओ कि भई आजकल तो अखबारों में सुर्खियां बटोर रहे हो, हमें ना भूल जाना।'

'रहने दो जी, वो अपने काम में लगा होगा। फिर कभी कर लेंगे बात।' बेखबर माँ-बाप को क्या पता था कि वैभव के साथ क्या हुआ है। वे तो वैभव की छपी कविता पढ़ कर बहुत खुश हो रहे थे।

उधर, वैभव को पटरियों पर मरने के लिए छोड़ा गया था। लेकिन होनी कुछ और ही थी। होता वही है, जो मंजूर-ए-खुदा होता है। अभी भला उसकी मौत कैसे आती, अभी तो साँसों की डोर थोड़ी लम्बी थी, टूटती तो कैसे टूटती।

एक रिक्शा वहां से गुजर रहा था और उसमें बैठी दो लड़कियां कह रही थी, 'भैया थोड़ा और तेज चलाओ, मौसम भी खराब है और आज तो पक्का घर पर डांट पड़ेगी।'

लेकिन रिक्शावाला तेज चलने की बजाय ब्रेक लगाकर अचानक रिक्शा रोक देता है। रिक्शा चालक नीचे उतरता है। दोनों लड़कियां उससे रिक्शा रोकने का कारण पूछती है, लेकिन वह बिना कुछ बोले पटरियों की तरफ दौड़ने लगा। पीछे-पीछे दोनों लड़कियां भी आ जाती है।

'अरे, देखो रेल की पटरियों पर कौन पड़ा है?' रिक्शावाला बोला।

'कोई आदमी है। उसके हाथ से खून बह रहा है।' एक लड़की बोली।

'अरे इसका चेहरा तो जाना-पहचाना लगता है। यह वह आदमी तो नहीं जिसका वीडियो हमने यू-ट्यूब पर देखा था।' दूसरी लड़की वैभव को पहचान रही थी।

'हाँ। यह वही, लगता है किसी ने इसे मारने की कोशिश की हैं, खून भी काफी बह रहा है। हमें इसे जल्दी से हॉस्पिटल पहुंचाना चाहिए।' पहली लड़की बोली।

'हाँ। भैया देख क्या रहे हो, मदद करो।' दूसरी लड़की बोली।

सभी मिलकर वैभव को उठाते हैं और रिक्शा से पास में ही स्थित 'जीवनदायिनी हॉस्पिटल' लेकर पहुंचे।

डॉक्टर हालत देख कर नर्स से मरीज को ऑपरेशन थियेटर में ले जाने का निर्देश दिया। साथ ही लड़कियों से मरीज के घरवालों को बुलाने को कहा।

रिक्शा चालक अपनी जेब से मोबाइल निकालकर उन लड़कियों को देते हुए बोला, 'मैडम जी, यह फ़ोन इसी लड़के का है।'

'देखो इसमें लास्ट कॉल किसकी थी।' उस लड़की ने कहा तो दूसरी लड़की ने उसे देखते हुए बोला, 'पिछली कॉल किसी अननोन नंबर से और उसके बाद वाला नंबर श्रुति के नाम से सेव है।'

'हाँ तो श्रुति को करो, फ़ोन।' दूसरी ने श्रुति को फ़ोन लगाया।

'क्या कहा..? ओह गॉड! यह कैसे हो सकता है? ...मैं अभी आती हूँ।' उनकी बात सुनकर श्रुति रोने लगी थी।

फोन रखकर श्रुति ने पापा को आवाज लगायी।

‘पापा... पापा आप मेरे साथ चलो।’ श्रुति जोर से चिल्लाई। ‘वैभव हॉस्पिटल में है, उसका ऑपरेशन होने वाला है। किसी ने उसे मारने की कोशिश की है।’

‘ओह गॉड, यह कैसे हो गया...। चलो बेटा, जल्दी चलो।’ लक्ष्मण तुरंत तैयार होकर श्रुति के साथ निकले।

हॉस्पिटल में श्रुति दोनों लड़कियों से मिली।

‘मैं हूँ श्रुति, अभी वैभव कैसा है?’

‘आप चिंता मत करो। वैभव का इलाज हो रहा है।’ एक लड़की दिलासा देते हुए बोली।

श्रुति उनके सामने अपने हाथ जोड़ते हुए बोली, ‘बहुत-बहुत धन्यवाद आप दोनों को। आप नहीं जानतीं, आपने मेरे लिए क्या किया है?’

‘किसी की मदद करने का पहली बार मौका मिला हैं, हमें खुशी है कि हम किसी के काम आये। यह लो वैभव का फ़ोन। हम लोग अब चलते हैं।’

‘क्या जरूरत थी इतनी रात को अकेले जाने की। जो लोग अच्छे होते हैं, उनके दुश्मन भी बहुत होते हैं। लेकिन उसको किसी की फ़िक्र नहीं हैं, मेरी भी नहीं।’ श्रुति रोते हुए कहती है और उसके पापा उसको एक तरफ रखे बेंच पर बैठाते हैं और उसे दिलासा देते हैं, ‘कुछ नहीं होगा वैभव को, उसने किसी के साथ गलत नहीं किया है, तो भगवान उसके साथ गलत कैसे करेगा? डॉक्टर अपना काम कर रहे हैं ना। अपने आंसू पोंछ लो बेटा।’

‘एक बात पूछूं तुमसे श्रुति।’ पापा ने पूछा।

‘आपकी बेटी इतनी बड़ी नहीं हुई है पापा कि आपको उससे कुछ पूछने के लिए भी अनुमति लेनी पड़े।’ वह ऐसी हालत में भी अपने संस्कार नहीं भूली थी।

‘बेटी! क्या तुम वैभव से प्यार करती हो।’ पापा ने पूछा।

‘हाँ पापा, बहुत ज्यादा और वैभव भी मुझसे बहुत प्यार करता है।’ श्रुति रोते हुए अपने पापा के गले लग गयी थी।

लक्ष्मण ने उसकी पीठ थपथपाते हुए कहा, ‘तुम्हारी पसंद, मुझे पसंद है बेटी।’

ऑपरेशन थियेटर के बाहर लगा लाल रंग का बल्ब बंद होता है और डॉक्टर बाहर आता है। डॉक्टर को आते देख दोनों खड़े होते हैं।

‘डॉक्टर, वैभव कैसा है अब?’

‘आप?’ डॉक्टर परिचय पूछता है।

‘जी, मैं वैभव का अंकल हूँ। अभी वह ठीक है न, क्या हम मिल सकते हैं उससे?’

‘हाँ, वह बिलकुल ठीक है। घाव ज्यादा गहरा नहीं था, लेकिन खून काफी बह गया था, इसलिए अभी बेहोश है, थोड़ी देर में होश आ जाएगा।’ बताकर डॉक्टर वहां से आगे बढ़ गया।

‘थैंक्स डॉक्टर।’

श्रुति अपने पापा से बोली, ‘जिन्होंने भी वैभव को मारने की कोशिश की है, मैं उन्हें छोडूंगी नहीं। मैं उनके किये की सजा दिलवा के रहूंगी। कसम खाती हूँ मैं।’

***

लक्ष्मण को श्रुति के साथ रात हॉस्पिटल में ही गुजारनी पड़ी। श्रुति रात भर जागती रही, भोर में न जाने कब उसकी आँखें लग गयी। दिन की रोशनी निकलते ही खड़ी हुई और अपनी आँखें मलते हुए वैभव के बेड के पास जा पहुंची। वह कुछ देर तक तो उसे देखती रही। उसकी स्थिति देखकर आँखें छलक पड़े।

वह अपने घुटने जमीन पर टेक कर वही बैठ गयी और वैभव का हाथ अपने हाथों में लेकर बोली, ‘जो तू अगर नहीं होता तो मैं मुकम्मल न हो सकती, तेरी यही अहमियत है मेरी जिन्दगी की कहानी में।’ और उसके हाथों को चूम लिया।

पापा उसे दरवाजे से देख रहे थे। वह अपनी बेटी का प्यार देखकर भावुक हो गए थे। अपना चश्मा हटाकर कहा– ‘श्रुति! डॉक्टर ने कहा है कि वैभव को कुछ देर में होश आ जायेगा। होश आने के बाद उसे हल्का खाना खिलाने को कहा है। चलो हम घर चलते हैं, आप उसका खाना लेकर आ जाना।’

‘ठीक है पापा, चलो।’ श्रुति ने कहा और पापा के साथ बाहर जाने के लिए बढ़ गयी।

***

‘यह क्या दादी, क्या हाल बना रखा है आपने अपना?’ श्रुति दादी को देख कर बोली।

‘अरे श्रुति! तू आ गई। वैभव कहाँ है?’

‘दादी वह बिलकुल ठीक हैं, अभी सो रहा है, तो मैंने सोचा कि उसके खाने के लिए कुछ ले आती हूँ। यहां आकर देखा कि आप रो रही हो। आप ऐसे रोती रहोगी तो बीमार पड़ जाओगी। अपने आप को नहीं संभालोगी तो मैं खाना कैसे लेकर जाऊंगी?’ उसने नाराजगी जताई।

‘ठीक है, तो। मैं उसके लिए कुछ बना देती हूँ। तू उसको अच्छी तरह से खिला देना।’ दादी अपने आंसू पोंछते हुए बोली।

‘नहीं। आप बैठिये, मैं बना देती हूँ। श्रुति तुम दादी के पास बैठो।’ राधा भी उसके साथ आ गयी थी। वह रसोईघर में जाते हुए बोली।

***

‘मेरा सर बहुत भारी-भारी सा लग रहा है। यह तो हॉस्पिटल है, मैं यहाँ कैसे आया और मेरी स्क्रिप्ट? ....मेरी स्क्रिप्ट तो उन बदमाशों ने छीन ली थी, मुझे पुलिस को खबर करनी चाहिए।’ वैभव होश में आने के बाद बड़बड़ा रहा था।

पुलिस को रिपोर्ट करने के लिए वह अपने कमरे से बाहर निकला। बाहर एक आदमी अपनी माँ से फ़ोन पर बात कर रहा था- ‘माँ, मेरी अभी डॉक्टर से बात हुई हैं, डॉक्टर ने बताया कि रागिनी के पेट में लड़की है और मुझे लड़की नहीं चाहिए। माँ, पता नहीं भगवान की मुझसे क्या दुश्मनी हैं, जो मुझे यह दिन देखना पड़ रहा है। मैंने डॉक्टर से बात कर ली हैं, वह रागिनी के अबार्शन की तैयारी कर रहे हैं। मुझे किसी भी कीमत पर बेटी नहीं चाहिए।’ यह सब सुनने के बाद वैभव का खून गर्म होने लगा था। वह तेजी से उस लड़के की तरफ लपका और उसका फ़ोन छीन लिया

‘ये क्या? कौन हो तुम? मोबाइल दो मेरा।’ वह लड़का गुस्से में बोला।

वैभव उसके विरोध को नजरअंदाज करते हुए अपना गुस्सा मोबाइल पर निकालते हुए उसे फर्श पर फेंक कर तोड़ देता है।

‘ये.... ये, मेरा मोबाइल क्यों तोड़ दिया तुमने? पता है तुझे, ये कितने का था?’ वह लड़का ऊँची आवाज में चिल्लाकर बोला।

वैभव ने अपने गुस्से को निगलते हुए बड़ी ही शालीनता के साथ कहा, ‘शायद किसी की जिन्दगी से महंगा तो नहीं था। मैंने तुम्हारा मोबाइल क्या तोड़

दिया, तुम्हारा खून गर्म हो गया और तुम अपनी ही बेटी का खून करने चले हो। यह सोचने से पहले तुम्हारे हाथ-पैर जरा भी नहीं कांपे।'

'प्लीज कीप साइलेंट।' एक नर्स आकर बोली, जो अबार्शन की तैयारी करने वाली थी।

'तुम लोग एक मासूम-सी बच्ची की जिन्दगी को साइलेंट करने में लगे हो और मुझे कहते हो कि मैं साइलेंट हो जाऊं, नहीं हो सकता मैं साइलेंट। हटो यहाँ से।' वैभव नर्स पर बिगड़ता हुआ उसे दरवाजे के सामने से हटाता है और दरवाजा खोल कर कमरे के अंदर दाखिल होता है, जहाँ उस लड़के की पत्नी बिस्तर पर लेटी हुई थी और मशीन पर लगी डिस्प्ले पर अपनी कोख में पल रही नन्ही जान को बड़ी खुशी के साथ निहार रही थी।

उसी समय अपने हाथ में कुछ टूल्स लिये डॉक्टर पहुंचा। वह वैभव को वहां देखकर आश्चर्य में पड़ गया।

'तुम अपने वार्ड के बाहर कैसे आये? तुम्हें आराम की जरूरत है। नर्स इन्हें इनके बेड पर लेकर जाओ।' डॉक्टर ने नर्स को निर्देश दिया। नर्स वैभव का हाथ पकड़ते हुए उसे उसके कमरे में ले जाने की कोशिश करती है।

'अरे छोड़ो मुझे। नहीं जाना मुझे कहीं।' वैभव अपना हाथ छुड़ाते हुए बोला। वह उस आदमी का हाथ पकड़ते हुए वैभव बोला, 'इधर आओ। और यह देखो तुम्हारी होने वाली बच्ची। अपनी माँ की कोख में कैसे डरी सी दिख रही है। वह कुछ बोल नहीं सकती, लेकिन उसका डर बता रहा है मानो वह कहना चाहती है कि मैं अपनी जिन्दगी जीना चाहती हूँ, मुझे बचा लो मम्मी-पापा, मुझे बचा लो। उसकी मौजूदगी को सिर्फ और सिर्फ उसकी माँ ही महसूस कर सकती है। तुम उससे उसकी नन्हीं सी परी को छिनना चाहते हो। जो एहसास वह इतने दिनों से अपनी कोख को लेकर संजों रही है, उसे तुम मिटाना चाहते हो। अरे सोचो जब तुम्हारी बेटी बड़ी होकर तुम्हें अपनी मीठी आवाज से पापा-पापा कहेगी तो तुझे कितना सुखद आनन्द का अनुभव होगा। अरे नादान इंसान! घर में बेटी का जन्म तो बहुत शुभ होता, जिस घर में बेटी का जन्म होता है उस घर में लक्ष्मी आती है और उसी घर में भगवान का वास होता है। भाई, आँखें खोलो अपनी...। तुम्हारी बीवी का एबॉर्शन नहीं हो रहा, बल्कि तुम्हारी बेटी की हत्या हो रही है।'

'देखो, देखो... उस नन्हीं-सी बच्ची को।' वैभव डिस्प्ले की तरफ इशारा करते हुए कहता है 'और आप डॉक्टर साहब... आपको तो धरती पर भगवान

की संज्ञा दी जाती हैं। डॉक्टर जिन्दगी देता है न कि लेता है। फिर आप हैवान कैसे बन गये? मेरी जिन्दगी बचाकर तो आपने अपना धर्म निभा लिया, लेकिन अब इस मासूम बच्ची की हत्या करके कौन-सा पुण्य कमा रहे हो। अपनी आँखों की बजाय दिल की आँखों से देखो, वह बच्ची फूल से भी ज्यादा कोमल है और आप लोग उस पर लोहे की ये कैंचियां चलाकर उसके जीवन की डोर काटना चाहते हो। अरे, एक सुई भी चुभती है, तो दर्द होता है और तुम लोग कसाई बन गये। उस औरत की तरफ देखो, जिस दिन उसे पता चला कि वह माँ बनने वाली हैं, कितनी खुश हुई होगी वह। तुम भी तो खुश हुए होंगे और आज.... आज अपनी ही बच्ची की हत्या अपनी आँखों के सामने होता देख क्या उस बेबस माँ की हत्या नहीं होगी।'

'तुम अपने बेहूदा भाषण बंद करो। मुझे सिर्फ बेटा चाहिए, सिर्फ बेटा।' आदमी ऊंची आवाज में वैभव से कहता है।

'बेटा चाहिए। अरे जा रे, 21वीं सदी में पैदा हुआ है तू। कपड़ों से भी पढ़े-लिखे लगते हो, फिर भी ऐसी सोच। मुझे समझ नहीं आता कि ऐसी मशीनें बनती ही क्यों है, जो किसी बच्ची के जन्म से पहले ही उसकी हत्या का कारण बन जाती है। एक सलाह देता हूँ, मुफ्त है। ले लो। घर जाकर अपनी बहन को मार देना, वरना एक दिन उसके ससुराल वाले भी उसकी ममता का गला घोंट देंगे। अपनी माँ और अपनी पत्नी की जान लेने से पहले भी सोचना मत, इसके बहुत सारे फायदे है- पहला, घर में औरत ही नहीं होगी तो बच्चे नहीं होंगे। बेटी होने का तो सवाल ही नहीं उठता। दूसरा, अपनी बेटी की हत्या का पाप तुम्हारे सिर नहीं चढ़ेगा। और वंश चलाने के लिए बेटा चाहिए ना? फ़िक्र मत करो। हमारे देश में जाने कितने ही अनाथालय है, जहाँ ऐसे लाखों बच्चे हैं, जिन्हें कभी किसी का प्यार ही नहीं मिला, घर नहीं मिला। तुम किसी को भी गोद ले सकते हो, उसको अपना नाम दे सकते हो। उसकी जिन्दगी संवर जायेगी और तुम्हें भी पुण्य मिलेगा। नजरें मत झुकाओ, अभी तो तुम्हें अपनी बीवी से भी नजरें मिलानी है। मैं सिर्फ तुमसे नहीं, मैं सबको कहता हूँ। जिस घर में बेटी को श्राप की नजर से देखा जाता है, उस घर में औरत की भला क्या जगह होगी। और डॉक्टर आप.... हजारों जिंदगियाँ बचाकर न जाने कितने पुण्य कमाये होंगे, लेकिन ये एक पाप आपके उन हजारों पुण्यों पर भारी पड़ेगा। एक मासूम-सी बच्ची की जान ले रहे हो आप। यह पाप तो गंगा स्नान से भी नहीं धुल सकता।'

वैभव की बातें सुनकर डॉक्टर के हाथ से टूल्स छूट गए। चारों और सन्नाटा छा गया, लेकिन वैभव ने कहना जारी रखा, 'क्यों? आखिर क्यों सबको बेटा ही चाहिए? कब बदलेगी यह सोच? कितनी अजीब बात है ना....। जब हम पैदा होते हैं, तो छाती से लगाकर दूध पिलाने के लिए हमें माँ चाहिए जो खुद किसी की बेटी है। रक्षाबंधन पर राखी बांधने के लिए और भैया दूज पर टीका लगाने के लिए, अपने हाथ से निवाला खिलाने के लिए बहन चाहिए। वह भी तो लड़की है, किसी की बेटी है। जब हम हमारी प्रेंग्नेंट बीवी को हॉस्पिटल ले जाते हैं, तो हम महिला डॉक्टर खोजते हैं, वह भी किसी की बेटी है। फिर बेटी से इतनी नफ़रत क्यों?

वह बेटी ही हैं, जो लक्ष्मी बनकर घर आती है। कौन-सा रिश्ता है, जो बेटियों के बिना पूरा हो सकता हैं, हर रिश्ता अधूरा है इनके बिना। लोग कहते हैं, हमें अपना वंश चलाने के लिए बेटा चाहिए, लेकिन मैं कहता हूँ, वंश बेटों से नहीं बेटियों से चलता है। हम सब यह क्यों भूल जाते हैं कि बेटों को जन्म देने वाली भी तो बेटियाँ ही होती है। जब बेटियाँ ही नहीं होगी तो बेटे क्या जमीन से निकलेंगे। यदि देश को बदलना है, तो सबसे पहले इस छोटी सोच को बदलना जरूरी है और ये सोच एक नहीं, हम सब मिलकर बदलेंगे। ये आंसू बता रहे हैं कि तुम्हें गलती का एहसास हो चुका हैं, जाओ अंदर ...तुम्हारी बेटी तुम्हें बुला रही है। जाओ।' वैभव आदमी को अंदर भेजता है। वह धीमे क़दमों से अंदर जाता है और अपनी पत्नी से लिपट जाता है, फिर सिर झुकाकर कहता है, 'आई एम सॉरी।'

सॉरी, एक छोटा-सा शब्द, लेकिन उसकी सारी गलतियाँ मिट चुकी थी। उसके आंसू उसके पश्चाताप की कहानी कह रहे थे।

***

'ये लो श्रुति बेटा। अब तक तो वैभव उठ गया होगा, जल्दी जाओ। और हाँ उसे अच्छी तरह से खिला देना।' दादी श्रुति के हाथ में टिफिन थमाते हुए बोली।

'हाँ दादी, आप चिंता मत कीजिये।' श्रुति कहती है और हॉस्पिटल के लिए निकलती है। वह बाहर वैभव को देखती है, जो हॉस्पिटल से आकर टैक्सी वाले को किराया दे रहा था। वह दौड़कर वैभव के पास जाती है और पूछा- 'आप आ गये। अभी कैसे हो ?'

'हाँ, मैं अभी अच्छा हूँ।' वैभव उसी ओर देखकर मुस्कराया। श्रुति के चेहरे की खुशी सब कुछ बोल रही थी। वह वैभव को लेकर अंदर आती है।

'मेरा बच्चा, तुझे कुछ हुआ तो नहीं ना, तू ठीक है ना मेरे बच्चे। तेरे सिवा मेरा है ही कौन। पता है कल से मेरे दिमाग में बुरे-बुरे ख्याल आ रहे थे, मैं बहुत परेशान हो रही थी।' दादी उसे गले लगाते हुए बोली।

वैभव, दादी के आंसू पोंछते हुए कहता हैं, 'मुझे कुछ नहीं हुआ दादी। देखो मैं एकदम सही हूँ।'

'दादी, मैं आपसे एक बात पूछूं।'

'हाँ बेटा पूछो।'

'मुझे एक बात समझ नहीं आती, लड़कियों को उनके पैदा होने से पहले ही क्यों मार देते हैं। वे तो इस दुनिया में आकर कितने रिश्तों को निभाती है। किसी की बहन तो किसी की पत्नी बनती है और जिस दिन वो माँ बनती हैं, उस दिन तो वे भगवान बन जाती हैं, जब वे किसी को जिन्दगी देती हैं।' वैभव बेहद गंभीर था।

यह बात वैभव के दिल में घर कर गई थी। बार-बार उसके दिमाग में यही सवाल दस्तक दे रहा था कि लोग भ्रूण हत्या क्यों करते हैं।

'इधर देखो वैभव, क्या हुआ हॉस्पिटल में?' दादी के कुछ बोलने से पहले वैभव की ठोड़ी पकड़कर उसका चेहरा अपनी तरफ घुमाते हुए श्रुति पूछती है।

'कुछ नहीं हुआ।' वैभव ने सिर हिलाते हुए जवाब दिया।

'अरे! आपको तो झूठ भी बोलना नहीं आता। मुझे पता है कुछ हुआ है, जब भी तुम ऐसी बातें करते हो, मैं समझ जाती हूँ कि कुछ-न-कुछ जरूर हुआ है। अब बताओ क्या हुआ है।' श्रुति पूछती है।

'हाँ, मैं बताता हूँ.... एक मासूम सी बच्ची को उसके जन्म से पहले मारने की तैयारी हो रही थी। ...और यह सब कोई और नहीं, बल्कि खुद उसका पिता कर रहा था। आपको पता है, इस दुनिया में भ्रूण हत्या से बढ़कर कोई पाप नहीं है। भगवान की दी हुई जिंदगी को छिनने का हक हम इंसानों को नहीं है।'

'हाँ, भ्रूण हत्या पाप है, मानती हूँ मैं। सिर्फ इसी हॉस्पिटल में नहीं, बल्कि देश के ना जाने कितने हॉस्पिटल में यह सब हो रहा है। हर दिन... हर पल, और इन सबकी मंजूरी हमारी सरकार ने नहीं दी है। यह गैर-कानूनी अपराध हैं, लेकिन ये सब चोरी-छिपे होता आया है, होता रहेगा...। तुम किस-किस

को समझाओगे यार। तुम्हें अपनी भावनाओं पर नियंत्रण करना होगा, ये दुनिया तुम्हारी भावनाओं की कद्र नहीं करेगी। एक दिन इस गुस्से की वजह से तुम खुद को किसी मुसीबत में डाल लोगे।' श्रुति वैभव को समझाते हुए कहती है, वैभव कुछ बोलने की कोशिश करता है, तभी श्रुति का फ़ोन बजने लगा। श्रुति अपने हैंडबैग से फ़ोन निकालकर नम्बर देखा और कॉल काट दी।

'श्रुति सही कह रही है बेटा।' दादी ने श्रुति का पक्ष लिया।

वैभव दादी की तरफ देखता हैं, वह अपने माथे को सिकोड़ते हुए कहता हैं, 'दादी।'

श्रुति का फ़ोन यह दूसरी दफा बजने लगा।

'उठा लो, श्रुति। किसका फ़ोन है?' वैभव बोला।

'हाँ... हेलो।' उसने कहा।

'क्या? टीवी पर, ओके मैं अभी देखती हूँ।' फ़ोन काटकर वह टीवी ऑन करती है। दादी और वैभव को समझ नहीं आता कि श्रुति क्या कर रही है।

न्यूज चैनल की आवाज आ रही थी... 'आज फिर सवाल उठा लोगों की सोच पर और ये सवाल किसी और ने नहीं बल्कि उसी लड़के ने उठाया है, जिसे हम पहले भी देख चुके हैं...।'

'एक सलाह देता हूँ, मुफ्त है ले लो। घर जाकर अपनी बहन को मार देना, वरना एक दिन उसके ससुराल वाले भी उसकी ममता का गला घोंटकर उसको मार देंगे। अपनी माँ और अपनी पत्नी की जान लेने से पहले भी कतई मत सोचना...। जिस घर में बेटी को श्राप की नजर से देखा जाता हैं, उस घर में औरत की कोई जगह नहीं है...।'

'डॉ. रजत खण्डेलवाल का इस बारे में क्या कहना हैं, आइये जानते हैं।' टीवी पर सीधा प्रसारण आ रहा था। सीन बदलता है और डॉ. रजत गंभीर शब्दों में बोल रहे थे- 'सही कहा उस लड़के ने...। आजकल के डॉक्टर जो मानवीय हित को भुलाकर अपने हित की सोचते हैं, जो सिर्फ पैसों को महत्त्व देते हैं। एक शिशु के जन्म से पूर्व ही उसकी लिंग जाँच कराकर भ्रूण हत्या कर देते हैं। डॉक्टर को भगवान का नहीं बल्कि कसाई का दर्जा देना चाहिए, जिसमें मैं भी शामिल हूँ। मैंने इन हाथों से ना जाने कितनी ही जिंदगियाँ बचाई हैं, लेकिन आज... आज उस लड़के की बातें सुनकर खून जम सा गया था। पुण्य करते-करते मैं कितने ही पाप भी कर रहा था। ये हाथ अब किसी की

जिन्दगी बचाने के काबिल नहीं रहे, इसलिए मैं... मैं अपनी नौकरी त्यागता हूँ।

अब समय बदल गया हैं, हमें हमारी सोच बदलने की जरूरत है और यह काम हम सब को मिलकर करना होगा। मेरा दिल कहता है कि जल्द ही वह बदलाव दिखाई देगा, जिसे हम सपनों का भारत कहते हैं।'

'हमें भी उस दिन का इंतजार रहेगा, जब इस देश की सोच बदल जाएगी। कोई क्राइम नहीं होगा, सबके चेहरों पर मुस्कराहट होगी।' एंकर ने कहा।

यह खबर देश भर में दिखाई जा रही थी। कबीर भी अपनी नजरें टीवी पर गाड़े बैठे थे। कबीर गहरी साँस लेते हुए दबी आवाज में कहते हैं, 'शाबास मेरे बच्चे।'

'...खबर यह भी मिली है कि कल रात वैभव पर जानलेवा हुआ था और उसकी बदली हुई सोच के चलते किसी ने उसकी जान बचाकर हॉस्पिटल पहुंचाया। वह अभी बिलकुल ठीक है और हमलावरों की छानबीन जारी है।'

'चुप नहीं रह सकते न तुम, जहाँ देखो शुरू हो जाते हो। अरे, मेरे बारे में सोचा है कभी। मैं कितना प्यार करती हूँ तुमसे। कोई खबर है तुमको।' श्रुति भावुक होते हुए बोली।

'मैं भी तो तुझसे बहुत प्यार करता हूँ, बस मैं गलत होते नहीं देख सकता।' वैभव ने कहा तो श्रुति अपना मुंह फेर के खड़ी हो गयी।

'अच्छा बाबा। अब गुस्सा मत हो, मुझे भूख लगी है। ऐसे ही डांटती रही तो... तो मेरा पेट भर जायेगा, फिर नाश्ता कहां से करूंगा, अंकल समझाओ ना श्रुति को।'

'कोई जरूरत नहीं है पापा को बीच में लाने की, कुछ नहीं मिलेगा तुमको।' श्रुति मुंह फुलाते हुए बोली और वैभव दादी की तरफ देखते हुए पेट पर हाथ फेरते हुए कहता हैं, 'दादी।'

'श्रुति। इसका कुछ दोष नहीं है और वैसे भी यह कल से भूखा है।' दादी ने कहा तो वैभव भी अपना चेहरा ऐसा बनाने की कोशिश करता है कि वह बहुत भूखा है।

इतना देख श्रुति का नर्म दिल पसीज जाता है और वह टिफिन खोलते हुए कहती हैं, 'चलो आओ। खिलाती हूँ और आगे से कुछ ऐसा किया न तो मुझसे मार खाओगे, समझे ना...।'

उस समय कमरे में वैभव के साथ केवल श्रुति थी। वैभव बहुत सुकून महसूस कर रहा था। वह चाह रहा था कि श्रुति देर तक वैसी ही बैठी रहे और

उसे यूं ही देखता रहे, लेकिन वह तो दूसरी ओर देख रही थी।

'तुम उधर क्या देख रही हो, जरा चांद का मुखड़ा तो मेरी ओर करो।' वह रोमांटिक होते हुए बोला।

उसकी बात को श्रुति ने अनसुना कर दिया।

'क्या बात है श्रुति! तुमने मेरी बात नहीं सुनी क्या?'

'मुझे तुम्हारी कोई बात नहीं सुननी... मैं तुमसे गुस्सा हूं।' श्रुति ने मुंह फेरते हुए कहा।

'क्यों, मुझसे कोई गलती हो गई क्या?' वैभव ने पूछा।

'हां बहुत बड़ी गलती है।' उसने मुस्कराते हुए जवाब दिया।

'गलती... कैसी गलती! कुछ बताओगी भी।' वैभव को आश्चर्यचकित था कि उससे क्या गलती हो गयी थी।

'तुम इतना कुछ लिखते हो लेकिन मेरे लिए कुछ नहीं लिखते... बहुत बुरे हो तुम।' श्रुति ने धीरे से कहा।

वैभव मुस्कराते हुए अपनी ओर खींच लेता है। दोनों एक दूसरे की आंखों में खो जाते है और वैभव श्रुति के लिए एक गीत गाता है-

क्या लिखूं... तुम ही बता... क्या लिखूं

एक शायरी लिखूं या... तुझपे ग़ज़ल लिखूं

एक शायरी लिखूं या... तुझपे ग़ज़ल लिखूं

क्या लिखूं...

ऐ-हे...ए-हे...आ...आ...आ...

आ...आ...आ....

तेने नैनों के सागर में, मुझको डूबा दे तू

तेरी जुल्फों के पानी को, मुझ पर बरसा दे तू

हाथों में ले के हाथ मेरा, मुझको चलना सीखा दे तू

लब की प्याली को मेरे, लब से आज लगा दे तू

क्या लिखं...तू ही बता....

सफर में मेरी हमसफर बनकर साथ देना तू

हारू कभी जब भी मैं जिंदगी से... कांधे पे हाथ रखना तू

तुमसे प्यार करता हूं, जीने की इक वजह है तू

मुझको चुरा ना ले कोई, दिल में ऐसे छुपा ले तू

क्यों लिखूं? तू ही बता...

तेरे होने से मैं हू, और... मेरे होने से तुम हो

तेरे होने से मैं हूं, और... मेरे होने से तुम हो

कदम जहां भी मैं रखूं, तुम्हारा ही साथ हो

बिछा दू खुशियां तेरे लिए, खुदा से यही अरदास हो

प्यार करे इक दूजे से हम मर कर भी... जुदा ना हो

क्या लिखूं तू ही बता... क्या लिखूं

एक शायरी लिखूं या, तुझपे ग़ज़ल लिखूं

एक शायरी लिखु या, तुझपे ग़ज़ल लिखूं

क्या लिखूं?......

***

'सॉरी वैभव। मुझे आज सुबह ही पता चला कि तुम्हें किसी ने मारने की कोशिश की थी। मैं सुबह से व्यस्त था तो फ़ोन नहीं कर पाया। अब कैसे हो?' आर.के. वैभव की फ़ोन पर ख़बर लेते हैं।

'मैं ठीक हूँ सर। वैसे भी अभी मेरी जिन्दगी की शुरुआत अच्छी तरह से हुई भी नहीं हैं, इतनी जल्दी कैसे खत्म हो सकती है।' वैभव विश्वास के साथ बोला।

'बहुत अच्छा। वैसे पता चला, तुम पर हमला किसने करवाया था?'

'मैं जानता हूँ सर। मुझ पर हमला विजय ने करवाया है, उसके भेजे हुए बदमाश आपस में बात कर रहे थे। उन लोगों ने मेरी स्क्रिप्ट भी छीन ली, जो मैं आपको देने के लिए लाया था।'

'ओह। यह बात हैं, कल रात रात विजय मेरे पास आया था और उसने मुझे एक स्क्रिप्ट दी थी। क्या वह आपने लिखी थी?'

'हाँ सर वही, वह मेरी लिखी हुई स्क्रिप्ट है। मैं आपको उसकी एक-एक लाइन और एक-एक डायलाग बता सकता हूँ।' वैभव ने जवाब दिया।

आर.के. सब समझ जाते हैं और वैभव से कहते हैं, 'तुम चिंता मत करो, तुमने मेहनत की है, तो नाम भी तुम्हारा ही होगा, लेकिन तुम पुलिस को कुछ मत बताना, विजय आजकल मानसिक तौर पर स्वस्थ नहीं है। पिछले दिनों वह मुझसे भी झगड़ा कर रहा था। मुझे लगता है वह ड्रग्स लेने लग गया हैं, शायद उसी वजह से उसने ऐसा किया है। आप फ़िक्र मत करो, हम दोनों विजय के साथ बैठ कर बात करेंगे।'

'ठीक है सर।' वैभव कहता है और फ़ोन काट देता है।

'गलतियों की माफ़ी मिलती हैं, गुनाहों की नहीं और विजय ने जो किया है, वह गुनाह है, गलती नहीं। सजा तो बनती है और सजा में देर अच्छी नहीं होती।' वैभव मन-ही-मन सोच रहा था। वह होश में आने के बाद ही विजय को लेकर बेहद गुस्से में था और उससे बदला लेने को उतावला था।

रात गहरा रही थी। उसने देखा कि दादी सो चुकी है। वह धीरे से घर से निकलकर दरवाजा बाहर से बंद करता है। बाहर सड़क पर आकर एक टैक्सी को रुकने का इशारा करता है। कुछ ही देर में टैक्सी विजय के घर पहुँची।

'हाँ, बस यही रोक दो।' वह टैक्सी ड्राइवर से बोला।

बाहर निकल कर वह विजय के घर की तरफ बढ़ता है। उसका घर सन्नाटे में डूबा हुआ था। उसने चारों ओर देखा। सन्नाटा छाया हुआ था। उसने कुछ सोचा और दबे पांव उसके घर में दाखिल हो गया। वह दरवाजा खटखटाने के लिए दबाव दिया, लेकिन दरवाजा हाथ लगते ही खुल गया। वह घर में घुसा तो अपने को एक बड़े हाल में पाता है। उसे आश्चर्य होता है कि इतना बड़ा घर विजय का है। उसे मालूम नहीं था कि उसके पिता कितने बड़े रईस थे।

घर की सजावट भी शानदार थी। हॉल में एक बड़ा झूमर लटका हुआ था और हर दीवारों पर बड़ी-बड़ी तस्वीरें लगी हुई थी, मुंडेर पर सुंदर फूलों के गमले रखे हुए थे। महंगे सोफे, फर्नीचर... क्या कुछ नहीं था घर में। सब कुछ था। अभी तक इतने बड़े घर में किसी व्यक्ति को नहीं देखकर उसे हैरत हो रही थी।

वह एक कमरे की तरफ गया, जिसका दरवाजा आधा खुला हुआ था। उसने विजय को आवाज दी, पर कोई जवाब नहीं मिला। वह कमरे में घुसा तो जमीन पर औंधे मुंह गिरे किसी व्यक्ति को देखा। उसने पास जाकर देखा तो वह विजय था। वह लपककर विजय के पास गया और उसका मुआयना किया। गिरे हुए विजय के पेट में एक छुरा घुसा हुआ था। उसने छुरे के हत्थे

को छूकर देखा तो पाया कि वह पेट में अंदर तक घुसा हुआ है। उसने गालों को थपथपाया और हाथ की नब्ज देखी तो उसे समझ आ गया था कि विजय मर चुका है। उसी समय अचानक वैभव को पुलिस का सायरन सुनाई दिया।

वैभव यह सब देखकर बेहद घबरा गया था। वह तो आया था विजय से बदला लेने के लिए, लेकिन यहां का सीन तो कुछ और ही था। वह अभी संभल पाता तभी पुलिस वहां पहुंची। अपने सामने पुलिस को देखकर वैभव घबरा गया और वहां से भागने की कोशिश की, लेकिन पुलिस जवानों ने उसे दौड़ाकर पकड़ लिया।

'हवलदार। लाश को पंचनामा के लिए भेज दो और इस साहबजादे को भी ले चलो। इसकी सेवा का मौका मिला है हमें।' इंस्पेक्टर सावंत वैभव की तरफ आते हुए कहा।

वैभव को दो सिपाहियों ने पकड़ रखा था। इंस्पेक्टर सावंत वैभव की तरफ देखकर ठहाका लगाया और हँसते हुए बोला– 'समय बदलते देर नहीं लगती राइटर साहब। आप ही देख, लो सुबह तो मीडिया ने आपको हीरो बना रखा था, लेकिन तुमने तो बहुत जल्द साबित कर दिया कि तुम हीरो नहीं जीरो हो। आखिर तुम्हारा असली चेहरा सामने आ ही गया।'

'सर, मैंने विजय का खून नहीं किया, मैं तो बस यहाँ आया ही था और मैंने देखा विजय जमीन पर पड़ा है। मैंने खून नहीं किया है, सर।' वैभव बुरी तरह घबराया हुआ था।

'हाँ, आप इतनी जल्दी कैसे हाँ मानोगे कि मैंने ही खून किया है जब तक हम आपकी खातिरदारी नहीं करते, ...आप कुछ नहीं बताने वाले।' इंस्पेक्टर सावंत वैभव के हाथों में हथकड़ी लगाते हुए बोला।

वह करुणाभरी नजरों से इंस्पेक्टर को देख रहा था। उसका चेहरा उतर गया था। वह फिर से एक बार अपनी दबी आवाज में बोला, 'साहब मैंने कुछ नहीं किया।'

'खून करने के बाद सभी अपराधी यही बोलते हैं। तुम्हारा फैसला कोर्ट करेगी, ले के जाओ, रे इसको।' इंस्पेक्टर ऊंची आवाज में आदेश दिया।

पुलिस वैभव को गिरफ्तार कर वहां से ले गयी। वैभव जोर–जोर से चिल्ला रहा था कि वह बेकसूर है।'

वह वैभव की जिन्दगी की काली रात थी।

***

'वैभव कहाँ है? देखिये, ये वैभव के माता-पिता है। हमें उससे मिलना है।' कबीर को कल रात फोन पर सूचना मिली तो वह रात की गाड़ी से ही सुमित्रा को लेकर अगले दिन मुंबई पहुंच गये। वह दोनों के साथ पुलिस स्टेशन में थी और वहां मौजूद पुलिस वाले से पूछ रही थी।

'मैडम, तोता चाहे जितना आसमान में उड़ ले, आना तो पिंजरे में ही पड़ता है। वह रहा।' इंस्पेक्टर ने वैभव की ओर इशारा किया।

'यह....यह क्या हाल बना दिया है, मेरे बेटे का। उसको हवालात में क्यों बंद कर रखा है? उसने कुछ नहीं किया, अभी... इसी वक्त उसे बाहर निकालिए।' कबीर बहुत परेशान दिखायी दे रहे थे।

'अच्छा। आप कहेंगे और हम मुजरिम को छोड़ देंगे, जज हैं आप। हमें कोई शौक नहीं है मुफ्त की रोटियां डालने का, और न ही राह चलते आदमी को उठाकर जेल में डालने का। खून किया है इसने, हमारे पास इसके खिलाफ पक्के सबूत हैं।'

'देखिये साहब, मेरा बेटा किसी का खून नहीं कर सकता। अरे, वह तो खुद लोगों को जीना सिखाता हैं फिर वह किसी की जान कैसे ले सकता है।' सुमित्रा भावुक होते हुए बोली।

'टीवी मैं भी देखता हूँ। उसकी अच्छाई मुझसे छुपी हुई नहीं हैं, लेकिन खून से रंगे हुए उसके हाथ सबूतों की रोशनी में साफ़ नजर आ रहे हैं, इसलिए मैं सिर्फ अपनी ड्यूटी कर रहा हूँ।' इंस्पेक्टर ने जवाब दिया।

'इंस्पेक्टर, क्या हम वैभव से मिल सकते हैं?' श्रुति ने इस बहस को रोकते हुए पूछा।

'क्यों नहीं... जरूर मिलिए।' इंस्पेक्टर ने हवालात की तरफ इशारा करते हुए बोला।

रात भर न सोने और रोने की वजह से वैभव की आँखें लाल हो रहीं थीं। शायद पुलिस की पिटाई से उसकी शर्ट की जेब फटी गयी थी और दाहिने बाजू का बटन भी टूट गया था। बाल बिखरे और चेहरा उतरा हुआ था। उसकी आँखें कह रही थी कि वह निर्दोष है। अपने बेटे की ये हालत देख सुमित्रा की छाती फटी जाती थी। वह अपना मुंह साड़ी के पल्लू में छिपाकर फूट-फूट कर रोने लगी। कबीर और श्रुति उसे चुप करने की कोशिश करते हैं। वैभव

एक कोने में अपनी नजर दीवार पर गड़ाये बैठा हुआ था। सुमित्रा के रोने की आवाज सुनकर वह उनकी तरफ मुड़ता है तो अपने सामने मम्मी-पापा को देखकर चौंक गया। वह झट से दरवाजे के पास आ खड़ा हुआ।

'मम्मी, पापा... आप लोग यहाँ?' कहते हुए रोने लगा।

'कल फोन से पता चला कि किसी ने तुम्हारे ऊपर जानलेवा हमला किया था। यह सुनकर तो हमारा तो जी निकल गया था। तुझे फ़ोन किया, पर लगा नहीं। ऐसे में हमें फिर शाम को मालूम चला कि तुम्हें पुलिस पकड़ ले गयी। खुद को तुझसे मिलने से रोक नहीं पाये और तेरे दिये गये पते पर पहुंचे। आने पर मालूम चला कि तुझे पुलिस ने पकड़ रखा है। बस सीधे तुझसे मिलने चले आये। लेकिन बेटा... पराये शहर में आकर तुमने हमें पराया कर दिया। इतना सबकुछ हो गया, लेकिन तुमने हमें बताना भी जरूरी नहीं समझा।' कबीर ने अपनी नाराजगी जताई।

वैभव चुपचाप सुनते हुए अपनी नजर नीची कर लेता है।

'हर दर्द को अकेले सहने की कसम जो खाई है ना...। मुझे भी कुछ नहीं बताया। यह तो टीवी पर तुम्हारे बारे में कुछ-न-कुछ देखने को मिल जाता है, तो हमें तसल्ली हो जाती है, लेकिन तुम्हारे खिलाफ इतनी बड़ी साजिश हो गई और तुम फिर भी चुप रहे। क्यों नहीं बताया, हमें तो बताते?' सुमित्रा रोते हुए बोली।

'मम्मी.. आप रोओ मत। पापा, मम्मी को समझाओ। ऐसा बिलकुल नहीं हैं, एक पल भी ऐसा नहीं गुजरा, जब मैंने आपको लोगों को याद नहीं किया। सारी घटनाएं इतनी जल्दी होती चलीं गयीं कि आप लोगों को बताने का मौका ही नहीं मिला। कल से तो पुलिस ने पकड़ रखा है। हवालात में हूं। मेरा मोबाइल, पर्स और जेब में रखा सभी सामान पुलिस ने जब्त कर लिये हैं। ऐसे में कैसे फोन करता। मैं क्या करूं, करना कुछ चाहता हूं, हो कुछ जाता है। ....मैं कुछ बनकर आप लोगों के सामने आना चाहता था, लेकिन.... लेकिन अब क्या, अब सामने आया भी तो एक मुजरिम की तरह।' वैभव कहता हुआ भावुक हो उठता है। उसकी आँखों में पानी छलक पड़ता है और नथुने फूलने लगते हैं।

'कौन कहता है कि तुम मुजरिम हो। मुझे तुम पर विश्वास है मेरे बच्चे, तुम किसी का खून नहीं कर सकते। तुझे पता है, एक दिन अख़बार में छपी तेरी कविता लेकर एसडीएम साहब घर पर आये थे, बोले मुझे भी लिखने का बहुत शौक था, लेकिन घर की जिम्मेदारियां जल्द ही कंधों पर आ गई थीं।

अब जब भी आपके बेटे की कविताएँ पढ़ता हूँ तो सीधा दिल को छूती हैं, मेरा जमीर जाग जाता है और लिखने को जी चाहता है। अब मैं भी लिखूंगा, नहीं तो एक दिन बूढ़ा हो जाऊंगा और सिगड़ी के पास बैठा-बैठा खुद से ये ही सवाल करूंगा कि लिखना तो चाहता था, लेकिन लिख नहीं पाया और दिल की बात दिल में ही रह जायेगी। मुझे तो तुम पर फक्र है मेरे बच्चे। तू चिंता मत कर, मैं पैसा पानी की तरह बहा दूंगा अच्छे-से-अच्छा वकील करूंगा, लेकिन तुझे यहाँ से बाहर निकाल कर रहूँगा।' कबीर के शब्दों में तड़प थी, अपने बेटे को गले लगाने को जी कर रहा था, लेकिन लोहे की सलाखें उन्हें ऐसा करने से रोक रहीं थीं।

वैभव अपनी छलकती आँखों को पोंछकर बोला- 'क्या आप वकील अपने साथ लाये हो पापा। नहीं अभी तो नहीं, पर मैं किसी अच्छे और अनुभवी वकील को नियुक्त करुंगा।' 'पापा' आपको किसी वकील को ढूंढ़ने की जरूरत नहीं है।मेरा केस तो श्रुति लड़ेगी।' वैभव बोला।

सुमित्रा आश्चर्य से श्रुति को देखती है।

श्रुति चौंक जाती है- 'मैं... मैं कैसे? मैं कैसे केस लड़ सकती हूँ, मेरे पास तो कोई अनुभव भी नहीं है। मैंने आज तक कोई केस भी नहीं लड़ा है और मैं तुम्हें लेकर किसी तरह का कोई जोखिम नहीं उठा सकती।'

'तुम्हें तो खुश होना चाहिए कि तुम्हें अपनी जिन्दगी का पहला केस मिल रहा है। यह आपके लिए सिर्फ केस नहीं, लड़ाई है। किसी अपने को बचाने की लड़ाई।' वैभव बोला।

श्रुति को उसकी बात ठीक से समझ नहीं आयी। उसने कबीर और सुमित्रा की तरफ देखा। वह कुछ कहना चाहती थी, लेकिन उससे पहले ही वैभव बोला, 'मुझे तुम पर पूरा यकीन है और मैं अपने यकीन पर शक नहीं करना चाहता।'

वह वैभव की आँखों में करुणा का भाव देखती है। श्रुति को वैभव की आँखों में खुद के प्रति विश्वास दिखाई दे रहा था। वह वैभव का हाथ अपने हाथों में पकड़कर बोली, 'तुम्हें कुछ नहीं होगा वैभव। ...और अगर तुम मेरे ऊपर इतना विश्वास करते हो तो मैं तुम्हें यहाँ से निकालूंगी, यह तुमसे मेरा वादा है।'

***

कोर्ट परिसर में बहुत भीड़ थी। आज वैभव के केस की पहली सुनवाई थी। इस बहुचर्चित केस को कवर करने के लिए मीडिया की टीम भी आयी हुई थी। सबको इंतजार था वैभव के आगमन का। लोग उधर से गुजरने वाली हर पुलिस वाहन को ताक रहे थे। वैभव को लेकर लोग आपस में बातचीत कर रहे थे। दादी भी वहीं पर एक कुर्सी पर बैठी थीं। तभी वहां एक टैक्सी आकर रुकी, जिसमें से कबीर, सुमित्रा और श्रुति उतरते हैं।

सभी लोग जानना चाहते थे कि वैभव कब तक छूटेगा।

धीमे कदमों से चलती हुई दादी आगे आकर श्रुति से पूछती हैं कि क्या हुआ वैभव को और वह उसे अपने साथ लेकर कोर्ट क्यों नहीं आई है। इस पर श्रुति उन्हें समझाती है कि वह पुलिस की हिरासत में है, जिस पर केस चलेगा।

'वैभव को कुछ नहीं होगा। मैं हूँ ना....। मैं उसे कुछ होने ही नहीं दूंगी। मैं उसे सही सलामत घर वापस लेकर आऊंगी। ऐसे नहीं, इज्जत के साथ वापस लाऊंगी। उसके माथे पर लगे कलंक को मिटाकर वापस लाऊंगी।' उसने दादी को तसल्ली दी।

कोर्ट परिसर में लोगों की भीड़ थी। सभी का वैभव के प्रति इतना समर्थन देख सुमित्रा की छाती भर गयी और वह रोने लगी। श्रुति ने उन्हें चुप कराया। कबीर ने पास आकर दादी को प्रणाम किया।

'मैं आपका बहुत आभारी हूँ, जो आपने मेरे बच्चे का इतना ख्याल रखा। घर से दूर इस अनजान शहर में अपनों की तरह प्यार दिया। माँ जी, मैं तो हमेशा यही सोचता था कि बड़े शहरों के लोगों के दिल छोटे होते हैं, लेकिन वैभव सही कहता था कि मुंबई का दिल बहुत बड़ा है। यहाँ सब को पनाह मिलती है। माँ जी आप लोगों का बहुत-बहुत धन्यवाद, मैं आपका जिन्दगी भर शुक्रगुजार रहूँगा।' कबीर ने कृतज्ञता प्रकट की।

'माँ जी! मेरा वैभव थोड़ा गर्म-मिजाज का जरूर हैं, लेकिन उसका दिल एक बच्चे से भी ज्यादा नाजुक है। उसके साथ कोई कितना भी गलत क्यों न करे, वह माफ़ कर देता है। मेरा बच्चा किसी को मार नहीं सकता।' सुमित्रा भारी आवाज में बोली।

कोर्ट की कार्रवाई शुरू हुई तो जज साहब ने वैभव के केस में पुलिस को फाइनल रिपोर्ट पेश करने का आदेश दिया। साथ ही वैभव को जेल भेज दिया। जज साहब ने वैभव को जमानत देने की श्रुति की अपील को यह कहकर

खारिज कर दी कि आरोपी पर संगीन जुर्म है लिहाजा जमानत पर उसकी दलील नहीं सुन सकते और सुनवाई के लिए अगली डेट दे दी।

'मुझे पता है, वैभव आपका बेटा जरूर हैं, लेकिन वह हमारा भी प्रिय लड़का है। मैं उसको अच्छी जान चुकी हूँ। वह है ही ऐसा, जहाँ जाता है रिश्ते बना लेता है। मुझे श्रुति पर विश्वास हैं, उसने कहा है, तो वह जरूर वैभव को बरी करवाएगी। आइये आप...।' वैभव के मम्मी-पापा के साथ दादी वापस घर रवाना हो गयी। वैभव को जेल भेजे जाने से सभी लोग निराश थे।

***

रात को सभी खाना खाने का इंतजार कर रहे थे। कबीर और सुमित्रा एक साथ सोफे पर बैठे थे। उनके सामने कुर्सी पर दादी बैठी थी। बीच में एक पुराना सा टेबल रखा था और उस पर उससे भी ज्यादा पुराना फूलों का गुलदस्ता रखा था। दरवाजे के दायीं तरफ दीवार पर टीवी लगा था और उसके ठीक बगल में एक दीवार घड़ी थी, जो दादी के बिलकुल ऊपर थी। सब लोग शांत बैठे थे। केवल घड़ी की टिक-टिक और सुमित्रा के सिसकने की आवाज सुनाई पड़ रही थी।

लक्ष्मण और राधा को खाना लेकर आता देखकर कबीर और सुमित्रा खड़े हो गए।

'आप बैठे रहिये।' श्रुति की मम्मी टेबल पर खाना रखते हुए बोली।

'आप बर्तन लाकर खाना डाल दो, गर्म-गर्म खा लेंगे।' लक्ष्मण ने राधा से कहा। वह रसोई से खाना परोसने के लिए बर्तन लेने चली गयी।

सुमित्रा भीगी आँखों से शून्य में देख रही थी। राधा ने कुछ क्षणों में ही मेज पर खाना सजा दिया, पनीर की सब्जी, रायता, सलाद और बटर लगी हुई चपातियाँ। राधा ने सभी की ओर खाली प्लेट बढ़ाया, जिससे वे अपनी आवश्यकता के अनुसार अपनी-अपनी प्लेट में सामग्री ले सकें। सुमित्रा का खाना खाने को मन बिलकुल नहीं कर रहा था। वह वैभव के जेल भेजे जाने से सदमे में थी। उसे समझ नहीं आ रहा था कि वह क्या करें। वह तो अपने ईश देव से अपने बच्चे को निर्दोष साबित करने की दुआ मांग रही थी। खाना खाये भी तो कैसे खाये, वह अपनी आँखों से वैभव को देख चुकी थी। वह अपने आंसू पोंछते हुए श्रुति की मम्मी से बोली-

'ये किस बात की दावत है बहन जी, आप एक माँ हो कर दूसरी माँ का

दर्द नहीं समझ सकतीं। कैसी औरत हो आप। पूरी, पनीर, रायता ये सब ले आये, कैसे सोच लिया कि हम ये खा लेंगे। मेरा बच्चा वहां मर-मर के जी रहा है और आप यहाँ...।' सुमित्रा कहते हुए जोर-जोर से रोने लगी। कबीर, सुमित्रा को चुप कराने की कोशिश करने लगा।

श्रुति के मम्मी-पापा की तरफ हाथ जोड़ते हुए कबीर बोले- 'आप इसकी बातों का बुरा मत मानना, यह नहीं जानती कि वह क्या कह रही हैं। यह वैभव को लेकर बहुत परेशान है।

'कबीर जी, आप हाथ जोड़कर हमें शर्मिंदा मत करो। हमें सब पता है कि आप लोगों पर क्या बीत रही है।' लक्ष्मण आदर-भाव प्रकट करते हुए बोले। दादी और श्रुति के मम्मी-पापा के काफी समझाने के बाद कबीर और सुमित्रा खाना खाने पर राजी हुए।

अगले दिन सुबह श्रुति सड़क किनारे एक धड़ी पर चाय पी रही थी। वह परेशान थी कि अकेली क्या करे। कलरात सक्सेना साहब के साथ उनके चैंबर में देर तक डिक्शन चलता रहा, पर कोई उनके समर्थन में नहीं आया। उसे अपने सक्सेना सर पर बहुत गुस्सा आया, लेकिनउसने हार नहीं मानी। वह चाय को फूंक मारकर एक सिप लेती है और चाय वाले को बिस्किट देने के लिए बोली। उसी समय वहां दो बाइक आकर रुकी। उस पर सवार तीन लड़के श्रुति के पास आते हैं। ये वे ही लड़के थे, जो पहले श्रुति के साथ बदसलूकी कर चुके थे। श्रुति उन पर नजर डालती है और गहरी साँस लेकर चुपचाप बैठी रहती है।

'मेरा नाम राघव है। हम वैभव को जेल से बाहर निकालने में आपकी मदद करना चाहते हैं, क्या आप हमें यह मौका दोगी?' राघव उसके सामने आते हुए गंभीर शब्दों से बोला।

श्रुति कुछ देर चुप बैठकर उन्हें देखती रही। फिर एक गहरी साँस लेते हुए बोलीं, 'इस केस की तह तक जाने के लिए मुझे एक बार विजय के घर जाना पड़ेगा। एक-एक चीज की अच्छी तरह तलाशी लेनी पड़ेगी, लेकिन उस घर को तो पुलिस ने सील कर दिया है। इस काम में आप लोगों की मदद चाहिए। क्या कर सकते हो?'

'कर लेंगे हम। हम उसके घर में दरवाजा को छोड़कर घुसेंगे। कोई खिड़की भी तो होगी, उसी से घुस सकते हैं।' दूसरा लड़का, जिसका नाम नितिन था, ने रास्ता सुझाया।

'तुम्हारा मतलब गैर-कानूनी तरीके से छिपकर।' श्रुति मुस्कुरायी।

'हां..., किसी खिड़की अथवा मुंडेर से ही तो घुस सकते हैं।' लड़कों के स्वर में जोश था।

'हम लोग वैभव जैसे तो कभी बन नहीं पाएंगे। आज तक हमने जब भी गलत काम किया है, लोगों ने गलत समझा है और आज हम गलत भी करेंगे तो भी लोग हमें गलत ही समझेंगे।' राघव बोला।

'फिर इंतजार किस बात का, चलो चलते हैं।' श्रुति ने कहा और तैयार होने के लिए घर चली गयी।

लगभग 20 मिनट बाद श्रुति अपनी स्कूटी पर और बाकी लोग दो बाइकों पर सवार हो कर निकले। उन्हें विजय के घर तक पहुंचने में कोई मुश्किल नहीं हुई पर उसके दरवाजे पर दो पुलिस जवानों का पहरा था।

'बाइक सही जगह पार्क की है ना, किसी को दिखाई तो न देगी और देखो इधर पेड़ों के पीछे खिड़की जरूर होगी।' श्रुति विजय के मकान के पिछवाड़े की तरफ जाते हुए बोली।

'इधर खिड़की है, देखो।' राघव आवाज लगाता है और सभी तेजी से राघव की तरफ जाते हैं।

'गुड राघव! ...मैं और राघव इस खिड़की से अंदर जाते हैं और तुम दोनों यहीं खिड़की के पास रुकना। अगर कोई इधर आए अथवा पुलिस अंदर घुसे तो हमें तुरंत फ़ोन करना।' श्रुति ने नितिन और वरुण को समझाया।

'हाँ। हम बिलकुल वैसे ही करेंगे, जैसा आपने कहा है।' नितिन बोला।

श्रुति और राघव अंदर घुस जाते हैं।

'माशाअल्लाह, इतना बड़ा घर। क्या बात है लेखकों के पास भी इतना बड़ा घर होता है क्या?' राघव कमरे में घुसने के बाद बड़े से कमरे को देखकर कहा।

'शायद यही कारण है कि उन्हें सोचने समझने और लिखने के लिए अच्छा परिवेश यानी बड़ा कमरा भी चाहिए होता है। तुझे पता है, लिखना दुनिया का सबसे मुश्किल काम है। बहुत मेहनत करते हैं ये लोग, हर किरदार के बारे में डूब के लिखते हैं और उसमें जान डाल देते हैं। अगर मैं आपको यूँ कहूँ कि ये शब्दों के सागर में डूबकर वे मोती निकाल लेते हैं, जो लोग पढ़ कर कभी हँसते हैं तो कभी रोते-रोते तालियाँ बजाने लगते हैं और कहते हैं कि लिखने वाले ने भी क्या खूब लिखा है। लेकिन आज की पीढ़ी क्या जाने इन सब के बारे में जो अपने माँ-बाप की कमाई पर ऐश करते हैं। ये लोग तो अपनी

मेहनत से बनते हैं। '

'इसका मतलब आपने हमें अभी तक माफ़ नहीं किया।' राघव बोला।

'सुना नहीं रही, बता रही हूँ और ऐसा खड़ूस चेहरा मत बनाओ। वैसे तुमने सुना भी होगा, जहाँ न पहुँचे रवि, वहाँ पहुँचे कवि।' राघव, श्रुति की बात सुनकर एकाएक रुक जाता है और पूछा, 'यह रवि कौन है?'

'हे भगवान! किसको बता रही हूँ मैं, कुछ नहीं तुम उधर देखो और मैं इधर देखती हूँ।' श्रुति सीढ़ियों से ऊपर जाते हुए बोली।

राघव और श्रुति पूरा घर अच्छी तरह चेक करते हैं अलमारी, ड्राअर, बिस्तरों के नीचे और गुलदस्तों को भी लेकिन उन्हें कुछ नहीं मिलता। श्रुति, विजय के रूम में जाती है और कमरे का बारीकी से मुआयना करती है, लेकिन वहां भी कुछ नहीं मिलता। श्रुति नीचे आकर राघव से पूछती है कि उसे कुछ मिला, लेकिन राघव ने गर्दन हिला कर इशारे से मना कर दिया।

'क्या करूं? कुछ समझ नहीं आ रहा। बहरहाल कोई यहां आये, उससे पहले हमें यहाँ से चलना चाहिए।' श्रुति बोली।

'कुछ मिला अंदर।' नितिन ने उन्हें बाहर आते देखकर पूछा।

'नहीं। कुछ नहीं मिला, चलो यहाँ से। '

'अब मैं जिला जेल में जाकर वैभव से मिलूंगी और इस मामले में पूछताछ करुंगी। आप लोगों का शुक्रिया... और हां इस संबंध में कोई नयी बात मालूम पड़े तो बताना।' श्रुति ने कहा और जेल की ओर अपने स्कूटी से निकल गयी।

जेल अधीक्षक से मंजूरी लेने में उसे थोड़ा समय लगा। मुलाकाती कक्ष में भी उसे थोड़ा समय लगा। वैभव कैदियों वाली पोशाक पहने हुए जब उसकी टेबल के सामने पहुंचा तो काफी परेशान लग रहा था।

'तुमसे यह पूछना कि तुम कैसे हो, व्यर्थ की बात है। हम कोशिश कर रहे हैं।'

'क्या प्रगति हुई है।' वैभव ने पूछा।

'क्या करूं यार, कुछ समझ नहीं आ रहा। कैसे निकालूं तुम्हें यहाँ से?' श्रुति बहुत चिंतित थी।

'जस्ट रिलेक्स ओके। अच्छे विचार शांत दिमाग में ही आते हैं। मुझे बचाने के साथ-साथ तुम्हें उस कातिल को भी बेनकाब करना है, जिसने विजय का मर्डर किया है। स्कूल में परीक्षा देकर तो कोई भी पास हो जाता हैं, लेकिन असली इम्तहान तो अब शुरू हुए हैं। अपना हौसला बनाये रखना।'

'मैं तुम्हें बताना चाहती हूं कि इस समय मैं विजय के घर से आ रही हूं। मैं कुछ सुराग ढूंढने के लिए चुपके से उसके घर में घुसी थी, लेकिन हमें कुछ मिला नहीं।' उसने अपनी गतिविधियों से उसे अवगत कराया।

'तुम विजय के घर में चोरों की तरह घुसी थी? कैसे...।' उसके स्वर में आश्चर्य था।

'यह छोड़ो कि मैं कैसे अंदर घुसी। तुम मुझे एक बार फिर से बताओ कि जब तुम विजय के घर पहुंचे तो वहां क्या हुआ था? मुझे एक-एक बात अच्छी तरह से समझनी है।' वह बहुत गंभीर लग रही थी।

'मैं जब विजय के घर गया तो वहाँ कोई नहीं था। दरवाजा भी पहले से खुला हुआ था और मैं सीधे अंदर चला गया। मैंने विजय को आवाज लगायी और ऊपर के कमरे में गया, जहां मैंने देखा कि विजय फर्श पर गिरा पड़ा है। मैं विजय के करीब गया और उसको सीधा किया। मैंने देखा... मैंने देखा कि उसके पेट में चाकू घुसा पड़ा है। खून काफी बह चुका था। मैंने बिना कुछ सोचे-समझे उसके पेट से चाकू निकाला, लेकिन तब तक वह मर चुका था। मुझे लगता है कि मैंने उसे बचाने के चक्कर में छुरा वापस निकालने के लिए हाथ लगाया था। कुछ क्षण के बाद मुझे होश आया कि मुझे वह हरकत नहीं करनी चाहिए थी। मैं कहीं फंस न जाऊं, यह सोचकर मैं वहाँ से निकलने की कोशिश की, लेकिन उसी समय वहां पहुंची पुलिस ने मुझे पकड़ लिया। मैं चिल्लाता रहा कि मैं निर्दोष हूँ मुझे छोड़ दो, लेकिन किसी ने मेरी एक न सुनी।' वैभव ने सारी कहानी शुरू से दोहरा दी।

'मुझे यह नहीं समझ आया कि जब तुम्हारी विजय से कोई झड़प नहीं हुई। तब तुमने चाकू को क्यों हाथ लगाया? बड़ी अजीब हरकत की तुमने, वैभव। सारे सबूत तुम्हारे खिलाफ हैं, चाकू पर तुम्हारी उंगलियों के निशान मिले हैं। मुझे समझ नहीं आ रहा, मैं क्या करूं।' श्रुति बोली।

दोनों कुछ देर तक चुप रहकर सोचते रहे।

'उस समय मुझे कुछ समझ नहीं आया। जब तक मैं कुछ सोच पाता, पुलिस पहुंच चुकी थी। सुनो, श्रुति मुझे यह नहीं समझ आया कि पुलिस इतनी जल्दी वहां कैसे पहुंच गयी। बहरहाल, तुम्हें इस कदर परेशान देखकर मुझे टेंशन होती हैं। ...मुझे विश्वास है कि मुझे कुछ नहीं होगा। मेरे साथ तुम जो हो और ये क्या? इन आँखों में अश्कों की क्या वजह है?' वह श्रुति की आंखों में आंसू देखकर बोला।

'वैभव, मुझे अपने आप पर शर्मिंदगी महसूस हो रही है। आप इतने सीधे और सच्चे हो और मैंने अपके साथ गलत व्यवहार किया।' श्रुति बोली।

'कब? कब गलत किया आपने मेरे साथ?' वैभव आँखें बड़ी करते हुए पूछा।

'तुम्हें याद हैं, जिस दिन तुम आर.के. सर की पार्टी में गये थे और मैंने तुम्हें फ़ोन पर कस्तूरी पार्क में आने को कहा था।' श्रुति ने बताया।

वैभव मुस्कराते हुए बोला, 'मुझे सब पता है और उसी दिन पता चल गया था। जब मैंने उस लड़की का फ़ोन चेक किया तो उसमें तुम्हारे भी नंबर थे। मैं सब समझ गया था। मुझे वहां बुलाना, उस लड़की का मेरे करीब आना, फिर तुम्हारा फ़ोन आना और कहना कि मैं नहीं आ रही, फिर कॉल लिस्ट में तुम्हारा नंबर। मुझे यह तो नहीं पता था कि वह लड़की कौन है, लेकिन यह जान गया था कि उसका तुमसे कोई तो संबंध है, लेकिन मैंने उस वक्त वही किया, जो मुझे सही लगा।'

'तुम सब जान चुके थे, फिर भी चुप रहे। मुझसे कोई सवाल नहीं किया।' श्रुति उसकी आँखों में देखते हुए बोली और वैभव श्रुति का हाथ अपने हाथों में कसकर थामता हुआ कहा, 'मैंने खुद से ज्यादा तुम पर ऐतबार किया है, पहली बार किसी लड़की से बेशुमार प्यार किया है। कैसे करूं सवाल मैं तुमसे, तुम्हारे खामोश होठों ने हर वक्त प्यार का इजहार किया है।'

'आई एम वेरी सॉरी।' श्रुति ने जवाब दिया।

***

काफी रात हो चुकी थी, लेकिन श्रुति की आंखों में नींद नहीं थी। वह अपने कमरे में टहलते हुए केस के बारे में सोच रही थी। समय निकलता जा रहा था, लेकिन उसकी आँखों में नींद की कोई जगह नहीं थी। वह तौलिये से अपना चेहरा साफ़ करने के बाद किचन में जाकर पानी पीती है और फिर से केस की गहनता से सोचने लगती है। सोचते-सोचते श्रुति की आँखें नींद से भारी हो गई और कुर्सी पर बैठे-बैठे ही नींद ने श्रुति को अपनी आगोश में समेट लिया था।

सुबह कबीर और लक्ष्मण मार्निंग वॉक के बाद घर लौटते हैं। वैभव के मामले में आज का दिन महत्त्वपूर्ण था। उसके परिवार वालों के लिए आज की सुबह कोई साधारण सुबह नहीं थी, क्योंकि वैभव की आज कोर्ट में पेशी

लगनी थी। सभी के मन में विश्वास था, लेकिन यह सोच कर चेहरे पर एक डर भी था कि कोर्ट में आज क्या होगा।

'जब भी हम किसी शुभ काम के लिए घर से बाहर जाते हैं, तो दही -शक्कर खा के जाते हैं।' दादी बोली। उसके हाथ में एक कटोरी थी। वह सभी को दही-शक्कर खिलाती है। श्रुति दादी और वैभव के मम्मी-पापा के पैर छूकर आशीर्वाद लेती है।

'आप सभी भगवान पर भरोसा रखो, कुछ नहीं होगा वैभव को।'श्रुति ने उनको दिलासा दिलाया।

सभी श्रुति के साथ कोर्ट पहुंचे। कोर्ट की कार्रवाई शुरू होने में अभी वक्त था और सुमित्रा के माथे पर चिंता की लकीरें साफ़ नजर आ रही थीं। श्रुति सुमित्रा की आँखों में देखती है। सुमित्रा भारी आवाज में कहती है कि मेरे वैभव की जिंदगी तुम्हारे हाथ में है और रोने लगी।

वैभव की मम्मी को संभालते हुए श्रुति बोली, 'आंटी... आंटी, कुछ नहीं होगा वैभव को। आप फ़िक्र न करो, क्योंकि उसने आज तक किसी के साथ कोई गलत काम नहीं किया है। मुझे पूरा विश्वास हैं, भगवान हमारे साथ है और कोर्ट वैभव को रिहा जरूर करेगी।'

वैभव के खिलाफ़ केस लड़ने आये सरकारी वकील बी. एल. ठाकुर बगल वाली बेंच पर अपनी फाइल रखने के बाद अपने चश्मे के ऊपर से श्रुति पर नजर डालते हुए बोला, 'किसी को दिलासा देना बहुत अच्छी बात है, पर झूठी दिलासा देना... तो ठीक नहीं है। है न..., जब मुझे पता चला कि मेरे खिलाफ़ कोर्ट में एक लड़की आ रही है, वह भी ऐसी लड़की, जिसके पास कोई अनुभव नहीं है। वह परीक्षा पास करके अभी-अभी वकील बनी है, तो 'सच बताऊं मुझे बड़ा दुःख हुआ' फिर ठाकुर मुड़कर कबीर से मुखातिब हुआ कि उन्होंने इतने पैसे वाले होकर भी क्या किया, अपने बेटे की जिन्दगी इतने सस्ते हाथों में कैसे दे दी।

'मुझे तो अफ़सोस है, मुझे इतनी आसानी से केस जीत कर कोई खुशी नहीं मिलेगी।' ठाकुर ने विश्वासपूर्वक कहा।

'आपने सही कहा, आपको अफ़सोस जरूर होगा, लेकिन एक आसान जीत का नहीं, बल्कि एक हार का। मैंने आपका काफी नाम सुना है, कॉलेज के समय टीचर्स आपका नाम लेकर हमें उदाहरण दिया करते थे। न्याय की इस चौखट पर आपने कभी किसी के साथ अन्याय नहीं होने दिया, क्योंकि

आपने हमेशा इंसाफ के लिए आवाज उठाई है। लेकिन इस बार आप सच के खिलाफ़ हो और आप बेहतर जानते हो, जीत तो हमेशा सच की होती है।' श्रुति ने अपने विश्वास का परिचय दिया।

श्रुति की बात सुनकर ठाकुर ठहाका लगाकर हँस पड़ा- 'अंदर क्लास जरूर थ्योरी की होती हैं, लेकिन अंतिम निर्णय थ्योरी के आधार पर नहीं, बल्कि सबूतों के आधार पर होता है। तुम्हारी जितनी उम्र है न बेटी, उससे अधिक मेरे पास अनुभव है। देखना, पलकें झपकने से पहले केस ख़त्म कर दूंगा और उस लड़के को विजय के खून के इल्जाम में फांसी के तख्ते तक जरूर ले जाऊंगा।'

'आप मुझसे बड़े हैं, सीनियर है और मैं आपकी बहुत इज्ज़त करती हूँ। आप के केस स्टडी करके मैंने बहुत कुछ सीखा हैं, मुझे आशीर्वाद दीजिये। हार किसी की भी हो, जीत सिर्फ सच की होनी चाहिए।' श्रुति हाथ जोड़कर बोली।

सुमित्रा और कबीर आश्चर्य से बातें सुन रहे थे।

सुमित्रा अपने आंसू पोंछते हुए बोली, 'बेटा तू जानती है किससे आशीर्वाद मांग रही है। यह आदमी मेरे बेटे को फांसी दिलाना चाहता है और तू....।'

'हाँ आंटी। मैं जानती हूँ आज की पीढ़ी किसी और से तो क्या, अपने खुद के माँ-बाप से भी आशीर्वाद लेना जरूरी नहीं समझती। लेकिन हमारे पवित्र ग्रंथों में लिखा हुआ है कि रावण ने भले ही गलत काम किये, लेकिन उसकी गिनती विश्व के महानतम पंडितों में होती है। हिरण्यकश्यप की बहिन होलिका ने भक्त प्रहलाद को अपनी गोद में बैठाकर अग्निस्नान किया था। फिर भी हम होलिका को माता कहकर पूजते हैं। हमारे ग्रंथों में यही लिखा हुआ है कि इंसान का काम गलत हो सकता है, पर इंसान नहीं। ये भी यहाँ अपना काम करने ही आये हैं, हमें इनसे कोई गिला नहीं।' श्रुति शालीनता से बोली।

'सत्यमेव जयते।' ठाकुर ने धीमी आवाज में कहा और मेज से एक फाइल उठाकर उसके पन्ने पलटने लगते हैं।

'देखा सुमित्रा, श्रुति को। मुझे तो मेरे बेटे की पसंद पर नाज है।' कबीर उसकी बातें सुनकर संतुष्ट थे। उन्होंने श्रुति के सिर पर हाथ रखकर आशीष दिया तो वह शरम के मारे अपना सिर नीचे कर लेती है।

थोड़ी देर के बाद जज साहब न्यायालय पहुंचकर अपना स्थान ग्रहण करते हैं। कोर्ट में मौजूद सभी लोग उनके सम्मान में खड़े होते हैं।

'कोर्ट की कार्यवाही शुरू की जाये।' जज ने लकड़ी की हथौड़ी को मेज

पर पटका। जज की आवाज सुनकर सुमित्रा डर सी गई थी। वह मन-ही-मन अपने बेटे की जिन्दगी की भीख मांग रही थी। वह अब जज को अपने नजरिये से देख रही थी और सोच रही थी कि सामने बैठा उस ऊँची कुर्सी पर वह आदमी कठोर दिल का नहीं हो सकता। सरकारी वकील अपनी पारी शुरू करने के लिए खड़ा हुआ।

'माई लार्ड। यह केस बिलकुल साफ-सुथरा है। इसमें शक और सुबहा की बात कुछ भी नहीं हैं। ये केस तो मिनरल वाटर की तरह साफ़ है। विजय वल्द राधेश्याम ठाकुर एक लेखक था। उनका मर्डर हो चुका है और उसकी लाश के पास से एक छुरा बरामद हुआ है, जिस पर मुजरिम की ऊंगलियों के निशान हैं और यह आपके सामने हैं।' ठाकुर आगे बढ़कर पेशकार के हाथों में रिपोर्ट थमा देता है, जो जज के पास पहुँच जाती है।

'जज साहब, मुझे नहीं लगता कि कोर्ट को इस केस का फैसला सुनाने में कोई अधिक समय लेना चाहिए। सारे सबूत मौजूद है। यह केस सीधे-सीधे भारतीय दंड विधान की दफा 302 का है। कातिल ने बेरहमी से कत्ल किया है। उसे फांसी की सजा मिलनी चाहिए। और मैं आग्रह करूंगा कि विजय ठाकुर को जल्द-से-जल्द न्याय दिया जाए।' ठाकुर अपनी बातों से जता देते हैं कि विजय के साथ उनका घरेलू सम्बन्ध है, इसलिए वह वैभव को सजा दिलाने में जल्दबाजी दिखा रहे थे।

श्रुति भी यह सब समझ रही थी, लेकिन वह यह सब नजरअंदाज कर अपने काम पर ध्यान देती है। उसने अपना पक्ष रखते हुए कहा, 'सॉरी ठाकुर सर। भारतीय संविधान में हम सब को बोलने का और अपनी बात रखने का पूरा अधिकार हैं, इसलिए सिर्फ आपके बोलने से कोर्ट अपना फैसला नहीं दे सकती। मुझे लगता है आज आप बहुत जल्दी में आये हैं, लेकिन क्या करें, आपको अभी धैर्य रखना होगा।'

'माई लार्ड। मैं अपनी बात कोर्ट में रखने की इजाज़त चाहती हूँ।'

'इजाज़त है।'

'शुक्रिया माई लार्ड। मैं सबसे पहले तो कोर्ट को बताना चाहूंगी कि मेरे क्लाइंट मिस्टर वैभव वल्द कबीर अग्रवाल जिस पर विजय ठाकुर के खून का इल्जाम लगाया गया हैं। मैं कुछ बातें साफ कर देना चाहती हूं। पहला यह कि वह कोई पेशेवर मुजरिम नहीं हैं और न ही विजय से उनकी कोई जाती दुश्मनी थी। मैं यह सब शुरू से बताना चाहती हूँ। मि. वैभव राजस्थान से हैं, जिन्होंने अपना सपना पूरा करने के लिए मुंबई की ओर रुख किया। मुंबई में कदम रखते

ही इनकी जेब काट ली गई, लेकिन उन्होंने चपलता दिखाते हुए पॉकेटमार को दबोच लिया था। अगर वैभव की जगह कोई और होता तो वहां भीड़ इकट्ठा करके उस चोर की धुलाई करता और पुलिस के हवाले कर देता। इन्होंने ऐसा कुछ नहीं किया, बल्कि यह कहकर उस चोर को जाने दिया कि इज्ज़त की खाओगे तो ही इज्ज़त मिलेगी। दूसरी बात जिस जगह यह रहने आया था, उस इलाके के कुछ आवारा लड़के, अकेली लड़कियों को देखकर परेशान किया करते थे। भद्दे कमेंट्स करना और दूसरी बदतमीजी करना उनके शौक थे। यह देखकर वैभव को बहुत खराब लगा और लड़कियों उनके जुल्म से बचाने के लिए एक योजना बनाई। उन लड़कों को इसने पुलिस के हवाले नहीं किया, बल्कि उनकी करतूतों को उनकी बहनों के सामने लाकर उन्हें उनके ही घर में कैदी बना दिया। तीसरा वाक्या और भी महत्त्वपूर्ण है, जब एक माँ की मौत पर ऐसा तमाशा खड़ा किया कि वर्षों से सिंगापुर में रहने वाले उसका बेटा-बहू घर लौट आए। इस घटना का संदेश दूर तक गया और वतन से दूर रह रहे बहुत से माँ-बापों के बेटा-बेटी अपने घर को लौट रहे हैं। सोशल मीडिया में इस घटना और उसके पीछे छिपे संदेश को फालो करने वालों की संख्या लाखों तक पहुंच चुकी है। इसमें अभी अच्छाई का सिलसिला खत्म नहीं हुआ था। उसके बाद इसने हॉस्पिटल में भ्रूण हत्या के खिलाफ़ आवाज उठाई। एक डॉक्टर, एक बाप और ना जाने कितने लोगों की सोच को इसने बदला। कोख में पलने वाली एक बच्ची की जान बचाई, जो अभी इस दुनिया में आयी भी नहीं थी। माई लार्ड, मैं सिर्फ यह बताना चाहती हूँ कि जिस इंसान की खुद की सोच इतनी साफ़ हो, जिसका दिल दूसरों के दर्द को देख के रो पड़े, जो किसी और की जिंदगी बचाने के लिए आवाज उठाए, वह किसी की जान भला कैसे ले सकता है।'

श्रुति कोर्ट को वैभव के अच्छे कारनामों से अवगत कराती है। यह सब सुनकर सुमित्रा अपनी साड़ी के पल्लू से मुंह दबाये रो रही थी और कबीर अपनी चश्मा उतारकर आंसू पोंछ रहे थे।

ठाकुर अपनी जगह खड़ा होता है और चशमे के ऊपर से श्रुति पर नजर डालकर मुस्कराते हुए बोला, 'आपने बिलकुल सही फरमाया। इस लड़के की सोच ने न जाने कितने लोगों को अपनी सोच बदलने पर मजबूर कर दिया और थोड़ी देर पहले इसका नमूना मैं बाहर देख भी चुका हूँ, लेकिन माई लार्ड गुलाब में भी कांटे होते हैं, यह तो आपने भी सुना होगा। कोई बात नहीं, मैं अभी साबित कर देता हूँ।'

ठाकुर कटघरे में खड़े वैभव के पास टहलता हुआ पहुंचा, 'मि. वैभव! मैंने सुना था किसी ने आपको मारने की कोशिश की थी, क्या मैंने सही सुना है?'

'जी हाँ। आपने बिलकुल ठीक सुना है।' वैभव ने कहा।

'लेकिन किसने? किसने आपको मारने की कोशिश की थी?' ठाकुर ने पूछा।

'विजय ने...।' वैभव विश्वास के साथ बोला।

'लेकिन तुम इतने यकीन के साथ कैसे कह सकते हो, क्या आपके पास अपनी बात को साबित करने का कोई साक्ष्य है?'

'बेहोश होने से पहले मैंने हमलावरों की बात सुनी थी, वे आपस में बात कर रहे थे कि मुझसे छिनी हुई स्क्रिप्ट विजय साहब को देनी है।'

'ओह... इसलिए आपने मि. विजय से बदला लेने के लिए उसका खून कर दिया। एम आई राइट मि. वैभव?' ठाकुर ने बात का वजन रखना चाहा।

'मैंने विजय को नहीं मारा, मैंने सिर्फ उसके पेट से चाकू निकालने की कोशिश की थी। वह पहले ही मर चुका था और मैं पुलिस का सायरन सुनकर डर गया था। इसी वजह से वहां से बचकर भागने की कोशिश की थी, लेकिन मुझे पुलिस ने पकड़...।'

'और इंस्पेक्टर ने आपको रंगे हाथों पकड़ लिया। बस इतना ही, आगे की कहानी मैं जानता हूँ लेखक महोदय। माई लार्ड, मैं इंस्पेक्टर सावंत को कटघरे में बुलाने की अनुमति चाहूँगा।' ठाकुर ने वैभव की बात को बीच में ही काटते हुए अपनी दलील दी।

'परमिशन ग्रांटेड।' जज के सहमत होने पर इंस्पेक्टर कटघरे में हाजिर हुआ।

'हाँ तो इंस्पेक्टर सावंत। आप जरा कोर्ट को यह बताने का कष्ट करेंगे कि जब आप विजय के घर पहुँचे, तब आपने वहां क्या देखा।' ठाकुर ने पूछा।

'देखना क्या था, कमरे में लाश पड़ी थी और यह साहब कमरे से भागते हुए बाहर आ रहे थे। कहानी बिलकुल साफ-साफ है माई लार्ड, वहां कोई दूसरा नहीं था। मर्डर वैपन पर इनके हाथ के निशान हैं। कपड़ों पर मृतक के खून के निशान है और जनाब कत्ल का मोटिव भी साफ है। मुजरिम मि. वैभव ही है और मैं तो इनका धन्यवाद करना चाहूँगा कि इन्हें पकड़ने में हमें कोई मशक्कत नहीं करनी पड़ी।'

'धन्यवाद तो मैं भी आपका करना चाहूंगी, लेकिन उससे पहले आपको

मेरे सवालों का जवाब देना होगा। मेरा पहला सवाल आपसे यह है कि क्या आपने मेरे क्लाइंट वैभव को मि. विजय के पेट में चाकू घोंपते हुए देखा था?' कोर्ट की अनुमति से श्रुति कटघरे के पास खड़ी होकर इंस्पेक्टर सावंत से सवाल करती है।

'मैंने बताया न लाश कमरे में पड़ी थी और वैभव....।'

'हाँ या ना।' श्रुति इंस्पेक्टर सावंत की बात काटते हुए तेज आवाज में पूछा। इंस्पेक्टर सावंत ने कहा, 'नहीं।'

'दूसरा सवाल यह है कि आपको मि. विजय के घर जाने के लिए किसने खबर की थी? आपके पास किसी का फ़ोन आया था या फिर कोई उड़ती खबर?'

'फिल्म निर्देशक राजकुमार जी ने।' सावंत के जवाब ने शांत कोर्ट में खलबली मचा दी थी।

'साइलेंट... साइलेंट।' जज साहब को हथौड़ी टेबल पर पटकना पड़ा।

'धन्यवाद इंस्पेक्टर सावंत, अब आप जा सकते हैं। माई लार्ड मैं राजकुमार जी को कटघरे में बुलाने की अनुमति चाहूंगी।'

'अनुमति है।' जज साहब ने अपनी सहमति दी।

सबकी नजरें राजकुमार को खोज रही थी, लेकिन वह अदालत में मौजूद नहीं थे। जज ने आगे की कार्यवाही के लिए एक घंटे बाद का समय तय किया। वैभव के घर वालों के माथे पर चिंता की लकीरें साफ़ नजर आ रही थी, लेकिन उनमें अभी विश्वास जिन्दा था। वैभव को पुलिस अपनी कस्टडी में ले रखी थी। अब आगे की कार्यवाही एक घंटा बाद होनी थी और सभी राजकुमार जी का इंतजार करने लगे।

कुछ समय बाद कोर्ट के बाहर एक सफ़ेद रंग की बड़ी-सी कार रुकती है। आगे के दरवाजे से एक सुरक्षाकर्मी बिना देर किये नीचे उतर कर पीछे का दरवाजा खोलता है और राजकुमार कार से नीचे उतरते हैं। उन्होंने आसपास का माहौल देखकर कोर्ट की ओर अपने कदम बढ़ाये। अच्छी कदकाठी के दिखने वाले राजकुमार ने सफेद शर्ट पर नीले रंग का ब्लेजर पहन रखा था और आँखों पर काला चश्मा चढ़ा था। चाल-ढाल से अभी जवान नजर आ रहे थे लेकिन उम्र 50-60 के बीच थी। उनके हाथ में जलता हुआ सिगरेट था और मुंह से निकलते धुएं के छल्ले। वह कोर्ट परिसर में नया चेहरा था लेकिन वैभव इस

चेहरे को बहुत अच्छी तरह जानता था। आर.के. कोर्ट के बाहर रुकता है और जलती सिगरेट को अपने जूतों के नीचे मसलकर अंदर प्रवेश करता है।

फिर से कोर्ट की कार्रवाई शुरू होती है। कटघरे में राजकुमार को हाजिर होने की पुकार होती है। सबकी नजरें आर.के. पर टिकी थी और वह धीमी गति से कटघरे में जा खड़े हुए।

श्रुति उनसे पूछती हैं, 'मेरा आपसे सिर्फ एक सवाल है कि आपको कैसे पता चला कि मि. विजय का खून होने वाला है और मि. वैभव वहीं मिलेंगे?'

'विजय ने मुझे एक स्क्रिप्ट दी थी और बताया कि यह उसने लिखी है। दूसरे दिन जब वैभव मुझसे मिला तो उसने बताया कि वह स्क्रिप्ट तो उसकी लिखी है, जो उससे कुछ लोगों ने मार-पीटकर छिन ली थी। उसने मुझे स्क्रिप्ट के बारे में विस्तार से बताया तो मुझे विश्वास हो गया कि यह उसी की लिखी स्क्रिप्ट है। तब वैभव को समझाया कि वह इस संबंध में पुलिस में कोई रिपोर्ट न करे। हम मिलकर उससे बात कर लेंगे, क्योंकि मुझे लगा था कि विजय ने किसी मानसिक तनाव की वजह से ऐसा किया होगा। मैं विजय को जानता था, वह दिल का भला था, लेकिन मुझे लगा...।'

'....कि जो इंसान दूसरों के साथ बुरा होते हुए नहीं देख सकता, वह भला अपने साथ फ्राड करने वाले को माफ़ कैसे कर सकता है। इसलिए वह विजय के घर जरूर जाएगा। यही कहना चाहते हैं न आप।' आर.के. की बात काटते हुए ठाकुर बोला।

'क्या बकवास कर रहा है यह आदमी, ये वकील है, तो इसका मतलब यह तो नहीं कि कुछ भी बोलेगा।' सुमित्रा की तेज आवाज ने कोर्ट में बैठे सभी लोगों की नजरें अपनी तरफ खींच ली थी। सुमित्रा वकील ठाकुर की बात सुनकर अपने गुस्से पर काबू नहीं कर पायी थी।

जज साहब सुमित्रा के वकील को चेतावनी देना चाहते थे। वे कुछ बोलते उससे पहले कबीर ने सुमित्रा को चुप रहने का संकेत किया।

'नहीं...। मैंने वैभव को समझाया था, लेकिन मुझे लगा कि वह विजय के साथ कोई झगड़ा न कर बैठे, इसलिए मैंने पुलिस को फ़ोन करके सब सच-सच बता दिया था। पुलिस वहाँ वैभव के लिए नहीं बल्कि विजय को गिरफ्तार करने के लिए गयी थी, लेकिन पुलिस के पहुंचने से पहले ही....।' आर.के. बोलते-बोलते चुप हो जाते हैं।

'माई लार्ड, मुझे इन सब बातों से नहीं लगता कि मेरा क्लाइंट मुजरिम

है। ठाकुर ने झूठमूठ की कड़ियाँ जोड़ कर मेरे क्लाइंट वैभव को फंसाने की कोशिश की, लेकिन अब ये कड़ियाँ सच्चाई के सामने टूटती जा रही है, माई लार्ड।' श्रुति कोर्ट में प्रभावशाली अंदाज में अपना पक्ष रखती है।

ठाकुर मुस्कराते हुए मजाकिया अंदाज में कहते हैं, 'फिर आपको क्या लगता है।'

'मुझे लगता है जब तक उन लड़कों को गिरफ्तार कर कोर्ट में पेश नहीं किया जाता, तब तक इस केस को हम आगे नहीं बढ़ा सकते।' श्रुति ने कहा।

'वकील साहिबा किन लड़कों की बात कर रहीं हैं?' ठाकुर ने पूछा।

'जज साहब, मैं उन तीन लड़कों की बात कर रहीं हूं, जिन्होंने मारपीट कर वैभव से उसकी स्क्रिप्ट छीन ली थी।' श्रुति ने बात साफ की।

'विजय ने वैभव की स्क्रिप्ट चोरी की। इससे वैभव अपना आपा खो बैठता है और गुस्से में आकर उसके घर पहुंचा और उसका कत्ल कर दिया। केस ख़त्म।' ठाकुर तेज आवाज में कोर्ट से कहता है।

'आप को बड़ी जल्दी है मि. ठाकुर। यह भी तो हो सकता है कि मेरे क्लाइंट पर हमला किसी और ने करवाया हो और नाम विजय का आ गया और विजय को मारकर इल्जाम मेरे क्लाइंट पर डाल दिया गया हो। हो सकता है कोई तीसरा ही इन दोनों को अपने रास्ते से हटाना चाहता है।' श्रुति बोली।

'होने को तो बहुत कुछ हो सकता है, पर क्या हुआ था। उसके लिए ठोस साक्ष्य चाहिए।' ठाकुर मुस्करा रहा था।

'साक्ष्य तो सामने है, क्योंकि स्क्रिप्ट विजय के पास पहुंच गयी। सवाल यह उठता है कि विजय के पास स्क्रिप्ट कैसे आयी? मतलब साफ है कि विजय दोषी था।' श्रुति ने एक ठोस वजह बतायी।

'माई लार्ड। विजय का जन्म एक रईस खानदान में हुआ था, उसके पास पैसों की कोई कमी नहीं थी। हो सकता है उसने स्क्रिप्ट खरीदी हो और यह सब उस तीसरे आदमी की चाल हो।'

'कोर्ट को कोई ठोस सबूत नहीं मिलने से इस केस की सुनवाई को आगे बढ़ाया जाता है और आगे की सुनवाई उन तीनों मुजरिमों को पकड़ने के बाद होगी। साथ ही यह कोर्ट पुलिस को हुक्म देती है कि उन तीनों मुजरिमों को तलाश कर अदालत में पेश किया जाए।' जज ने मुकदमे की अगली तारीख बताकर कार्रवाई समाप्त कर दिया।

वैभव को पुलिस वैन तक लेकर आती है। घर वाले उसके पास पहुंचते हैं। सुमित्रा उसे देख कर बिलखने लगती है। वह तो उसे अभी छुड़ाकर अपने साथ घर ले जाना चाहती थी, लेकिन मजबूर थी। वह रोने के सिवा कुछ भी तो नहीं कर सकती थी। पुलिस के जवान वैभव को उसके परिजनों से मिलने नहीं देते।

'तुम चिंता मत करो वैभव। तुम जरूर बाहर आओगे अगली सुनवाई में, ये मेरा दिल कहता है। मैं आपको रिहा कराकर रहूंगी।' श्रुति ने विश्वास जताया। वैभव अपने परेशान चेहरे पर एक हल्की-सी मुस्कान ला पाया था। पुलिस वैभव को वैन में बैठाकर चली गयी।

कबीर, सुमित्रा के पास वैन जाते देखने के अलावा और कोई रास्ता नहीं था। सुमित्रा का गला सूखा हुआ था और उसकी आँखों से आंसुओं की धार बह रही थी। वह एक ऐसी बेबस माँ, थी जो अपने बच्चे को इस हालत में देखना नहीं चाहती थी। आज तो कोर्ट में अपने बेटे को बेबस देखकर एक बाप भी रो पड़ा था।

श्रुति अभी अपने फाइल समेट रही थी। तभी पीछे से एक आवाज आयी।
'नमस्ते मैडम।'

'तुम।' श्रुति मुड़कर पीछे देखी तो उसे आवाज देने वाला आदमी परिचित लगा।

'हाँ, मैडम मैं, मैं वही हूं, जिसने स्टेशन पर भैया की पॉकेट मारी थी और आपने पैर मारकर मुझे गिरा दिया था।'

'हाँ मुझे याद हैं, लेकिन तुम रिक्शा कब से चलाने लग गये?'

'भैया ने कहा था न कि इज्जत की खाओगे तो इज्जत मिलेगी। जब मैं पॉकेट मारता था तो सब मुझे चोर कहते थे। पकड़े जाने पर मुझे बहुत मार पड़ती थी, लेकिन मुझे कोई असर नहीं होता था। जब भैया ने मुझे प्यार से समझाया तो सब कुछ बदल गया। आज सब लोग मुझे चोर नहीं बल्कि भैया कहकर बुलाते हैं। कहते हैं भैया मुझे ऑफिस छोड़ दो, भैया मुझे घर छोड़ दो और मुझे बहुत खुशी मिलती है। पहले बद्दुआ मिलती थी, लेकिन अब दुआ मिलती है।' लड़का भावुक हो गया था।

सरकारी वकील ठाकुर पास में ही खड़े थे, उन्हें उस लड़के की बातें अच्छी नहीं लग रही थी। वह वहां से वैभव को सजा दिलाने के बारे में अपनी रणनीति पर सोचते हुए आगे बढ़ गए।

'मैडम! मैंने टीवी पर देखा... ये क्या हो गया और जिस लड़के का खून हुआ था, वह कुछ दिन पहले मेरे रिक्शे में बैठा था। उसके साथ एक लड़की भी थी। दोनों बहुत खुश थे। कुछ दूर जाने के बाद वह लड़की एक बस्ती में उतर गई, शायद वह वही रहती हो।' रिक्शावाले ने अपना अनुमान लगाया।

'क्या तुम मुझे वहां ले जा सकते हो?' श्रुति ने कुछ सोचते हुए पूछा।

'हाँ मेम साहब, लेकिन पहले मैं आज पता कर लेता हूँ कि वह रहती कहाँ है। फिर कल मैं आपको वहां ले चलूँगा।' उसने कहा।

श्रुति ने उसे अपना नंबर देते हुए कल फोन करने को कहा और अपनी फाइल उठाकर चली गयी।

***

'आइये सब लोग, खाना खा लीजिये।' राधा टेबल पर खाना रखते हुए बोली।

'मेरा बेटा जेल में हैं, मेरे गले से निवाला कैसे उतरेगा। मुझे माफ़ कीजिये मैं कुछ नहीं खा नहीं सकती।' सुमित्रा बोली।

'समझाइये ना भाभी जी को, ...भाईसाहब।'

'खाना छोड़ने से वैभव घर तो नहीं लौट आएगा न, श्रुति पर विश्वास रखो वह वैभव को जरूर न्याय दिलवाएगी। वैभव बहुत बहादुर और समझदार लड़का हैं, आप लोगों को कमजोर पड़ता देख वह भी कमजोर पड़ जायेगा। हम सब को उसके लिए उसकी हिम्मत बनना है, उसकी कमजोरी नहीं। पेट में दाना जायेगा तो दौड़-धूप भी अच्छी तरह कर पाएंगे। आइये खाना खाते हैं।' लक्ष्मण ने कबीर और सुमित्रा को समझाने की कोशिश की।

'आप की बात सही हैं, लेकिन... खाने का दिल नहीं करता।' कबीर दबी आवाज में बोले।

दादी कबीर की बात को काटते हुए कहती हैं, 'लेकिन-वेकिन कुछ नहीं..., मुझे मेरी पोती श्रुति पर पूरा विश्वास हैं, वह वैभव पर कोई आँच नहीं आने देगी। हमें अपने दिमाग में कोई बुरा ख्याल नहीं लाना है और वैसे भी सच के साथ तो भगवान भी खड़े होते हैं। मेरा दिल कहता हैं, कुछ नहीं होगा हमारे वैभव को।'

'चलो सुमित्रा! सही कह रही है माँ, जितना मन करे, एकाध रोटी खा ही

लो अब।' कबीर ने अपनी पत्नी को समझाया।

राधा खाना परोस रही होती है, तभी अंदर कमरे से फ़ोन की आवाज सुनाई पड़ती है।

'शायद आपका फ़ोन बज रहा है।' सुमित्रा कबीर से बोली।

'हाँ। मेरा फ़ोन अंदर सोफे पर रखा है।' श्रुति फ़ोन लाकर कबीर को देती है।

'मेरे बड़े बेटे मनोज का फ़ोन हैं, मैं जरा उससे बात करके आता हूँ।' कबीर बालकोनी की तरफ बढ़ गए।

'हाँ बेटा मनोज, कैसे हो?' कबीर ने पूछा।

'मैं अच्छा हूँ पापा। आप बताओ, मैंने दिन में भी फ़ोन किया, लेकिन लगा नहीं। ...और कोर्ट से जमानत मिल गई वैभव को।' मनोज ने अपनी जिज्ञासा जताई।

'नहीं बेटा। हमें अभी इंतजार करना पड़ेगा। जिन लड़कों ने वैभव को मारने की कोशिश की थी, वे जब तक गिरफ्तार नहीं हो जाते, तब तक कोर्ट अंतिम फैसला नहीं सुनाएगी। श्रुति कोशिश कर रही हैं, वह वैभव से बहुत प्यार करती है और मुझे भी उस पर पूरा भरोसा है कि वह वैभव को कुछ नहीं होने देगी।' कबीर बोला।

'पापा मुझे तो वैभव की चिंता हो रही हैं, क्या मैं मुंबई आ सकता हूँ ?'

'नहीं बेटा, तुम यहाँ आ जाओगे तो काम कौन संभालेगा। तुम घर पर ही रहो और काम संभालो बेटा। यहाँ हम देख लेंगे।'

'पापा काम में मन नहीं लगता। दिन-रात वैभव की चिंता लगी रहती है। क्या मैं वहां आकर कुछ मदद नहीं कर सकता?' मनोज ने अपनी बात रखी।

'बेटा पुलिस उन बदमाशों को पकड़ने की कोशिश कर रही है और श्रुति कह रही थी कि उसे कोई नया गवाह मिला है। हमें लगता है अगली पेशी में वैभव को रिहाई मिल जाएगी।' कबीर बालकनी में टहलता हुआ बोला।

'वैभव को बेल मिलने में क्या दिक्कत है?' मनोज ने पूछा।

'नहीं बेटा नहीं, मर्डर का चार्ज लगा है। वकील बता रहे हैं कि 302 के मुकदमे में सारे सबूत उसके खिलाफ है, बेल मिलना बहुत मुश्किल है।' कबीर ने बताया।

'ठीक है पापा, आप अपना और मम्मी का ख्याल रखना। मम्मी को कहना ज्यादा चिंता न करे, कुछ नहीं होगा वैभव को।'

‘हाँ बेटा तुम भी अपना ख्याल रखना, शुभ रात्रि।’ कबीर अपनी बात ख़त्म की।

‘शुभ रात्रि पापा।’ कहकर मनोज ने फ़ोन रखा।

***

सुबह के 9 बजे थे। श्रुति अपने कमरे में आइने के सामने बैठी अपने बाल संवार रही थी। चेहरे पर तेज था, लेकिन होठों पर मुस्कान नहीं थी। बिस्तर पर रखा उसका फ़ोन बजा। श्रुति, कंघी को ड्रेसिंग टेबल पर रखकर बिस्तर पर से अपना मोबाइल उठाया। यह कोई अनजान नंबर था। उसने अपने दिमाग पर जोर दिया, पर उसे समझ नहीं आया कि वह फोन किसका है। उसने अंत में फ़ोन उठा लिया।

‘बस्ती वाली लड़की का पता लगा लिया मेम साहब, रश्मि नाम है उसका।’ दूसरी ओर रिक्शावाला था। श्रुति को कुछ भी पूछने की जरूरत नहीं पड़ी।

‘रियली, मुझे उस लड़की से मिलना है, अभी। क्या तुम अभी सत्यम कॉलोनी की तरफ आ सकते हो।’ श्रुति उत्तेजित थी।

‘हाँ मेम साहब, मैं बस वहीं आने के लिए ही निकल रहा हूँ।’ उसने जवाब दिया।

‘ओके।’ श्रुति फ़ोन काटकर आवाज लगाती है, ‘मम्मी-पापा। उस चोर का. ... सॉरी उस रिक्शावाले का फ़ोन आया था। उसने उस लड़की का पता लगा लिया है, रश्मि नाम बता रहा था। मुझे यकीन है उससे मिलकर मुझे वैभव को बचाने का कोई-न-कोई सुराग जरूर मिलेगा।’

‘वाह बेटा, यह तो बहुत अच्छी खबर है। तुम बिना कोई देर किये उस लड़की से मिलो और सच का पता लगाओ।’ लक्ष्मण सामने रखी टेबल पर चाय का कप रखते हुए बोले।

‘जी पापा।’

‘बेटा दादी के घर वैभव के मम्मी-पापा से भी मिलने जाना है, उन्हें भी अच्छा लगेगा।’ राधा बोली।

श्रुति जब दादी के घर के पास पहुंची तो अंदर से भजन की आवाज आ रही थी। घर में कॉलोनी के कई लोग जमा थे। सभी लोग वैभव की रिहाई के लिए भगवान से प्रार्थना कर रहे थे। उस समय आरती चल रही थी। कबीर-

सुमित्रा और दादी भगवान की आरती उतार रहे थे। श्रुति अपने मम्मी-पापा के साथ वहां पहुंची थी। वह सभी के साथ हाथ जोड़कर खड़ी हो गयी। आरती के समापन के बाद सुमित्रा ने सबको प्रसाद वितरित किया।

'ये लो बेटा प्रसाद।' श्रुति की हथेली पर प्रसाद रखते हुए सुमित्रा बोली।

'आंटी! उस लड़की का पता चल गया हैं, मैं अब उसी से मिलने जा रही हूँ।' श्रुति ने बताया।

'मैं भी तुम्हारे साथ चलता हूँ बेटा।' कबीर ने उत्साह दिखाया।

'नहीं अंकल। मुझे सिर्फ आपके आशीर्वाद की जरूरत हैं, बाकी मैं सब संभाल लूंगी।' कहते हुए श्रुति उन्हें प्रणाम किया। उसे बाहर रिक्शे की घंटी सुनाई देती है और वह भगवान के सामने हाथ जोड़कर बाहर निकल गयी।

वैभव-श्रुति के परिवार और उन दोनों के रिश्ते के लिहाज से बहुत तनाव की स्थिति थी। श्रुति के लिए ये सिर्फ एक केस नहीं था, उसकी जिन्दगी थी। केस हारने का मतलब जिन्दगी से हारना था। वही दूसरी और वैभव को अपने प्यार पर पूरा भरोसा था। परिवार के सभी लोग श्रुति पर गुमान कर रहे थे। सभी कोर्ट से न्याय की उम्मीद कर रहे थे। जब तक वैभव घर नहीं आ जाता, चारों तरह व्याप्त उदासी कैसे दूर जाती।

लकीरें सबकी एक जैसी होती हैं, फिर तक़दीरें क्यों अलग-अलग होती है, दिल में विश्वास होता हैं, फिर भी आँखों में नमी क्यों होती है। जमाने की भीड़ है, सबका साथ है, फिर भी किसी एक के बिना जिन्दगी अधूरी क्यों लगती है।

***

'और कितनी दूर है?' श्रुति पूछती है। रिक्शा पिछले 15 मिनट से चल रहा था।

'बस मेम साहब, आ ही गये।' रिक्शावाला थोड़ा आगे चलकर एक बस्ती के पास रिक्शा रोक देता है।

श्रुति ने रिक्शे से उतरते हुए पूछा, 'कौन-सी जगह है यह?'

'यह खूबसूरत मुंबई की एक गन्दी बस्ती है, जहाँ रश्मि रहती हैं। आइये आप।' रिक्शावाला बोला और श्रुति उसके पीछे-पीछे आगे बढ़ गयी।

उस इलाके में छोटे-छोटे घर थे, जिनकी दीवारें जरूर पत्थरों के थे, लेकिन छतें लोहे की चद्दरों की थी और छतों का ढ़लान रास्ते की ओर। ताकि बारिश

का पानी छत पर ना रुके। कुछ घरों के तो दरवाजे भी नहीं थे, फटे-पुराने चिथड़ों के पर्दों से आड़ कर रखी थी तो किसी के पुरानी लकड़ी के हल्के दरवाजे थे। छोटे-छोटे बच्चे नंगे घूम रहे थे। वहां पानी की किल्लत दिखी। औरतें गली में नल के साथ बाल्टी लिए एक लम्बी कतार में खड़ी थीं, लेकिन पानी बूंद-बूंद कर ही आ रहा था। थोड़ा आगे कुछ बच्चे क्रिकेट खेल रहे थे, लेकिन अफ़सोस कि उनके हाथों में बल्ला नहीं, बल्कि कपड़े धोने की मोगरी थी और गिल्लियों की जगह ईंटें रख रखी थी।

गली के मोड़ पर दो औरतें झगड़ रही थी। वे एक-दूसरे को भद्दी गालियाँ दे रही थी जो उनकी शिक्षा और स्तर का परिचायक था। वही पास में एक नाली थी, जिसमें गन्दा पानी बह रहा था। छोटे बच्चे उसमें कागज की कश्तियाँ दौड़ा रहे थे। कागज की नौका बड़ी शान से नाली में तैर रही थी और उन बच्चों के चेहरों पर मुस्कान थी, जो आज की खुशी का परिचय करा रही थी और कल की कोई फ़िक्र मालूम नहीं पड़ती थी।

बच्चों को देखकर मुझे अपना बचपन याद आ गया। यह मासूम-सा बचपन जाने कहाँ खो गया, जब न किसी से शिकायत थी और न ही किसी सपने को सच करने की चाहत। मिट्टी में खेलने और कागज की नौका बनाने में ही दिन बीत जाया करता था। खूब प्यार मिलता था, कोई मिलावट नहीं। हर ख्वाइश पूरी कर दी जाती थी बिना कुछ मांगे, शायद तब तक इन आँखों को सपने देखने की आदत नहीं थी। और जब सपने देखे तो जिन्दगी किताबों के बोझ तले दब गई। सपनों को पूरा करने की चाहत में घर से बहुत दूर निकल आए है। एक रेस शुरू हो गई है, छोटी-बड़ी डिग्रियां लिये सब अपनी मंजिल की तलाश में व्यस्त है। सफलता की राह कई बार उन्हें अपनों से दूर कर देते हैं। जब प्यार चाहिए होता है, तो माँ-बाप की तस्वीर देख के काम चला लेते हैं। क्यों हमारे ख्वाबों का शहर इतना बड़ा हो गया, जहाँ हमारे अपनों के लिए कोई जगह नहीं होती। अब नहीं बनती कागज की नौका, अब तो बस कागज के नोट्स बनते हैं। अब नहीं दौड़ा जाता उस कागज की प्लेन के पीछे, बस अब तो कागज के नोटों के पीछे दौड़ते हैं। ले लो मेरा सब कुछ और लौटा दो मुझे मेरा बचपन, जो ना जाने कहाँ खो गया है इस जवानी को पाने के चक्कर में।

'मैम, वह लड़की इसी खोली में रहती है।' रिक्शेवाले ने श्रुति को इशारे से सामने वाली खोली दिखायी।

रश्मि का घर बाकी से थोड़ा अलग था। उसके दरवाजे बड़े और मजबूत

दिखायी दे रहे थे। श्रुति रिक्शेवाले के साथ घर में प्रवेश करती है। लकड़ी की अलमारी में चंद बर्तन रखे हुए थे। फर्श पर कालीन बिछा हुआ था और घर में दो चारपाई पड़ी थी। एक चारपाई पर एक लड़की बैठी थी, जो रश्मि हो सकती थी। पास में ही एक अधेड़ औरत बैठी थी। वह श्रुति को देखकर उठ खड़ी हुई।

'देखो, आप लोगों को डरने की कोई जरूरत नहीं है। ये श्रुति मेम साहब हैं, मैंने आप लोगों को बताया था, न...। तुम लोगों को जो भी मालूम है, सब सच-सच बता दो मैडम जी को। हमारे भैया जी की जान बच जाएगी।' रिक्शावाला हाथ जोड़ते हुए बोला।

'मैं उस इंसान को बचाने के लिए इनका साथ दूँ, जिसने मेरे विजय का खून किया है। हरगिज नहीं।' वह लड़की रश्मि ही थी, जो बहुत नाराज थी।

'बेटी। पहले तुम इनकी बात तो सुन लो।' रश्मि की माँ ने अपनी बेटी को समझाने की कोशिश की, लेकिन उसकी नाराजगी कम नहीं हुई।

'अम्मा प्लीज, आप बीच में न बोलो।'

'कीचड़ में कमल तो बहुत देखा है मैंने और आज इस गंदगी में फूलों का गुलदस्ता भी देख लिया। रश्मि तुम्हारा गुस्सा जायज हैं, तुम विजय के खूनी को सजा पाते देखना चाहती हो न। लेकिन वैभव असली कातिल नहीं हैं, यदि आज वैभव को सजा हो गयी तो विजय का असली कातिल सरेआम खुला घूमेगा। हमें विजय के असली कातिल को बेनकाब करना है और उसमें मुझे तुम्हारी मदद की जरूरत है। प्लीज... मुझ पर विश्वास करो।' श्रुति ने रश्मि को समझाने की कोशिश की।

'विजय तो बहुत अच्छा लड़का था। उसको कोई क्यों मारेगा, उसकी किसी से कोई दुश्मनी भी नहीं थी।' रश्मि ने सवाल किया।

'वैभव की भी उससे कोई दुश्मनी नहीं थी, मैं जानती हूँ वैभव निर्दोष है। तुम ध्यान करो, कभी भी कुछ भी ऐसा घटित हुआ हो, जो सामान्य से अलग था, भले ही दुश्मनी ना हो कोई और बात हो। कुछ तो हुआ होगा।' श्रुति रश्मि पर जोर देते हुए बोली।

'मैं आपको सब बताती हूँ... मेरी अम्मा ने मुझे इस बस्ती में भी बड़े नाज से पाला है। रईसों के घरों में काम करके मुझे पढ़ाया-लिखाया और बड़ा किया। मैंने जैसे-तैसे करके अपनी कॉलेज पूरी की। शिक्षा का असर था, इसीलिए मुझे कॉल सेंटर में आसानी से जॉब मिल गयी। एक बार हमारी बस्ती के पास किसी

अनजान आदमी की कार खराब हो गई थी। मैंने देखा कि उनको गाड़ी के लिए पानी चाहिए था, जो मैंने लाकर दिया था। बाद में उस शख्स का परिचय विजय के रूप में हुआ। उससे बातचीत हुई तो परिचय बढ़ गया। फिर उनका आना-जाना बढ़ता गया और हमारी नजदीकियाँ भी। हमें एक साथ वक्त बिताना बहुत अच्छा लगता था। समय निकलता गया और एक दिन विजय ने अपने प्यार का इजहार किया तो मेरे सामने न बोलने की कोई वजह नहीं थी। हम बहुत खुश थे। अगले दिन हम दोनों साथ फिल्म देखने के लिए जब निकल रहे थे। घर से निकलते वक्त विजय के पास आर.के. सर का फ़ोन आया। विजय ने मुझे बताया कि वह आर.के. सर को एक स्क्रिप्ट देते हुए फिल्म के लिए चलेंगे। मैं विजय के साथ आर.के. सर के घर गयी। उस वक्त आर.के. सर के घर एक छोटी-सी पार्टी चल रही थी और कुछ लोग वहां लॉन में एकत्र थे।

विजय को देख कर आर.के. जी बोले, 'आओ विजय। स्क्रिप्ट लाये हो ना?'

'जी सर।' विजय ने आर.के. जी के हाथों में स्क्रिप्ट थमा दिया।

तभी आर.के. की नज़र मुझ पर पड़ी तो उन्होंने पूछा, 'विजय यह तुम्हारी गर्लफ्रेंड है ना? सही पहचाना ना मैंने।'

विजय ने शर्माते हुए सहमति में सिर हिलाया।

'ठीक है। तुम दोनों पार्टी एन्जॉय करो।' आर.के. ने आमंत्रण दिया।

'थैंक्स सर, अभी हम दोनों मूवी देखने जा रहे हैं।' विजय ने उनसे माफी मांगी।

'अरे ऐसे नहीं, थोड़ा रुको' आर.के. ने वेटर को आवाज देकर जूस के दो गिलास मंगवाये।

वेटर जल्द ही जूस लेकर आ गया। उन्होंने ट्रे से गिलास उठाकर जब मुझे थमा रहे थे तो उनके हाथ के गिलास से जूस झलक कर मेरे ऊपर लुढ़क गया। इससे मैं परेशान हो गयी तो उन्होंने मुझे वाशरूम जाकर कपड़े साफ़ करने की सलाह दी। मैंनें उन्हें मना कर दिया, लेकिन वह नहीं माने। जब विजय मुझे वाशरूम ले जाने के लिए आगे बढ़ा तो आर.के. ने मना कर दिया, 'अरे बर्खुरदार तुम क्या जानो मेरे घर के वाशरूम के बारे में, मैं लेकर जाता हूँ।' मैं आर.के. जी के साथ हो ली। जब मैं अपने कपड़े साफ़ करके वाशरूम से बाहर निकली तो देखा कि आर.के. वहीं जमे हुए हैं। उनकी नजर मुझ पर गड़ी हुई थी। मुझे कुछ ठीक नहीं लगा और मै वहां से बच कर निकलना

चाहा। वह मुझे रोकते हुए बोले, 'तुम्हें फिल्म देखने की क्या जरूरत हैं, एक बार मुझसे ऑफिस में आकर मिलो। फिर देखना थियेटर में सब तुमको देखने आएंगे। सच... पत्थर को तराश कर हीरा बनाया है खुदा ने।' वह मेरी खूबसूरती के कसीदे पढ़ने लगे थे।

मैंने भी उनसे कह दिया था, 'सॉरी सर। अब ये हीरा विजय की अंगूठी का नगीना बन चुका है, मैं विजय से शादी करके एक साधारण-सी जिन्दगी जीना चाहती हूँ। इस फिल्मी दुनिया में मुझे कोई दिलचस्पी नहीं है।'

लेकिन उन्होंने मुझे सब्जबाग दिखाना जारी रखा। उन्होंने कहा, 'क्या पड़ा है साधारण जिन्दगी में, लोग दो वक्त की रोटी के लिए मोहताज होते हैं। तुम मेरे काम आओ, मैं तुम्हारे काम आऊं, ऐसे ही जिन्दगी चलती है और रही बात विजय की...। अगर विजय ही नहीं रहेगा तो तुम क्या जीना छोड़ दोगी।'

उनकी बातों से उनकी गंदी भावनाओं का इजहार हो चुका था। मैंने कुछ देर नाराजगी से उनके चेहरे को घूरा और बोला कि मैं उनसे बात नहीं करना चाहती, फिर बाहर चली आई।

'क्या तुमने इन सब बातों के बारे में विजय को बताया?' श्रुति ने पूछा। 'नहीं। मैंने नहीं बताया, क्योंकि खूबसूरत लड़कियों को समाज में इस तरह की दिक्कतों का सामना करना ही पड़ता है। मैं पहले भी इस तरह की स्थितियों का सामना कर चुकी हूं। ...और विजय के पास काम के लिए सिर्फ उनका ही सपोर्ट था।' रश्मि बोली।

'ओह। यह बात हैं, आर.के. ने सोचा होगा कि जब विजय ही नहीं रहेगा तो तुम उनके पास काम के लिए जरूर आओगी। वह तुम्हें पर्दे पर लाना चाहता था।'

'हो सकता है।' रश्मि भी उसके अनुमान पर मोहर लगाती है।

'यह सब बातें जो तुमने मुझे बताई हैं, तुम्हें कोर्ट के सामने कहना होगा। तभी हम आर.के. को सजा दिलवा सकेंगे।' श्रुति ने रश्मि से पूछा।

'ठीक है। मैं कोर्ट में गवाही देने आऊंगी।' उसने सहमति में सिर हिलाया।

***

हवलदार एक लड़के को पीटता हुआ पुलिस स्टेशन के भीतर लाया। लड़के की उम्र तकरीबन 14 साल थी। उसने जो कपड़े पहन रखे थे, उसे

देखकर समझा जा सकता था, कि वह काफी गरीब है। इस उम्र में उसे स्कूल की तरफ मुंह करना चाहिए था लेकिन उसे पुलिस स्टेशन का रास्ता नापना पड़ा।

'क्या हुआ? क्या कर दिया इसने?' इंस्पेक्टर सावंत ने पूछा।

'साहब, इसने अपने बड़े भाई का पत्थर मारकर सर फोड़ा है। दोनों भाई अनाथ हैं, इसका बड़ा भाई ठेला लगाता है। जैसे-तैसे करके इसको पढ़ा रहा है, इसका खर्चा उठा रहा है। आज उसने इसे फिजूलखर्ची के लिए पैसे देने से मना कर दिया तो उसके सर पर पत्थर दे मारा।' हवलदार ने बताया

'क्या कहा कि अनाथ हो, माँ-बाप नहीं है। अरे तुम्हारा बड़ा भाई है, तुम उसके होते हुए अनाथ थोड़े ही न हो। वह अपना पेट काट कर तुम्हें खिला रहा हैं, पढ़ा रहा है। तुम्हें तो पढ़-लिख कर अपने भाई का सहारा बनना चाहिए। तुम्हारी उम्र को देखकर मुझे तुम पर दया भी आ रही हैं, लेकिन दया मैं नहीं कर सकता। जेल की हवा खाओगे तो ही अक्ल ठिकाने आयेगी।' इंस्पेक्टर सावंत लड़के को धमकाते हुए बोला।

तभी उसका भाई वहां पहुँचा। उसके माथे पर एक पुराने कपड़े की पट्टी बंधी हुई थी। घाव पर कोई दवा-मलहम लगा था। वह हाथ जोड़ते हुए बोला, 'साहिब! साहिब छोड़ दो इसको, इसकी गलती नहीं है। यह बच्चा है, नादान हैं, नहीं समझता है ये इतना। बहुत प्यार करत है ई हमसे और ई हमरे लिए सारी दुनिया है साहिब। हमको इसके खिलाफ कोई रपट दर्ज नहीं करानी साहिब, छोड़ दो इसको।' उस लड़के का बड़ा भाई उसके प्रति अगाढ़ प्रेम का परिचय देता है।

पुलिस ने देखा कि मामला दो सगे भाइयों का है और कोई शिकायत नहीं करना चाहता तो इंस्पेक्टर सावंत ने उसे आगे ऐसा नहीं करने की चेतावनी देकर छोड़ दिया।

'छोटे कितनी भी गलती करे, बड़े हमेशा माफ़ कर ही देते हैं।' वहां खड़ा एक सिपाही बोला।

उधर जेल में बंद वैभव बहुत परेशान था। वह अपने घर-परिवार के बारे में सोच रहा था। उसे अपने बड़े भाई मनोज की याद आ रही थी। वह मनोज के साथ गुजारे गए कुछ घटनाओं को याद करता है। फिर वह मनोज की याद में गुनगुनाने लगा:-

हाथ तुमने दिया, दो कदम मैं चला,
साथ तुमने दिया, शुक्रिया मेरे भाई.... .....
मेरी आँखों से आंसू, तुमने गिरने ना दिए
मेरे ख्वाबों को तुमने, सारे पूरे किये।
तेरी याद आती मुझको, हर घड़ी,
घर की चौखट पर अपने, मेरी नजरें है खड़ी।
मायूसी ने जब भी घेरा, हिम्मत तुमने बढ़ायी,
साथ तुमने दिया, शुक्रिया मेरे भाई।
गिरता था जब भी मै, हाथ तुम ही देते थे
गले से लगा के अपने, आंसू पोछते थे।
मेरी हँसी की खातिर, सबको मनाया तुमने,
मेरे ख्वाबों को, अपनी आँखों में सजाया तुमने।
गलती मैं जब भी करता, मुझको बचाया तुमने,
साथ तुमने दिया, शुक्रिया मेरे भाई।
आँखों में पानी है बचपन की यादें हैं,
खुशियों की बस्ती में भी, गम आज ज्यादा है।
सब है यहाँ फिर भी, याद तेरी आई
तेरी जरूरत है मुझको, आजा मेरे भाई.... ..।
चोट फिर से आई, दर्द हो रहा है मुझे
धड़कन को सुनके मेरी, आजा मेरे भाई।
आजा... आजा मेरे भाई...! आजा मेरे भाई....॥

दिलों के तार दूरियों को भी मिटा देते हैं और वैभव की आवाज दूर जय पुर में मानो मनोज के कानों में गूंजती है।

उसे लगा कि मुंबई में कुछ बड़ी गड़बड़ होने वाला है। वैभव उसे बुला रहा है। उसे लगा कि भाई की सहायता के लिए अब तो उसे जाना ही होगा। उसने उसी समय मुंबई जाने का फैसला किया। मनोज अपनी केबिन में बैठा-बैठा खुद से बुदबुदाता है। वह अपना लैपटॉप उठाता है और हवाई जहाज का टिकट बुक करता है। टिकट बनने के बाद वह यात्रा की तैयारी में जुट गया।

***

पुलिस स्टेशन में रोज की तरह व्यस्तता थी। वहां रखे फ़ोन की घंटी बजती है और ड्यूटी ऑफिसर ने फोन उठाया। उसे किसी गड़बड़ी की सूचना

मिलती है।

'ओह, अच्छा... हां ठीक है। मैं इंस्पेक्टर साहब को सूचना देता हूँ।' फ़ोन रख वह कांस्टेबल से बोला, 'खबरी का फ़ोन था, चूहों के बिल का पता चल गया है। साहब को जाकर बता दो।

सावंत ने अपने मोबाइल से उस खबरची से बात की और ड्राइवर से गाड़ी निकालने का आदेश दिया। शहर की तंग सड़कों से होते हुए पुलिस की गाड़ी एक खंडहर के पास पहुंची। खंडहर काफी पुराना, टूटा-फूटा था, गलत काम करने वाले लोग अकसर ऐसी जगहों पर ही अपना बसेरा करते हैं।

सावंत अपने साथ आये हवलदारों के साथ दबे पांव सीढ़ियां चढ़ कर छत पर पहुंचता है, जहाँ तीन आदमी ताश खेल रहे थे। उनके पास दारू से भरे गिलास और आधी खाली बोतल रखी थी। पुलिस को देख कर वे भागने की नाकाम कोशिश करते हैं, लेकिन पुलिस उन्हें दबोच लेती है।

'गोपी... क्या ख्याल है आपका... मुझे लगता है धूप अच्छी आ रही हैं, क्यों ना हम इस तीनों की सिंकाई यहीं कर दें। कैसा रहेगा?' इंस्पेक्टर सावंत अपना बेल्ट उतारते हुए गोपी हवलदार से बोला और गोपी मुस्कराता हुआ कहता हैं, 'जी हुजूर!'

'क्या जगह खोज रखी हैं, इस उम्र में कोई कामकाज करने की बजाय मुफ्त की रोटियाँ तोड़ते हुए शर्म नहीं आती।' सावंत उनकी पिटाई करते हुए बोला। वह एक बदमाश का कॉलर पकड़कर पूछा, 'ऐ इधर आ.... कितना लगाया बोल।'

'500 रुपये साहब।' लड़का डरी-डरी आवाज में कहता है।

'सिर्फ 500... बस 500 ही मिला तेरे को उस छोकरे को चाकू मारने के लिए.... बता कितना मिला...? जुबान चिपक गई क्या... बता दे नहीं तो इतनी मार पड़ेगी सांसें चलती रहेगी, लेकिन होश नहीं रहेगा।' सावंत ने कड़क आवाज में धमकाया।

'हम... हम बताते हैं, प्लीज मारना मत साहब।' तीनों लड़के सावंत के पैरों में गिड़गिड़ाते हुए कहते हैं और हाथ जोड़कर सब सच बताने का दावा करते हुए कहते हैं, 'हमको इस काम के लिए 50000 रुपये मिले थे। हम वहां सिर्फ उस लड़के से फाइल छिनने वाले थे। पर वह लड़का तेज निकला, इसलिए.... इसलिए हमें उसको चाकू मारना पड़ा।'

'किसने दिए थे इस काम के लिए रुपये?'

'आर.के. साहब ने।'

'ओह। आर.के. है, इस खेल का मास्टर माइंड। ले चलो इन सब को।' सावंत हवलदारों से कहता है। पुलिस तीनों को गिरफ्तार कर थाने ले गयी। ।

श्रुति को जब पुलिस से यह मालूम पड़ा कि तीनों लड़के पकड़े गये है। और उन्होंने पुलिस के सामने माना है कि उन्हें विजय को मारने के लिए पैसे दिये गये थे तो उसका विश्वास और भी पुख्ता हो जाता हैं। उसे यह जानकर राहत मिली कि पकड़े गये अपराधियों ने उसी आदमी का नाम लिया है जिसका नाम वह रश्मि के श्रीमुख से पहले ही सुन चुकी थी। उसने इस कामयाबी के लिए सावंत को फोन करके बधाई दी।

***

वैभव के केस में आज फैसले का दिन था।

कोर्ट के बाहर हजारों की भीड़ तैनात थी, जिनमें बच्चों से लेकर बूढ़ों तक ने अपनी हाजिरी दी थी। नौजवान कुछ ज्यादा ही उत्सुक नजर आ रहे थे। कोर्ट के बाहर टीवी स्क्रीन लगवाई गई थी, जिससे आवाम इस केस से सीधे-सीधे साक्षात्कार करें।

उधर, हवाई अड्डे पर हवाई जहाज उतरा। मनोज पहली बार मुम्बई की सरजमीं पर कदम रख रहा था। बाहर निकलकर उसने ऑटो रिक्शावाले को सीधे कोर्ट चलने को बोला।

भीड़ आज बेकाबू थी। मीडिया वहाँ सवालों की बारिश कर रही थी नौजवानों पर। 'क्या आपको लगता है, लोगों को सबक सिखाने का और उनकी सोच पर सवाल उठाने का वैभव का यह सही तरीका है' मीडिया भीड़ से सवाल करती है। 'वह किसी पर हाथ नहीं उठाता, फिर भी तमाचा बड़ी जोरों का पड़ता है, उसकी बातें दिल पर हथौड़ा मारती है' भीड़ से एक आदमी कहता है 'वह रॉकस्टार है, धासूं मैन है बॉस!' एक लड़की कहती है, जो भारतीय थी, लेकिन कपड़े उसके पश्चिमी सभ्यता की ओर इशारे कर रहे थे।

'अंकल आप क्या कहना चाहेंगे वैभव के बारे में,' मीडिया एक बुजुर्ग आदमी से सवाल करती है।

'वैभव...धन्य है वे मां-बाप, जिन्होंने इस लड़के को जन्म दिया, आज इस देश के हर मां-बाप की दुआयें उसके साथ हैं। इसने जो भी किया भले के लिये किया, अपने फायदे के लिए कुछ भी नहीं किया और यहाँ मौजूद हर इंसान को वैभव की बेगुनाही का विश्वास है, वह किसी का खून नहीं कर

सकता। उसने किसी के गाल पर थप्पड़ नहीं मारा, दिल पर थप्पड़ मारा है, जिससे हमारे सोये हुए समाज की आँखें खुले। हम सब आज यहाँ वैभव को रिहा कराने आये हैं।' बुजुर्ग की बुलंद आवाज सरकारी वकील ठाकुर के कानों में पड़ती है, जो वहां से कुछ ही दूरी पर मौजूद थे।

उसी समय ठाकुर के मोबाइल की घंटी बजी। फोन किसी टेलीफोन बूथ से किया गया था।

'हैलो!' ठाकुर ने कहा।

'वैभव आज छूटना नहीं चाहिए ठाकुर, तुम उसको सजा दिला दो, रातों-रात तुम्हारे अकाउंट का बैलेंस कई गुना बढ़ जाएगा। पैसों से नहाओगे ठाकुर!' ठाकुर यह शब्द साफ-साफ सुन रहा था।

'कौन बोल रहा है?' ठाकुर ने भारी स्वर में पूछा।

दूसरी ओर से फोन करने वाले ने एक मिनट तक उससे बात की और फोन काट दी।

फोन सुनने के बाद ठाकुर कुछ समझ नहीं पा रहे थे। सच्चाई की मूरत कहा जाने वाला इंसान इस जद्दोजहद में था कि कहीं वह सच को दफनाकर झूठ के पौधे को पानी तो नहीं दे रहा। उसके सामने एक बहुत बड़ा प्रलोभन था।

श्रुति जब कोर्ट पहुंचती है, तो वहां मौजूद मीडिया के लोग उसे घेर लेते हैं। इलेक्ट्रॉनिक मीडिया अपने कैमरों का रूख उसकी ओर कर देती है। एक के बाद एक सवाल उठने लगते हैं।

'मैम... सारे सुबूत वैभव के खिलाफ है और आपने उनको आज रिहा कराने का चैलेंज ले रखा है। क्या आपको लगता है आज आप कामयाब हो पाओगे।' एक महिला रिपोर्टर उससे पूछती है। ऐस लगता है जैसे वे श्रुति की अनुभवहीनता पर आघात कर रही हो।

'मेरी कामयाबी का फैसला तो अदालत करेगी, लेकिन इस भीड़ को देखकर इतना अंदाजा तो आप लगा ही सकते हैं कि वह शख्स कामयाब हो चुका है।' श्रुति मीडिया को कोर्ट परिसर में पहुंचे लोगों के जनसमुदाय की ओर इशारा करती है।

वैभव के पिता आश्चर्य से कोर्ट परिसर में उमड़ी भीड़ को देखकर हैरान थे।

'हां अंकल... यह वह सुनामी है, जो आपका बेटा लाया है। बदली हुई सोच की सुनामी। अपने लिये नहीं, बल्कि औरों के जीने की सुनामी।' श्रुति

भीड़ को सुनामी की संज्ञा देते हुए बोली।

'हम सब आप के साथ हैं। हाँ...हम सब आपके साथ हैं' भीड़ से एक ही लहर में स्वर गूंजता है। सब एक साथ हों, यही तो वह चाहता था।

'अब जीत हमारी होगी। सच कहता था वह...। उसकी सोच पर एक दिन सबको अभिमान होगा।' वैभव के पिता अपना चश्मा उतारते है और आँसू पोंछते हुए कहते हैं। सुमित्रा अपने पति के कंधे पर हाथ रखकर उनका हौसला बढ़ाती है।

सरकारी वकील ठाकुर के वहां आते ही मीडिया ने उन्हें भी घेर लिया था।

'सर आपको क्या लगता है? क्या आप वैभव की सजा दिलवाने में कामयाब हो पाएंगे।' मीडिया ठाकुर को सवालों के कठघरे में लेती है।

'किसी को सजा दिलाना मेरा मकसद नहीं, मैं भी यही चाहता हूं कि जीत सच की होनी चाहिए।' ठाकुर कहते हुए कोर्ट रूम की ओर बढ़ गए।

श्रुति परिवार के सभी सदस्यों को मीडिया के घेरे से निकालकर कोर्ट रूम की ओर ले जाती है।

'पापा...' पीछे से स्वर सुनाई पड़ता है।

कबीर, सुमित्रा और सभी लोग पीछे मुड़कर देखते हैं और मनोज को अपने सामने खड़ा देख आश्चर्यचकित रह जाते हैं। उन्हें हैरत होती है कि मनोज वहां कैसे पहुंच गया।

मनोज अपने माता-पिता के चरण स्पर्श कर उनका आशीर्वाद लेता है।

'सॉरी पापा... मुझसे नहीं रहा गया। वैभव की आवाज मेरे कानों में गूंज रही थी, मुझे लगा मेरा भाई मुझे बुला रहा है, उसको मेरी जरूरत है। मेरे भाई को मेरी जरूरत है, बस...फिर मैं खुद को रोक ना सका और अविलम्ब चला आया।' मनोज ने सफाई दी।

'अच्छा किया बेटा तुमने, तुम्हारे यहां होने से वैभव को हिम्मत मिलेगी।' सुमित्रा मनोज के आने से खुश दिखी।

कबीर भी प्रसन्न थे। वह भी अपनी पत्नी के कथन का समर्थन करते हैं।

कुछ मिनट बाद पुलिस वैन कोर्ट के सामने आकर रुकती है, तो मनोज की नजरें अपने छोटे भाई को तलाशती है।

'आपने बताया था हमें कोई नया गवाह मिला है, जो वैभव के पक्ष में गवाही देगा, कौन है वह और कहां है?' मनोज पूछता है।

‘वह एक लड़की है। उसका नाम रश्मि है, वह समय पर कोर्ट रूम में पहुंचेगी। मेरी उससे बात हो गई है।’ श्रुति ने बताया।

‘पहुंचेगी मतलब... वह यहां नहीं है?’ मनोज आश्चर्य से सवाल करता है।

‘वह आ जायेगी। उसने कहा था कि उसके कोर्ट आने की चिंता नहीं करनी है।’ वह मनोज को विश्वास दिलाती है।’

‘अरे! कैसे आ जायेगी?’

‘मेरे भाई के ऊपर खून का इल्जाम लगा है खून का, और जिसने ये खेल रचा है, वह गवाह को कोर्ट तक पहुंचने ही क्यों देगा? घर और कोर्ट के बीच कुछ भी हो सकता है।’ मनोज को श्रुति की बातों पर विश्वास नहीं हो रहा था।

‘रश्मि की जान खतरे में है, उसकी सुरक्षा का इंतजाम करो, जल्दी प्लीज।’ मनोज की बातों से आने वाले संकट का डर स्पष्ट नजर आ रहा था।

‘ओह माय गॉड! ये कैसी गलती हो गई मुझसे? कोर्ट का समय हो चला है, मैं यहां से अब जा भी नहीं सकती। अब क्या करूं मैं।’ श्रुति के माथे पर चिंता की लकीरें उभर आई थी।

‘आप चिंता मत कीजिए हम लायेंगे रश्मि को।’ राघव, वरुण और नितिन एक स्वर में बोले।

‘मैं भी साथ चलूंगा।’ मनोज बोला।’

‘बेटा तुम...कहां जाओगे...।’ कबीर कहते-कहते रुक गए।

‘वैभव को बचाने के लिए आज मैं कुछ भी कर सकता हूं। घर कहां है रश्मि का?’ मनोज वाणी में दृढ़ संकल्प भरते हुए कहता है। श्रुति राघव को उसके घर का रास्ता समझाती है और मनोज तीनों लड़कों के साथ वहां से निकलता है।

‘जल्दी कीजिए... कहीं देर ना हो जाये राघव कहता है।’ वैभव की नजरें अपने भाई से मिलती है। लब खामोश थे, लेकिन आँखें मानो कह रहीं हों. .. भाई मैं आ गया हूं। तुझे अब कुछ नहीं होगा। मनोज को देखकर वैभव के अधरों पर भी हल्की-सी मुस्कान आ जाती है।

‘तुम पीछे बैठो।’ मनोज ने राघव से बोला और खुद बाइक संभालता है।

वरुण और नितिन भी अपनी-अपनी बाइक लेकर उनके पीछे जाते हैं।

मौसम का मिजाज भी आज बाकी दिनों से अलग था। यूं तो कहते हैं मुम्बई में जब आँखें खोलो, बारिश का दीदार हो जाता है। मेघों की मनमानी होती है

यहां। जब मन बना बरस पड़ते हैं, लेकिन आज आसमान बिलकुल साफ था। सूरज आग उगल रहा था, लेकिन भीड़ एक कदम भी पीछे हटने को तैयार नहीं थी। सब लोग वैभव केस के साक्षी बनना चाहते थे। मीडिया अपना काम कर रही थी और जनता वैभव के पक्ष में फैसला चाहती थी।

कोर्ट की कार्यवाही हमेशा की तरह जज साहब के आने से शुरू हुई। जज के बैठने के बाद ही कोर्ट में मौजूद सभी लोग अपना स्थान ग्रहण करते हैं। जज के आदेश पर तीनों लड़कों को कोर्ट के समक्ष पेश किया जाता है।

'इनकी गवाही से आप क्या साबित करना चाहती हैं? आप शायद भूल रहीं हैं कि ये केस विजय के मर्डर का है, न कि इस बात का कि वैभव को मारने की कोशिश किसने की?' इन लड़कों की गवाही किसी के लिए महत्त्वपूर्ण है। ठाकुर विपक्ष के गवाहों को झुठलाते हुए कहते हैं।

'यह अभी साबित हो जाएगा कि इन गवाहों का संबंध विजय के मर्डर से ही है। यह दो नहीं, एक ही केस है और यह मैं अभी साबित कर दूंगी।' श्रुति ने जवाब दिया।

'ये बताइये कि आप तीनों की मेरे क्लाइन्ट से क्या दुश्मनी थी और तुमने उसे मारने की कोशिश क्यों की?' श्रुति ने गवाहों से सीधे सवाल किया।

'हमारी इनसे कोई दुश्मनी नहीं है। हम पैसों के लिए काम करते हैं। हमें सिर्फ लड़के से फाइल छीनने के पैसे मिले थे, लेकिन नौबत ऐसी आ गई कि हमें इसके पेट में चाकू मारना पड़ा। हमें यह भी निर्देश मिला था कि इस घटना का इल्जाम विजय नाम के किसी लड़के पर आना चाहिए और इस लड़के को सड़क पर फेंकने का भी निर्देश मिला था। हमने पैसे लिये थे, इसलिए वही किया, जो हमें कहा गया।' गुंडे कोर्ट में सब बात साफ-साफ बताते हैं। एक लड़के ने कहा तो उसके दोनों साथियों ने भी सिर हिलाकर उसकी बातों का समर्थन किया।

'अच्छा तो किसी के कहने पर यह काम किया था, किसने दिये थे पैसे?' श्रुति ने पूछा।

इस सवाल पर लड़के चुप्पी लगा गए। उनके चेहरे पर डर साफ दिख रहा था। उनकी जुबान खुलने का नाम नहीं ले रही थी। आँखों का डर चेहरे पर पसीना बनकर उभर रहा था।

'तुम तीनों पुलिस को अपना बयान दे चुके हो, बस कोर्ट को बताना बाकी

है।' जवाब दो, बोलो!' श्रुति भारी स्वर में अपना सवाल दोहराती है। 'आर.के.! हां, यही नाम बताया था उसने हमें और 50000 रुपये एडवान्स भी दिये थे। साथ ही कहा था कि गलती की कोई गुंजाइश नहीं होनी चाहिए।'

'50000 रुपये.... । इन लोगों के लिए ये रकम छोटी नहीं है माई लॉर्ड। रामकुमार जी अच्छी तरह से जानते थे कि वैभव विजय के घर जरूर जाएगा। इसलिए उन्होंने पहले विजय का खून करवाया, फिर वैभव के वहां पहुंचते ही पुलिस को फोन किया। उनका निशाना तो विजय था, वे तो विजय को अपने रास्ते से हटाना चाहते थे। वैभव तो इनकी शतरंज का एक मोहरा था।'

वैभव जैसे तो उनको और बहुत मिल जायेंगे लेकिन उनको तो जरूरत थी विजय को हटाने की और उस काम को उन्होंने बखूबी अंजाम दिया।' श्रुति सीधे-सीधे आर.के पर वार करती है।

'ये बताइये कि कोर्ट में आर.के. कौन है? बस इशारा करके बता दीजिए...।'

'चुप क्यों हो? तुम जैसे अपराधी कोर्ट में पहली बार नहीं आए हो, इसलिए समय की कीमत अच्छी तरह समझते होगे।'

'जल्दी बोलो... देखो इधर, क्या कोर्ट में वह इंसान मौजूद है?' ठाकुर कोर्ट में मौजूद लोगों की ओर इशारे करके बदमाशों से पहचान बताने को कहते हैं।

'हमने चेहरा नहीं देखा था, सिर्फ नाम सुना था।' उन्होंने जवाब दिया।

'...और उनकी गाड़ी का रंग कैसा था? या गाड़ी का नम्बर कोई पहचान?' ठाकुर दूसरा सवाल करते है।

'ऐसा कुछ हमें मालूम नहीं है, गाड़ी काफी दूर अंधेरे में खड़ी थी और वो शख्स चेहरे पर मास्क लगाकर हमारे पास आया था। हमारे पूछने पर उन्होंने अपना नाम आर.के. बताया।' लड़के अपने कथन को दोहराते हैं।

'नाम तो कोई, किसी का भी ले सकता है, इससे ये साबित नहीं होता कि इन लड़कों को पैसे इसी आर.के. ने दिये, जिसकी गवाही कोर्ट में हो चुकी है।

'....लेकिन पैसे किसने दिये, वह हमें नहीं जानता। बात विजय के मर्डर की है, विजय के साथ आर.के. का पूरा सपोर्ट था। वह भला विजय को क्यों मारेंगे।' ठाकुर मुद्दे की बात करते हैं। 'यह बात तो आर.के. ही बता सकते हैं।'

श्रुति के आग्रह पर आर,के, को कठघरे में पेश किया जाता है। कोर्ट के बाहर मौजूद जनता यह जानने को उत्सुक थी कि श्रुति के पास ऐसा कौन-सा गवाह है, जो आर.के. को मुजरिम करार दे सकता है। आप कोर्ट को ये बताइए कि जहाँ

वैभव पर हमला हुआ, क्या आपने उसे वहाँ बुलाया था?' श्रुति ने आर.के. से पूछा।

मैंने वैभव और विजय दोनों को एक स्क्रिप्ट लिखने का काम दिया था। विजय ने कहा कि पहले वैभव से स्क्रिप्ट मंगवा लो, फिर कल सुबह तक मैं भी आपको स्क्रिप्ट दे दूंगा।'

'हम दोनों साथ ही थे, लेकिन मुझे किसी काम से देर हो रही थी, इसलिए मुझे वहां से जाना पड़ा। रात को विजय मेरे पास आया, उसने कहा कि वैभव वहां नहीं आया और उसने मुझे एक स्क्रिप्ट देते हुए कहा कि यह उसकी लिखी है।' आर.के. ने अपनी सफाई पेश की।

'ये भी तो हो सकता है कि आपने विजय को वहां से भेज दिया हो और वैभव की स्क्रिप्ट चुराने के लिए गुंडे भेजे हों और नाम विजय पर लगा दिया हो।' श्रुति आर.के. की बात काटती हुई बोली। 'यह सरासर झूठ है।'

'सबसे पहले तो मैं कोर्ट को ये बताना चाहूंगा कि विजय और वैभव दोनों ही मेरे काफी करीब थे। दोनों मेरी कंपनी के राइटर हैं। इनको मारकर मुझे क्या मिलेगा और इनकी सफलता से मुझे क्या नुकसान होता था? तो फिर मैं उन दोनों को क्यों मारना चाहूंगा।' आर.के. ने सफाई दी।

'रश्मि के लिए...।' श्रुति झटककर कहती है।

रश्मि का नाम सुनते ही कोर्ट में हलचल मच जाती है। आर.के. के माथे की हवाइयां उड़ने लगती है। यह नाम कोर्ट के बाहर जनता के बीच कौतूहल का विषय बन गया था। अंत में जज साहब को मेज पर हथौड़ा मारना ही पड़ा, तब जाकर कोर्ट का माहौल शांत हुआ।

'ये रश्मि कौन है और उसका इस केस से क्या ताल्लुक है?' जज ने श्रुति से पूछा।

'बहुत ही गहरा ताल्लुक है, माई लार्ड। रश्मि, विजय की गर्लफ्रेंड थी। वह रहती जफर बस्ती में है, लेकिन बस्ती की मिट्टी उसके चेहरे पर नजर नहीं आती। वह एक शरीफ, पढ़ी-लिखी और बहुत सुंदर लड़की थी। उसकी खूबसूरती ही उसकी दुश्मन थी।' रश्मि ने अदालत को बताया।

'मिस्टर आर.के. आप रश्मि को कैसे जानते हैं। आप तो मिले होंगे ना रश्मि से?' वह सवाल करती है।

'हां, एक बार किसी पार्टी के दौरान विजय ने परिचय करवाया था । वह उसकी मित्र थी, लेकिन उससे क्या फर्क पड़ता है।' आर.के. बोला।

उस पार्टी में आपने रश्मि को अपने ऑफिस आने को कहा था, साथ में ये भी कहा था कि मैं तुम्हारे काम आऊं, तुम मेरे काम आओ, कहा था या नहीं? हां या ना?' श्रुति स्पष्ट जवाब की मांग करती है। 'नहीं मुझे याद नहीं आ रहा है कि इस तरह की कोई बात भी हुई थी...।' वह हकलाने लगता है। 'आपने उसे फिल्मों में काम दिलाने का प्रलोभन नहीं दिया था।' श्रुति ने सवाल किया।

'हुजूर मैं एक निर्माता हूं और धारावाहिक और फिल्में बनाना मेरा पेशा है। इस काम के लिए हमें अनेक कलाकारों की आवश्यकता होती है। हमारे साथ बड़ी संख्या में लोग जुड़ते रहते हैं। लोग हमसे काम करने के लिए विनती करते रहते हैं। कभी-कभी हमें कोई जरूरत का किरदार दिखता है, तो हम उसके सामने काम करने का प्रस्ताव रखते हैं। ऐसे में प्रलोभन देने की बात कहां से आ गयी।' आर.के. ने अपने ऊपर लगे आरोप से इनकार किया।

'क्या आप इस बात से इंकार करते हैं कि रश्मि एक खूबसूरत लड़की है?' श्रुति ने फिर पूछा।

'इस बात से क्या फर्क पड़ता है कि वह खूबसूरत थी अथवा नहीं। हम तो खूबसूरत और अच्छी अदाकारा लड़कियों की तलाश में रहते हैं। इंडस्ट्री की यही डिमांड है। मैं हर किसी की मदद करता हूं, वह कोई अलग लड़की नहीं हो सकती। और रही बात खूबसूरती की तो केवल इससे किसी को काम नहीं मिल जाता, उसे एक्टिंग भी आनी चाहिए। इसके लिए कई स्क्रीन टेस्ट होते हैं।' आर.के. की बातों में विश्वास झलक रहा था।

'...माई लार्ड! आर.के. का बयान गलत है। वह अदालत को गुमराह करने की कोशिश कर रहे हैं। इनकी गंदी नजर रश्मि पर थी। वह जब इनके झांसे में आने से इंकार किया और साफ शब्दों में कहा कि वह विजय के साथ शादी करके एक साधारण जिंदगी जीना चाहती है, तो माई लार्ड! इन्होंने उसे धमकी दी कि जब विजय ही नहीं रहेगा तो क्या वह जीना छोड़ देगी?' 'कहिये आपने ये धमकी दी थी या नहीं?' श्रुति ऊँची आवाज में बोली।

'आप क्या कह रहीं हैं, वकील साहिबा! मुझे कुछ समझ नहीं आ रहा है।' आर.के. बोलते-बोलते रुक गया।

'आप साफ-साफ कहिये, आप कहना क्या चाहती हैं? और बेमतलब किसी पर झूठे आरोप लगाना ठीक नहीं है। आपके पास आपके आरोप के पक्ष में यदि कोई सुबूत है, तो पेश कीजिए।' ठाकुर मैदान में कूदते हुए बोला।

‘ठीक है, सीधे-सीधे शब्दों में बताती हूं। आर,के, की गंदी नजर विजय की गर्लफ्रेंड पर थी। वह जानता था कि यदि विजय का रास्ते से किसी तरह हटा दिया जाये और इल्जाम किसी और पर डाल दिया जाये तो शायद रश्मि फिल्मों में काम करने के लिए मान जाए। तब वह जैसा चाहेंगे, वैसा कर सकते हैं। विजय को रास्ते से हटाना मामूली बात थी, लेकिन इल्जाम किस पर डालें, यह एक सवाल था। उस वक्त सबसे करीबी वैभव था, उसको इन्होंने धोखे से बुलाया उसकी स्क्रिप्ट छीनी, जिससे वह गुस्से में विजय के घर जाये और वहीं हुआ।

वैभव के पहुंचने से पहले ही आर.के. ने विजय का पता काट दिया और पुलिस को इत्तला कर दी। आगे क्या हुआ, वह सब जानते ही हैं और रही बात सुबूत की तो अभी कुछ मिनटों में रश्मि खुद यहां उपस्थित हो जाएगी, तब दूध का दूध और पानी का पानी हो जाएगा।’ श्रुति सबूतों को मिलाते हुए पूरी कहानी कोर्ट के समक्ष रखती है।’

‘चलो मान लेते हैं इनकी नजर विजय की गर्लफ्रेंड पर थी। फिर तो इस केस की वह महत्त्वपूर्ण कड़ी है रश्मि। सच क्या है और झूठ क्या है, यह बात पहले क्यों नहीं सामने लाया गया। कहां है रश्मि?’

‘क्या वह यहां गवाही देने नहीं आ सकती?’ ठाकुर ने बड़े विश्वास से कहा।

वह आती ही, होगी शायद भीड़ की वजह से पहुंच नहीं पायी। मुझे कुछ वक्त चाहिए। श्रुति कोर्ट से समय की मांग करती है, जिसे जज साहब मंजूर कर लेते हैं। कोर्ट रश्मि का इंतजार करती है।

सबको रश्मि के आने का इंतजार था। वैभव के परिवार वाले चिंता में डूबे नजर आ रहे थे। अब तक रश्मि के न आने से श्रुति भी आशंकित थी लेकिन चेहरे से जाहिर नहीं होने दिया।

***

रश्मि अपनी बस्ती से बाहर आकर सड़क पर पहुंचती है। उसने अपने चेहरे को दुपट्टे से ढंककर रखा था ताकि उसे कोई पहचान न ले। उसे कोर्ट जाने के लिए रिक्शा की आवश्यकता थी, किंतु उसे सड़क पर कोई रिक्शा नहीं दिख रहा था। सूरज का ताप कुछ ज्यादा था। बहुत गर्मी थी। रश्मि कुछ देर तक कोर्ट जाने के लिए रिक्शा अथवा कोई अन्य साधन तलाशती है, लेकिन

उसे निराशा ही हाथ लगती है। कहावत है कंगाली में आटा गीला, रश्मि के साथ ठीक वैसा ही हुआ। कोर्ट पहुंचने में पहले ही उसे काफी देर हो चुकी थी। ऐसे में रिक्शा का न मिलना घोर संकट की ओर इशारा दे रहा था।

कोई नहीं जानता था कि वक्त आज क्या कहर ढाने वाला है। कोई भी रिक्शा दिखाई नहीं दे रहा। सोचती है कि ऐसे में वह कोर्ट कैसे पहुंचेगी। उसने तय किया कि वहाँ खड़ी होकर इंतजार नहीं कर सकती। उसे जाना ही होगा। वह कुछ निश्चय करने के बाद तेज कदमों से भागने लगी। वह पसीने से तरबतर अपने चेहरे को पोंछने के लिए दुपट्टा हटाकर थोड़ा सुस्ताती है। फिर कोशिश करती है कि उसे कोई साधन मिल जाए पर उसे फिर से निराश होना पड़ता है। वह अपना चेहरा पोंछकर कोर्ट की ओर दौड़ लगाती है।

उसकी गति इतनी तेज थी मानो वो आज हवा से भी जंग जीतना चाहती हो। वो बेखबर, बेखौफ दौड़ती रही। किसी सुनसान रास्ते पर पहुंचकर भी उसको यह अंदाजा न हुआ कि एक ट्रक उसके पीछे लगा हुआ है। रश्मि को सिर्फ मंजिल पर पहुंचना था, लेकिन मार्ग में आने वाले संकट से वह अनजान थी।

ट्रक रश्मि के काफी करीब आ चुका था। दूर सामने से मनोज भी तीनों लड़कों के साथ रश्मि को लेने आ रहा था। रश्मि ऐसी मझधार में थी, जहां एक ओर सामने से आती हुई जिंदगी नजर आ रही थी और पीछे मौत, जो रश्मि को गले लगाने के लिए बेताब थी। रश्मि और उसकी जिंदगी के बीच दूरी कुछ अधिक रह गयी और ट्रक ने रश्मि को कुचल दिया। उसका शरीर सड़क पर क्षतिग्रस्त पड़ चुका था। पूरी सड़क उसके खून से रंग जाता है। मौत रश्मि को अपनी आगोश में समेट लेती है।

मनोज रश्मि के करीब पहुंचकर अपनी बाइक रोकता है। तभी दूर खड़ी एक और बड़ी गाड़ी, जो अब तक छुपी हुई थी, सनसनाती हुई वहां से निकल गयी। यह देखकर मनोज और उसके दोस्त समझ गये कि रश्मि को जानबूझकर मारा गया है। वे सब अपनी बुद्धिमता का परिचय देते हैं।

नितिन ट्रक का पीछा करता है। वरुण रश्मि के पास ही रुकता है और एंबुलेंस मंगवाता है। मनोज और राघव उस कार का पीछा करते हैं। ये बात समझ आ चुकी थी कि इस खेल का असली खिलाड़ी इसी गाड़ी में है, जिसका पकड़ा जाना बहुत जरूरी था।

राघव पुलिस को फोन करता है और कांस्टेबल को सारा माजारा बताता है। कांस्टेबल अविलंब इंस्पेक्टर सावंत को बताता है। इंस्पेक्टर उस वक्त किसी

महिला के साथ विजय के घर की तलाशी ले रहे होते हैं। कांस्टेबल की बात सुनते ही वह दौड़ पड़े। मनोज और राघव गाड़ी के पीछे थे। वैभव की जिंदगी बचाने के लिए इस गाड़ी का हाथ में आना बहुत जरूरी था।

नितिन ट्रक का पीछा करता हुआ उसके समीप पहुंचा और लपककर ट्रक पर लटक जाता है। ट्रक ड्राइवर काफी कोशिश करता है कि वह झटके देकर नितिन को नीचे गिरा दे, लेकिन उसे कामयाबी हासिल नहीं होती। नितिन ट्रक का दरवाजा खोलकर ड्राइवर से भिड़ गया। झगड़े के दौरान दोनों ट्रक से बाहर कूद पड़ते हैं। दोनों के बीच हाथापाई होती है और अंत में नितिन इस लड़ाई में विजयी रहता है।

इस बीच पुलिस जीप उस स्थान पर पहुंची, जहां पर रश्मि का एक्सीडेंट हुआ था। कुछ देर बाद एंबुलेस भी मौके की जगह पहुंचती है और रश्मि को वहां से ले जाने का इंतजाम किया गया।

***

इंसान तब नहीं टूटता, जब उसे किसी काम में असफलता हासिल होती है बल्कि तब टूट जाता है, जब उसकी आखिरी उम्मीद भी उसका साथ छोड़ देती है।

रश्मि ही आखिरी उम्मीद थी श्रुति के लिए। वह मुकदमे की सबसे अहम् कड़ी थी। श्रुति इस हादसे बेखबर कोर्ट में इंतजार कर रही थी। कोर्ट का माहौल बिलकुल शांत था। पब्लिक ने भी हो-हल्ला करना बंद कर दिया था। कोर्ट में सबकी आतुर निगाहें दरवाजे पर टिकी थी। श्रुति के चेहरे पर बेचैनी साफ झलक रही थी।

वैभव के माता-पिता भगवान को याद कर रहे थे। मीडिया के सवाल भी खत्म हो चुके थे। जनता खामोश थी।

ठाकुर उठकर जज से बोला, 'मुझे नहीं लगता साहब कि ऐसा कोई गवाह है। यदि उसको आना होता तो अदालत के समय से ही यहां पहुंचती या फिर अबतक आ चुकी होती। इससे आर.के. के खिलाफ कुछ भी साबित नहीं हो पाया। वकील साहिबा के पास वैभव की बेगुनाही का कोई पुख्ता सबूत नहीं है। ऐसे में कोर्ट को अपना निर्णय लेने में और वक्त जाया नहीं करना चाहिये।

'मैं अदालत से दरख्वास्त करुंगी कि वह कुछ देर का वक्त और दे। मुझे विश्वास है कि वह आ रही होगी।' श्रुति ने कोर्ट से गुजारिश की, लेकिन

उसके दिल में किसी संभावित गड़बड़ी की आशंका पनपने लगी थी। उसके साथ किसी हादसे का डर भी लगा, क्योंकि उसे लेने के लिए गए लड़कों की ओर से भी कोई सूचना नहीं थी।

'मुझे नहीं लगता रश्मि यहां आने वाली है। वकील साहिबा बिलावजह कोर्ट का समय खराब कर रहीं हैं।' ठाकुर श्रुति से नजर मिलाते हुए मुस्कराया।

उसी समय एक शोर सुनाई पड़ा, इंसाफ करो, इंसाफ करो...। इन दो शब्दों के शोर के जोर से कोर्ट की दीवारें गूंजने लगी। कुछ लोग रश्मि की लाश को गोद में उठाकर कोर्ट की ओर बढ़ रहे थे। मीडिया फिर से हरकत में आ चुका था। वरुण, नितिन और राघव बस्ती के लोगों के साथ भीड़ को चीरते हुए अपने हाथों में किसी दुर्घटनाग्रस्त लड़की को लिये हुए थे।

ये कौन है? ये किसकी लाश है?

कहीं ये रश्मि तो नहीं? सभी जानना चाह रहे थे।

राघव, नीतिन और वरुण शव को लेकर बढ़ते आ रहे थे। वे कोर्ट रूम में प्रवेश करते हैं।

'इंसाफ करो' का नारा बाहर गुंजायमान हो रहा था। रश्मि की लाश को कोर्ट में एक टेबल पर लिटा दिया गया था। कोर्ट में सबके चेहरे की हवाइयां उड़ जाती है। श्रुति भी चौंक उठी। रश्मि ही उसकी आखिरी उम्मीद थी और उसकी लाश देखकर श्रुति के पैरों के नीचे से जमीन खिसक गई थी। वह अपना सिर पकड़कर बैठ गयी।

'यह क्या तमाशा है। यह कौन है, और इसको यहां क्यों लाया गया है?' जज साहब ने पूछा।

'ये लड़की रश्मि है, जिसका यहां इतनी बेसब्री से इंतजार हो रहा था। हम लोग रश्मि को लेने गये थे, लेकिन एक ट्रक ने रश्मि को टक्कर मार दी और यह...।' श्रुति कोर्ट में बोलते-बोलते रुक जाती है। ...नहीं यह एक्सीडेंट नहीं है, यह कत्ल है रश्मि का।'

'माई लार्ड, ...इसकी गवाही मेरे क्लाइंट को जिंदगी दिला सकती थी। लेकिन उससे पहले ही रश्मि से जीने का हक छीन लिया गया। मार दिया गया उसको।' श्रुति आगे बोली।

रश्मि की लाश देखकर ठाकुर भी सोचने पर मजबूर हो गया। सच की मूरत माने-जाने वाले ठाकुर जद्दोजहद में थे। उन्हें कुछ समझ ही नहीं आ रहा

था कि इतनी जल्दी-जल्दी क्या हो रहा है? लेकिन अभी भी विजय के कातिल के रूप में उनको वैभव का ही चेहरा दिखाई दे रहा था।

'वह कभी भी आ सकती है, किसी को भी आ सकती है, हो सकता है इनका ध्यान न रहा हो और ट्रक ने इन्हें कुचल दिया हो। कोई सबूत है आपके पास इस बात का कि इनका खून हुआ है?' ठाकुर ने वकील सफाई की बात काटते हुए कोर्ट से सवाल किया।

'ये सबूत काफी नहीं है? क्यों इस लाश को देखकर भी कानून की आंखें नहीं खुलेगी? इसकी मौत ही इस बात का सबूत है कि कोई है...कोई है जो नहीं चाहता था कि रश्मि कोर्ट पहुंचे। निःसंदेह आर.के. ही यह कर सकते है, क्योंकि रश्मि उनके खिलाफ गवाही देने आ रही थी। लाश की ओर इशारा करते हुए श्रुति ने कहा।

'जो दिखाई देता है वह हमेशा सच नहीं होता, दो जिंदगियां जा चुकी हैं। अपने इस काले कोट से बाहर निकलकर देखोगे, तो आपको भी यहीं लगेगा कि मेरा क्लाइंट निर्दोष है। यह समाज काफी बदल चुका है यहां सबको जुर्म करने की पूरी आजादी है, बस...सबूत नहीं मिलने चाहिए। लड़कियों को तो लोग शराब के साथ चखने की तरह इस्तेमाल करते हैं और जब वहीं लड़की उनके लिए गले का फंदा बनने लगती है, तो उसी का गला काट दिया जाता है। बरसों से ना जाने कितने खून के इल्जामात और कितने ही बलात्कार के मुकदमे अदालत की चौखट पर इंसाफ की गुहार लगा रहे हैं, लेकिन उनको इंसाफ नहीं मिला...क्योंकि कानून सबूत मांगता है। वो मुकदमे 15-20 सालों से पेड़ पर लगे गोंद की तरह चिपके पड़े हैं,उनकी फाइलों पर मिट्टी की परत चढ़ चुकी है, लेकिन उनकी तरफ हमारा ध्यान नहीं जाता, लेकिन इसको सजा देने की कोर्ट की बहुत जल्दी है, क्योंकि कोर्ट का वक्त बहुत कीमती है।

आज रश्मि की लाश यहां पड़ी है, किसने मारा इसको?

ये एक्सीडेंट है या मर्डर?

कोई सबूत नहीं, इसको आज आप सजा सुना देंगे और...और रश्मि की मौत को महज एक दुर्घटना बताकर फाइल बंद कर दी जाएगी। कोर्ट का फैसला चाहे जो भी हो, लेकिन जनता चुप नहीं रहेगी। इंसाफ मांगेगी...इस कानून से...इस सिस्टम से...और ये आवाज अब और भी बुलंद होगी और तब तक बुलंद होती रहेगी, जब तक सोये हुए कानून की आंखे न खुल जाये। मैं ये दावा करती हूं

कि मेरा क्लाइंट निर्दोष है...पर अफसोस मेरे पास सबूत नहीं है। वैभव पर हमला करने वालो ने आर.के. का ही नाम क्यों लिया? विजय की गर्लफ्रेंड रश्मि ने भी आर,के, का ही नाम क्यों लिया? क्योंकि यह सब इन्होंने किया है।' श्रुति चिल्ला-चिल्लाकर अपनी सफाई पेश कर रही थी। उसकी आंखों में रक्त उतर आया और चेहरा पसीने से तरबतर था।

ठाकुर जो अब तक खामोश थे, सब कुछ फिर से सोचने पर मजबूर हो गये। जो बात उन्होंने अब तक छुपा रखी थी, वह बात सामने आने को आतुर हो रही थी।

'मैं माफी चाहूंगा... मैं जानता हूं मेरा ये कहना शायद मुझे इस केस में हरा सकता है, लेकिन यहां आने से पहले जो हुआ, वह मैं इस कोर्ट को बताना चाहूंगा।' ठाकुर ने फोन पर मिले प्रलोभन की पूरी कहानी बतायी। उन्होंने बताया कि फोन करनेवाला व्यक्ति और कोई नहीं बल्कि आर.के. ही हैं।

हर तरफ से एक ही नाम सामने आ रहा था और वह था आर.के., लेकिन फैसला तो कोर्ट को करना होता है। जिन गुंडों ने वैभव पर हमला किया, उन्होंने हमलावर को नहीं देखा, सिर्फ नाम सुना था। रश्मि का कोई स्टेटमेंट इस कोर्ट तक नहीं पहुंचा और बूथ से फोन तो कोई भी कर सकता है, इनमें से किसी भी बात से यह साबित नहीं होता है कि आर.के. ने ही ये सब करवाया है। दूसरी ओर विजय के पेट में लगे चाकू पर वैभव की ऊंगलियों के निशान हैं। इससे तो यही साबित होता है कि वैभव ने ही ये सब किया है, इसके अलावा कोई भी सबूत आप के पास नहीं है मिस श्रुति' जज साहब पूरी कहानी दोहराते हैं।

कोर्ट के सामने बड़ी सी गाड़ी रुकती है, यह वहीं गाड़ी थी। गाड़ी से वही महिला उतरती है, जो इंस्पेक्टर सांवत के साथ विजय के घर की तलाशी ले रही थी। मीडिया उन्हें घेर लेती है, लेकिन वह खामोशी से सबको हटाती हुई कोर्ट रूम तक पहुंची।

'सबूत है... और ऐसे सबूत हैं, जो वैभव को कुछ ही पलों में यहां से रिहा कर देगा।' मिस कपूर कोर्ट से अपनी अनुमति मांगती हैं। सबकी नजरें उन पर टिक जाती है, वैभव भी मिस कपूर को कोर्ट में देखकर आश्चर्य करता है।

तभी इंस्पेक्टर सावंत और मनोज भी कोर्ट रूम में दाखिल होते है। उनके साथ दो शख्स और थे, जिनके हाथ में हथकड़ी थी। उनका चेहरा ढका हुआ था, जो उनके अपराधी होने का संकेत था। मिस कपूर और मनोज कोर्ट में लगी बेंच पर बैठ जाते हैं। सब लोग हैरान थे।

‘ये दोनों कौन है?’ जज साहब इंस्पेक्टर सावंत से पूछते हैं। ‘यह वह ट्रक ड्राइवर है, जिसने रश्मि को बड़ी ही बेरहमी से कुचल दिया।’ इंस्पेक्टर सावंत ट्रक ड्राइवर का चेहरा कोर्ट को दिखाता है।

‘...और दूसरा?’ जज साहब पूछते हैं।

‘यह वह मास्टरमाइंड है’ जिसने विजय का कत्ल किया और रश्मि को मारने का षड्यंत्र रचा, बॉलीवुड का नामी प्रोड्यूसर सक्सेना।’ इंस्पेक्टर सावंत उसके चेहरे से नकाब हटाता है।

सक्सेना को देखकर सभी चौंक उठते हैं। ‘पैसे वालों के घर में सफाई बहुत ज्यादा रहती है और इनके बंगले तो काफी आलीशान हैं, कभी चींटी ने भी इन्हें नहीं काटा होगा, इसलिए इनको पता नहीं दर्द क्या होता है। दो डंडे पड़े तो सब उगल दिया आज, तो मुझे सच में मेहनत नहीं करनी पड़ी।’ इंस्पेक्टर सावंत श्रुति की ओर देखते हुए कहते हैं।

‘मि. सुभाष सक्सेना... लेकिन आपको इन पर शक कैसे हुआ?’ ठाकुर सवाल करते हैं।

‘यह तो आपको मिस कपूर ही बता सकती हैं’, इंस्पेक्टर सावंत बोला।

अदालत की अनुमति से मिस कपूर कटघरे में पहुंच कर सबकुछ सच कहने के लिए गीता पर हाथ रखकर शपथ लेती है।

‘चलो मान लेते है रश्मि को मारने के लिए ट्रक ड्राइवर को पैसे सुभाष सक्सेना ने दिये, लेकिन विजय के मर्डर में भी इनका ही हाथ है, यह आप कैसे कह सकते हैं?’ ठाकुर मिस कपूर से सवाल करते हैं।

‘यह धागा...।’ मिस कपूर कोर्ट को एक काले रंग का और बहुत ही मोटा धागा दिखाती है।

‘धागा...?’ ठाकुर आश्चर्य से पूछते हैं।

‘ये धागा...इस तरह का धागा मैंने पहले भी कहीं देखा था’ वैभव धागे को देखकर सोचता है।

‘कहां देखा था...याद करो’ श्रुति कहती है।

‘हां याद आया।’

एक बार आर.के. सर ने पार्टी के दौरान विजय और मेरा इनसे परिचय करवाया था। उस पार्टी में ही इनसे हाथ मिलाते वक्त मैंने इनके हाथ में ये धागा देखा था। ये धागा काफी घुमावदार और कुछ अलग किस्म का है। वैभव

को याद आ गया था।...

'तुमने सही कहा...ऐसा ही धागा मेरे हाथ में भी बंधा है और सुभाष सक्सेना के हाथ में भी बंधा है।'

एक साल पहले हम किसी धागे की फैक्टरी में एक सीन शूट कर रहे थे, तो ये धागा हमें काफी पसंद आया। इसलिए हम दोनों ने ये धागा अपने हाथ में बांध लिया। वैसे इस धागे का इस्तेमाल ब्लेजर बनाने में किया जाता है। सिर्फ जेंट्स के लिए।

उस वक्त धागा बनाने वाले मिल मालिक मि. ओबेराय ने इस धागे से बना एक ब्लेजर मि. सुभाष सक्सेना को गिफ्ट किया था। उस फिल्म ने बहुत बड़ा कारोबार किया। तब से वो इस ब्लेजर को अपना लकी ब्लेजर मानते हैं। जब भी किसी शुभ काम के लिए जाते हैं, तो यह ब्लेजर जरूर पहनते हैं। देखिये... आज भी यही ही ब्लेजर पहना हुआ है और इसका बायां बाजू कुछ कटा हुआ भी है।'

वैसे ये अपना जुर्म कबूल कर चुके हैं। मिस कपूर धागे की कहानी बताती है। 'लेकिन रश्मि की गवाही तो आर.के. के खिलाफ थी फिर उसको मारने की क्या जरूरत थी?'

'मैं बताती हूं, सक्सेना जानते थे कि रश्मि की गवाही आर.के. के खिलाफ होगी, लेकिन फिर भी उसके कथन से स्पष्ट नहीं होगा कि विजय का मर्डर आर.के. ने किया है, इसलिए इल्जाम को पुख्ता साबित करने के लिए इन्होंने रश्मि को मरवा दिया। मैं सही कह रही हूं न।' श्रुति मि. सुभाष सक्सेना की ओर इशारा करते हुए पूछती है।

'हां मैंने मारा है विजय को और रश्मि को भी मैंने ही मरवाया था। इस फिल्मी दुनिया में आर.के. को पहला चांस मैंने दिया था। आज आर.के. जो कुछ भी है, मेरी वजह से है, लेकिन दुनिया बड़ी एहसान फरामोश है। मैं कल भी बेस्ट था, आज भी बेस्ट हूं, लेकिन आर.के. मेरा एहसान भूल गया। जब इसके सितारे चमके तो सब कुछ भूल गया, दयालु बनने में काफी मजा आता है इसको।

जिसमें टैलेंट होता है उसको आसमान पर बैठा देता है और जिसमें टैलेंट नहीं होता, उसके साथ खुद खड़ा हो जाता है। हमने साथ में एक फिल्म बनायी थी। मैं किसी बड़े हीरो को लेकर वो फिल्म बनाना चाहता था, लेकिन इसने किसी नये लड़के का चांस दिया और फिल्म फ्लॉप हो गई।

मेरा काफी नुकसान हुआ, लेकिन आर.के. ने अपनी आदत नहीं बदली इसको इतना घमंड हो गया है कि ये सोचता है कि वह किसी की भी तकदीर बदल सकता है। फिल्म इंडस्ट्री में इसकी वजह से मुझे काफी नुकसान उठाना पड़ रहा है काम का भी...नाम का भी। मैं इससे बदला लेना चाहता था। उसे बर्बाद कर देना चाहता था। ऐसे में एक दिन मैंने इसको रश्मि से बात करते हुए सुना कि यह उसको भी चांस देना चाहता है। मैंने पता किया कि वह किसी विजय नामक राइटर की गर्लफ्रेंड है। एक दिन उसने खुद ही मुझे वैभव और विजय से परिचित कराया, तब बनाया मैंने अपना मास्टरप्लान...। मैंने विजय को कॉल किया

सक्सेना: विजय... सुभाष सक्सेना, फिल्म प्रोडयूसर, याद हैं हम आर.के. की पार्टी में मिले थे।

विजय: सर आप? आपका कॉल मेरे पास? विश्वास नहीं हो रहा।

सक्सेना: मैंने सुना है आर.के. ने तुम्हें और वैभव को एक स्क्रिप्ट लिखने को दी है।

विजय: जी सर!

सक्सेना: तो स्क्रिप्ट तैयार है?

विजय: नहीं सर, मैं लगातार कोशिश कर रहा हूं।

सक्सेना: मैंने आर.के. को पार्टी में वैभव से बात करते हुए सुना। वैभव कल स्क्रिप्ट देने वाला है, यदि वह स्क्रिप्ट तुम दो तो?

विजय: ये कैसे हो सकता है?

सक्सेना: ये फिल्मी दुनियाँ है, यहां सब कुछ हो सकता है। तुम मुझे अच्छे लगे, नाम बना दूंगा तुम्हारा, तुम हां तो करो।

विजय: नहीं सर, मैं किसी के सपनों की लाश गिराकर अपने सपनों की इमारत नहीं बनाऊंगा। माफी चाहूंगा, सर...।

सक्सेना: चिंता मत करो! तुम इमारत कहां बना रहे हो, तुम तो उसकी इमारत से एक ईट ही तो चुरा रहे हो। एक स्क्रिप्ट सिर्फ... फिर तुम्हारे कैरियर की शुरुआत हो जाएगी और वैभव में काफी टैलेंट है, वह कुछ और बना लेगा।

विजय: लेकिन सर...

सक्सेना: मैंने कहा ना...तुम्हारा नाम भी नहीं आएगा विश्वास करो!

मेरी योजना थी कि वैभव की स्क्रिप्ट चुराने का इल्जाम विजय पर आ

जाये। वैभव का गरम रवैया मैं देख चुका था, जो किसी के साथ होता अन्याय बर्दाश्त नहीं करता था। वो अपने साथ गलत होने पर चुप नहीं रहेगा, मैंने सोचा मैं विजय को मार दूंगा और इल्जाम वैभव पर लगा दूंगा। बात कोर्ट तक पहुंच जाएगी। कोई-न-कोई वैभव को बेगुनाह साबित कर ही देगा, फिर बात उठेगी कातिल कौन?

तब रश्मि की गवाही आर.के. को फंसा देगी। ...और गुंडों को भी मैंने अपना नाम आर.के. ही बताया था मेरे कुछ आदमी सत्यम कालोनी के इर्द-गर्द ही थे, जब वैभव वहां से निकला तो मुझे खबर मिल गई और मैंने विजय के घर जाकर उसका मर्डर कर दिया। वैभव घर में दाखिल हो चुका था, इसलिए मुझे खिड़की से भागना पड़ा।

भागते वक्त खिड़की के दरवाजे में मेरा ब्लेजर अटक गया। मैं घबराहट में था तो ध्यान नहीं दिया और ब्लेजर जरा-सा फट गया।

आपको मि. सुभाष सक्सेना पर शक कैसे हुआ? 'शायद ये मेरा आखिरी सवाल होगा?' ठाकुर कहते हैं।

मुम्बई आने के बाद वैभव की मुझसे मुलाकात हुई। मुझे उसकी स्क्रिप्ट कुछ विशेष पसंद नही आई, लेकिन उसमें एक जुनून नजर आया। फिर इसने ऐसे-ऐसे कारनामें किये कि सुर्खियों में आने लगा, इसकी सोच ने मुझे सोचने पर मजबूर कर दिया। मैंने आज सुबह श्रुति को कॉल किया।

मिस कपूरः हाय! तुम श्रुति हो ना?

श्रुतिः जी, आप?

मिस कपूरः वैभव को बचाने के लिए कोई गवाह, कोई सबूत मिला या नहीं।

श्रुतिः एक गवाह है, पर मुझे नहीं लगता उससे वैभव निर्दोष साबित हो पायेगा। लेकिन शायद कुछ दिन का वक्त मिल सकता है, कोर्ट से क्या आप मेरा एक काम कर सकती हैं?

मिस कपूरः कहिये।

श्रुतिः आप इंस्पेक्टर सावंत के साथ एक बार फिर से विजय के घर की छानबीन कीजिए। मुझे लगता है कुछ तो है, जो मेरी आंखें नहीं देख पाई।

मिस कपूरः ठीक है।

श्रुति के कहने पर मैंने इंस्पेक्टर को फोन किया और विजय के घर छानबीन शुरू की।

'छानबीन के दौरान हमें ये धागा मिला और खिड़की के रास्ते फुटप्रिंट मिले, उसकी रिपोर्ट जल्द ही आ जाएगी। मिस कपूर सारी कहानी बताती है। 'जब मुजरिम ने गुनाह कबूल ही कर लिया, तो रिपोर्ट की क्या जरूरत। मैं तो यही सोच रही थी कि समंदर की भला एक गिलास पानी से क्या दुश्मनी हो सकती है। लेकिन इनकी दुश्मनी तो आर.के. के साथ थी। और बलि चढ़ गयी दो जिंदगियां।' ठाकुर को भी वैभव की बेगुनाही पर विश्वास हो गया था।

तभी जज साहब की मेज पर रिपोर्ट पेश की जाती है जिसके मुताबिक खिड़की से आने वाले फुट-प्रिंट दो लोगों के थे और खिड़की से जाने वाले फुट-प्रिंट तीन लोगों के।

'मैं और राघव विजय के घर छानबीन के लिए गये थे और तीसरा फुटप्रिंट यकीनन इनका ही है। जो ये पहले ही कबूल कर चुके है।' श्रुति ने कहा हैं।

जज साहब ने सभी बातों पर गौर करते हुए अंत में फैसला सुनाया- 'इन सबूतों से यह जाहिर होता है कि मि. वैभव बेकसूर है, कोर्ट इन्हें बाइज्जत बरी करती है और मि. सुभाष सक्सेना को हिरासत में लेने का हुक्म देती है और पुलिस को निर्देश देती है कि उसे मुख्य अपराधी बनाकर मुकदमा चलाये।'

अदालत की कार्रवाई को देखने वाले लोगों में सुभाष सक्सेना भी कोर्ट रूम में बैठे थे। वह अपनी पहचान छिपाने के लिए एक बड़ा सा हैट पहन रखा था, जिसमें चेहरा छिपता हुआ था। अपने को अपराधी बताये जाने के आदेश बाद वह वहां से भागने के लिए उठा, तभी लोगों ने उसे पहचान लिया और पुलिस ने सुभाष सक्सेना को गिरफ्तार कर हथकड़ी पहना दी।

'मैंने कहा था ना जिस दिन मैं आऊंगी। उस दिन तुम्हारी दुनिया ही बदल जाएगी।' कहते हुए श्रुति ने अपना काला कोट कंधे से उतार लिया।

कोर्ट का फैसला सुनकर बाहर जमा लोगों में खुशी की लहर दौड़ पड़ी। वैभव के माता-पिता की आंखों में खुशी के आंसू छलक आए। वैभव कोर्ट के कटघरे से बाहर निकल आया तो परिजनों ने उसे गले लगा लिया।

❑❑❑